Lösungsheft

Mathematik *plus*
Gymnasium Klasse 8
Berlin

D1997930

Cornelsen
VOLK UND WISSEN

Herausgegeben von
StD Dietrich Pohlmann und Prof. Dr. Werner Stoye

Autoren:
Susanne Bluhm, StD Karl Udo Bromm, OStR Robert Domine, Angela Eggers,
Prof. Dr. Marianne Grassmann, StDn Gaby Heintz, Gerd Heintze, Erika Hellwig, Dr. Gerhard Koenig,
StD Peter Krull, StD Jochen Leßmann, Heidemarie Rau,
OStD Dieter Rüthing, Matthias Schubert, Dr. Uwe Sonnemann,Prof. Dr. Werner Stoye
unter Mitarbeit von Axel Siebert

Redaktion und technische Umsetzung: Axel Siebert

www.cornelsen.de
www.vwv.de

Unter der folgenden Adresse befinden sich multimediale Zusatzangebote
für die Arbeit mit dem Schülerbuch:
www.cornelsen.de/mathematik-plus
Die Buchkennung ist **MPL000599.**

1. Auflage, 1. Druck 2008

Alle Drucke dieser Auflage sind inhaltlich unverändert
und können im Unterricht nebeneinander verwendet werden.

© 2008 Cornelsen Verlag/Volk und Wissen Verlag, Berlin

Das Werk und seine Teile sind urheberrechtlich geschützt.
Jede Nutzung in anderen als den gesetzlich zugelassenen Fällen bedarf der
vorherigen schriftlichen Einwilligung des Verlages.
Hinweis zu den §§ 46, 52 a UrhG: Weder das Werk noch seine Teile dürfen ohne
eine solche Einwilligung eingescannt und in ein Netzwerk eingestellt oder
sonst öffentlich zugänglich gemacht werden.
Dies gilt auch für Intranets von Schulen und sonstigen Bildungseinrichtungen.

Druck: Druckhaus Berlin-Mitte

ISBN 978-3-06-000602-1

Inhalt gedruckt auf säurefreiem Papier aus nachhaltiger Forstwirtschaft.

Inhalt

Vorbemerkungen

Das Schulbuch *Mathematik plus* für die Klassenstufe 8 Brandenburg gehört zu einem Lehrwerk, das passgenau für den neuen *Rahmenlehrplan Sekundarstufe I Gymnasium Mathematik* (erschienen 2008) entwickelt wird. Zusammen mit dem Schulbuch *Mathematik plus* für die Klassenstufe 7 des Gymnasiums in Brandenburg und zusammen mit den zu beiden Büchern gehörigen Lehrer- und Ergänzungsmaterialien liegt damit ein Angebot des Cornelsen Verlages zur Realisierung des neuen Rahmenlehrplans für die Doppeljahrgangsstufe 7/8 in der Unterrichtspraxis vor.

Welche Intentionen hat der neue Rahmenlehrplan Mathematik für Brandenburg?

Die neuen Rahmenlehrpläne sind die Grundlage für die Umsetzung der von der Kultusministerkonferenz beschlossenen und für alle Bundesländer zum verbindlichen Bildungsziel erklärten *Bildungsstandards* im Land Brandenburg. Der Beitrag des Faches Mathematik liegt dabei besonders in den folgenden allgemeinen fachlichen Zielen:

- Entwickeln von Problemlösefähigkeiten
- Entwickeln eines kritischen Vernunftgebrauchs
- Entwickeln des verständigen Umgangs mit der fachgebundenen Sprache unter Bezug und Abgrenzung zur alltäglichen Sprache
- Entwickeln des Anschauungsvermögens
- Erwerben grundlegender Kompetenzen im Umgang mit ausgewählten mathematischen Objekten

Welche Besonderheiten des neuen Rahmenlehrplans Mathematik waren zu berücksichtigen?

a) Stoffauswahl und Gliederung

Der neue Rahmenlehrplan ist als Doppeljahrgangsstufenplan abgefasst. Er formuliert Wissensstandards und Kompetenzstandards jeweils für das Ende der Doppeljahrgangsstufen 7/8 und 9/10.
Die Themen und Inhalte sind im Rahmenlehrplan bestimmten Themenfeldern zugeordnet, die nicht ohne weiteres als sinnvolle Unterrichtseinheiten angesehen werden können; sie gliedern den Stoff vielmehr unter übergeordneten Gesichtspunkten wie etwa „Beziehungen in Ebene und Raum“ oder „Mit Variablen, Termen und Gleichungen Probleme lösen“ usw. Die Schulbücher *Mathematik plus* machen einen konkreten Vorschlag zur Umsetzung des Lehrplans in die Unterrichtspraxis. Dieser Vorschlag basiert auf langjähriger Unterrichtserfahrung und ist wohldurchdacht, lässt aber dennoch im Sinne des Lehrplans gewisse Freiheiten vor allem in der Stoffauswahl und Reihenfolge zu.
Besonders wird dabei dem auch im Rahmenlehrplan ausdrücklich geforderten Prinzip des kumulativen Lernens und der beständigen Pflege und Weiterentwicklung einmal erworbener Kompetenzen Rechnung getragen. So werden zum Beispiel die Kapitel zu den Themen „Terme und Gleichungen“ und zum Thema „Auswerten von Daten“, die schon im Buch für die Klasse 7 enthalten waren, jetzt im Buch für die Klasse 8 auf einem höheren Niveau fortgeführt und vertieft.

Über den im Lehrplan dargestellten Stoff hinaus stellt *Mathematik plus* eine Reihe zusätzlicher Themen und vertiefender Lerneinheiten zur Auswahl. Diese Angebote schaffen Sachbezüge und Möglichkeiten zur Vernetzung, zur Projekt- und Gruppenarbeit, zur Leistungsdifferenzierung und individuellen Förderung – und unterstützen so die didaktischen Intentionen und allgemeinen Ziele des Lehrplans in besonderer Weise. Sie können sicher nicht alle behandelt werden; die Auswahl sollte sich nach Leistungsstand und Interesse der Schülerinnen und Schüler richten.

b) Leitideen

Der neue Brandenburger Rahmenlehrplan ordnet die einzelnen mathematischen Gegenstände zentralen Leitideen unter. In der Regel kann ein und derselbe Stoff – und sogar ein und dieselbe Aufgabe – unter verschiedenen Leitideen gesehen werden. Die blaue Fußzeile der meisten Seiten von *Mathematik plus* gibt daher nur eine grobe Tendenz an, welche Leitidee auf der betreffenden Seite im Vordergrund steht. Es handelt sich um eine zusätzliche Orientierungshilfe.

Wie setzt das Lehrwerk Mathematik plus die fachlichen Ziele und die didaktischen Grundsätze des Lehrplans um?

Mathematik plus 8 bietet ein **sorgfältig ausgearbeitetes Aufgabenangebot**, insbesondere offene Einstiegsaufgaben und viele Aufgaben in Form von Arbeitsaufträgen oder kleinen Projekten.
Die Grundanlage des Schulbuchs zielt auf einsichtiges Lernen von Mathematik. Aufgaben führen an den Lehrstoff heran und vertiefen ihn auch. Dabei entscheidet vor allem die aktive, tätige Auseinandersetzung mit den Problemen über den Erkenntnisgewinn der Schülerinnen und Schüler. Deshalb werden sie immer wieder aufgefordert, sich mit Argumenten auseinanderzusetzen, etwas auszuprobieren, etwas zu begründen, mit anderen Schülerinnen und Schülern etwas gemeinsam zu untersuchen oder zu diskutieren.

Das **umfangreiche Übungsangebot** gewährleistet, dass einmal Verstandenes in den Fällen, in denen es notwendig ist, auch in Richtung sicherer Fertigkeiten entwickelt werden kann.
Auf einigen Seiten findet der Nutzer auch **Aufgaben zur Wiederholung**. Diese sind nicht unmittelbar mit dem Lehrstoff der entsprechenden Seite verknüpft. Sie sind als Angebot für Übungen zur Wiederholung von Grundkenntnissen und Grundfertigkeiten gedacht, die z. B. in Form von täglichen Übungen gestaltet werden können.

In **kontextbezogenen „Methodenkästen"** werden Arbeitsmethoden (z. B. Strategien zum Lösen von Sachproblemen, Internetrecherche usw.) schülergerecht dargestellt.

„Teste dich!"-Seiten am Ende eines jeden Kapitels bieten den Schülerinnen und Schülern die Möglichkeit der Selbstüberprüfung. Für die Lösung der hier angebotenen Aufgaben werden alle im Kapitel erworbenen Fertigkeiten und Fähigkeiten benötigt. Die Lösungen dieser Aufgaben befinden sich im Anhang des Buches.

Fächerübergreifende Sonderseiten und zahlreiche **Projektvorschläge** stellen den vom Rahmenplan geforderten Alltagsbezug her und ermöglichen vielfältige Vernetzung mathematischer und außermathematischer Inhalte.

In allen Bänden der Reihe *Mathematik plus* wird der Einsatz moderner Rechenhilfsmittel an passenden Stellen berücksichtigt. In *Mathematik plus* 8 betrifft dies besonders den Einsatz von **CAS** und **GTR** bei der Behandlung von Gleichungen und den Einsatz von **Tabellenkalkulationsprogrammen** beim Auswerten von Daten. An einigen Stellen wird auch wieder der Einsatz **Dynamischer Geometriesoftware** (DGS) nicht nur als Konstruktionshilfsmittel, sondern auch als ein Instrument für erforschendes und entdeckendes Lernen angeregt. Hierzu stehen einige DGS-Dateien im ergänzenden **Onlineangebot** unter der Internetadresse **www.cornelsen.de/mathematik-plus** bereit. Diese Onlineangebote können über die **Buchkennung MPL000599** und die Eingabe der im Lehrbuch angegebenen Webcodes direkt angesteuert werden.
Die Onlineergänzungen sind naturgemäß besonders geeignet, Methodenkompetenz und den Umgang mit Rechentechnik und neuen Medien zu schulen.

Die **Randspalte** auf den Schulbuchseiten enthält Zusatzinformationen, Erläuterungen, Tipps, Hinweise und Anregungen. Sie lockern die Seiten auf und ziehen auch den Blick auf sich. Da sie meistens recht kurz sind, werden sie auch eher von den Schülerinnen und Schülern ohne ausdrückliche Aufforderung gelesen.

Das **schulbuchbegleitende Arbeitsheft** liefert eine Fülle zusätzlicher Aufgaben, die zum Teil im Sinne täglicher Übungen bzw. permanenter Wiederholungen konzipiert sind. Es enthält aber auch Anwendungs- und Vernetzungsaufgaben, die helfen, Problemlösestrategien und Methodenkompetenz weiter zu festigen.

Hinweise zum Aufbau des Schulbuches

Das Schulbuch ist in Kapitel und diese wiederum sind in Lerneinheiten untergliedert. Jede mit einer Überschrift versehene Lerneinheit beginnt mit mindestens einer Einstiegsaufgabe, die an das Thema der Lerneinheit heranführen will. Man kann diese Aufgabe direkt oder als Anregung zum Einstieg nutzen.
Die angebotenen Aufgaben sind durch einen farbigen Streifen unter der Aufgabennummer zur groben Orientierung des Aufgabenniveaus gekennzeichnet:

grün Aufgaben, die in ein neues Problem einführen sollen
gelb Aufgaben, die zum unverzichtbaren Grundniveau gehören
grau Standardaufgaben
rot Aufgaben mit erhöhtem Schwierigkeitsgrad

Die Herausgeber

Die weiteren Seiten sind im kleinen Format (DIN A5) gedruckt worden, damit die Lösungen, falls gewünscht, in das Schülerbuch eingelegt werden können.

Terme und Gleichungen

Das vorliegende Kapitel gliedert sich in zwei Teile. Im ersten Teil, der sich mit Variablen und Termumformungen beschäftigt, werden Hilfsmittel bereitgestellt und Fähigkeiten vermittelt, die später bei der Lösung von Gleichungen und Ungleichungen benötigt werden. Hierzu gehört auch das Aufstellen von Termen, das Modellieren praktischer Zusammenhänge mithilfe von Variablen. Diesem Thema ist gleich am Anfang eine eigene Lerneinheit gewidmet.
Im zweiten Teil des Kapitels werden die Verfahren des Lösens von Gleichungen und Ungleichungen wiederholt und bei steigenden Anforderungen geübt. Zu Beginn werden die Kenntnisse über das Lösen von linearen Gleichungen und Ungleichungen aus früheren Klassen an einfachen Beispielen wieder aufgegriffen. Dabei wird noch einmal die Waage in den Blick gerückt, um das Waagemodell für Äquivalenzumformungen wieder in Erinnerung zu bringen. Auch das Lösen durch systematisches Probieren und inhaltliches Überlegen wird ausführlich wiederholt, um einerseits deutlich zu machen, dass diese Verfahren auch weiterhin ihren Platz haben, und um andererseits das systematische Verfahren über Äquivalenzumformungen in seiner Bedeutung besser verstehen zu können.
Die Bedeutung der Grundmenge ist für sich und in Bezug auf die Lösungsmenge in jedem Fall herauszustellen. Das Umformen von Termen mit Variablen wird vorausgesetzt, aber auch durch häufiges Anwenden bei den Äquivalenzumformungen weiter trainiert.

Variablen und Terme

Lösungen der Aufgaben auf den Seiten 6 bis 9

1. $\frac{x}{6}+\frac{x}{12}+\frac{x}{7}+5+\frac{x}{2}+4=x$; $x=84$; 84 Jahre
2. a) $a=2$; die Zahl ist eindeutig bestimmt.
   b) Für a kann jede Zahl eingesetzt werden.
3. a) • b) + c) :
4. Keine Terme: b), d), g), h)
5. a) $(a+b)+ab$ b) $\frac{a-b}{a+b}$ c) $ab-\frac{a}{b}$ d) $\frac{a}{b}+(a-b)^2$
6. a) z. B. 16. 7.: $(7\cdot 5+30)\cdot 20+16-600=716$
   b) $(5m+30)\cdot 20+t-600=100m+600+t-600=100m+t$

7. a) $(m-4):2$
   b) Sabine: $((242{,}60+21{,}40):4)\cdot 3-21{,}40$; Steffen: $(242{,}60+21{,}40):4$
   c) Anzahl der Professoren: $\frac{1}{6}S$, $S:6$; Anzahl der Studenten: $6P$
   d) $\frac{1}{2}a+6$
8. a) Umfang des Rechtecks
   b) Größe des Winkels γ
   c) Abstand der Zahlen a und b auf der Zahlengeraden
   d) ein Viertel des Umfangs des Parallelogramms
9. a) Preis einer Karte für Jugendliche: $0{,}5\cdot(38{,}50-6{,}00)$ € $=16{,}25$ €
   Preis einer Karte für Erwachsene: $0{,}5\cdot(38{,}50+6{,}00)$ € $=22{,}25$ €
   b) $110\,\text{kg}-20\cdot 2{,}5\,\text{kg}=60\,\text{kg}$ (falls die wöchentliche Gewichtsabnahme konstant ist)
   c) $(100a+10b+c)\cdot 7\cdot 11\cdot 13 = (100a+10b+c)\cdot 1001$
   $= 100000a+10000b+1000c+100a+10b+c$
   mit $a\in\{1,\dots,9\}$; $b,c\in\{0,\dots,9\}$
   d) $10000a+1000b+300+10d+e$ mit $a\in\{1,\dots,9\}$; $b,d,e\in\{0,\dots,9\}$
10. a) z. B. Umfang eines Fünfecks mit den Seitenlängen a, a, b, b, b
   b) z. B. Flächeninhalt eines Rechtecks; Spannung, wenn $a=R$, $b=I$
   c) z. B. Flächeninhalt eines Rechtecks, bei dem eine Seite um 2 cm, die andere um 3 cm verlängert wurde
   d) z. B. Flächeninhalt eines gleichschenkligen Trapezes
   e) z. B. Geschwindigkeit, Widerstand
11. $2n$ steht für eine gerade natürliche Zahl, $2n+1$ für eine ungerade natürliche Zahl.
12. a) $n+(n+1)+(n+2)+(n+3)=4n+6$ b) $n(n+1)$ c) $(2n+1)^2$
13. a) $\{2n+1\mid n\in\mathbb{N}\}$; $a_5=9$; $a_{12}=23$; $a_{23}=45$
   b) $\{n^2\mid n\in\mathbb{N},\ n\neq 0\}$; $a_5=25$; $a_{12}=144$; $a_{23}=529$
   c) Abstand 4, 5, 6, … bzw. $\left\{\frac{1}{2}n^2+\frac{7}{2}n+1\,\middle|\,n\in\mathbb{N}\right\}$ bzw. $\left\{\frac{1}{2}n^2+\frac{5}{2}n-2\,\middle|\,n\in\mathbb{N},\ n\neq 0\right\}$;
   $a_5=23$; $a_{12}=100$; $a_{23}=320$
14. a) Für alle natürlichen Zahlen n gilt: $n\cdot 0=0$.
   b) Für alle rationalen Zahlen a gilt: $a+(-a)=0$.
   c) Für alle gebrochenen Zahlen a mit $a\neq 0$ gilt: $a\cdot\frac{1}{a}=1$.
15. $a_3\cdot 1000+a_2\cdot 100+a_1\cdot 10+a_0$; $a_3\in\{1,\dots,9\}$; $a_2,a_1,a_0\in\{0,\dots,9\}$
16. a) $a_n\cdot 10^n+a_{n-1}\cdot 10^{n-1}+\dots+a_1\cdot 10^1+a_0$; $n=5, 6, 10$;
   $a_n\in\{1,\dots,9\}$; $a_{n-1},\dots,a_0\in\{0,\dots,9\}$
   b) $10a+b$, $a\in\{1,\dots,9\}$, $b\in\{0,\dots,9\}$; $10b+a$

AUFGABEN ZUR WIEDERHOLUNG

1. a) Die Figur enthält 3 spitzwinklige, 6 rechtwinklige und 3 stumpfwinklige Dreiecke.
2. a) $\gamma=100°$ b) $\gamma=65°$ c) $\beta=80°$ d) $\alpha=75{,}4°$
   e) $\alpha=45°$ f) nicht lösbar g) $\beta=22°$ h) $\gamma=90°$
3. a) $\alpha=\gamma\approx 83{,}33°$; $\beta\approx 13{,}33°$
4. (1) Abbildung oben links:
   Die beiden Basiswinkel des gleichschenkligen Dreiecks haben jeweils die Größe 60°. Der rechte obere Innenwinkel des Rechtecks hat die Größe 90°. Der stumpfe Winkel, der aus dem rechten unteren Basiswinkel des Dreiecks und dem rechten oberen Innenwinkel des Rechtecks zusammen gebildet wird, hat die Größe $60°+90°=150°$.
   (2) Abbildung oben rechts:
   Der linke Basiswinkel des gleichschenkligen Dreiecks hat die Größe 35°. Der blau gekennzeichnete äußere Winkel hat die Größe $180°-35°-90°=55°$.
   (3) Abbildung unten links:
   Die beiden blau gekennzeichneten Winkel haben jeweils die Größe $90°-27°=63°$.
   (4) Abbildung unten rechts:
   Der linke Basiswinkel des gleichschenkligen Dreiecks hat die Größe 60°. Der blau gekennzeichnete äußere Winkel hat die Größe $360°-60°-90°-14°=196°$.

Erläuterungen und Anregungen

Hauptanliegen der Lerneinheit ist es, an Beispielen die Begriffe Variable und Term zu klären. Da es sich bei Termen um Zeichenketten handelt, müsste eine (rekursive) Definition dieses Begriffes auch über die Verknüpfung von Zeichen (für Zahlen, technische Zeichen, Operationszeichen, …) erfolgen. Dies erscheint uns für die Klasse 8 nicht geeignet, so dass wir uns für den vorliegenden Kompromiss entschieden haben. Wichtig ist, dass die Schülerinnen und Schüler erkennen, wann ein Term vorliegt und wann nicht, dass also Vorstellungen von diesem Begriff gebildet werden.

Ein weiterer Schwerpunkt ist die Übersetzung von vorgegebenen Zusammenhängen in eine formale Sprache, die Verwendung von Variablen, um Zusammenhänge zu beschreiben. Hier sollte unbedingt über die Lösungsvorschläge der Kinder gesprochen werden; bei der Aufgabe 7 c) wurde z. B. immer wieder beobachtet, dass die Kinder bei konkreten Zahlen die Anzahl der Studenten sehr wohl ermitteln konnten, die „richtige Formel“ aber nicht fanden. Im Zusammenhang mit den Aufgaben 12 bis 14 könnte im Unterricht auch die Verwendungen der Quantoren „für alle“ und „es gibt ein“ thematisiert werden. Die mit der Aufgaben 15 und 16 angesprochene Zahldarstellung wird im Abschnitt „Nutzung von Variablen in mathematischen Beweisen“ wieder aufgegriffen.

Struktur von Termen; Termwertberechnungen

Lösungen der Aufgaben auf den Seiten 10 bis 14

1.

a	b	$a \cdot b$	$a^2 : b$	$\sqrt{b-a}$	$\|a^2 - b^2\|$	$\frac{a}{b}$	$\frac{a+b}{a-b}$
1,5	4,5	6,75	0,5	1,7321	18	$\frac{1}{3}$	−2
21	−12	−252	−36,75	n. l.	297	−1,75	0,2727
−3,8	11,7	−44,46	1,2342	3,9370	122,45	−0,3248	−0,5097

2. a) 7 cm² b) 108 cm³ c) 98,40 € d) 11,94 €

3. a) $a \cdot b$: naürliche Zahlen – Flächeninhalte – gebrochene Zahlen
$a : b$: gebrochene Zahlen – gebrochene Zahlen – rationale Zahlen
$\sqrt{a}$: in beiden Fällen: rationale oder nicht rationale Zahlen

4.

a	b	$\frac{a}{b}$	$a + b^2$	$(a-b)^2$	$a : (b-a)$
2	4	0,5	18	4	1
−1	$\frac{2}{3}$	$-\frac{3}{2}$	$-\frac{5}{9}$	$\frac{25}{9}$	$-\frac{3}{5}$
1,5	−2,5	−0,6	7,75	16	−0,375

5.

	x	y	z	$xy + yx$	$\frac{x+y}{x \cdot y}$	$\|x-(y+z)\|$	$(x-y)^2$
a)	2	4	8	16	0,75	10	4
b)	0,85	2,4	−0,09	4,08	1,5931	1,46	2,4025
c)	0,5	6	5,7	6	2,1667	11,2	30,25
d)	1024	14	109	28672	0,0724	901	1020100

6. a) 16,67 m/s (60 km/h) b) 0,667 m/s (2,4 km/h)
c) 41,67 m/s (150 km/h) d) 14 m/s (50,4 km/h)
Es wird jeweils die Geschwindigkeit berechnet.

7.

x	y	z	$xy-(z-y)$	$xy+y-z$
2	3	5	4	4
−3	−5	−2	12	12
2,5	0	3,6	−3,6	−3,6

8. a) Summe b) Quotient c) Quotient
d) Produkt e) Differenz

9. a)
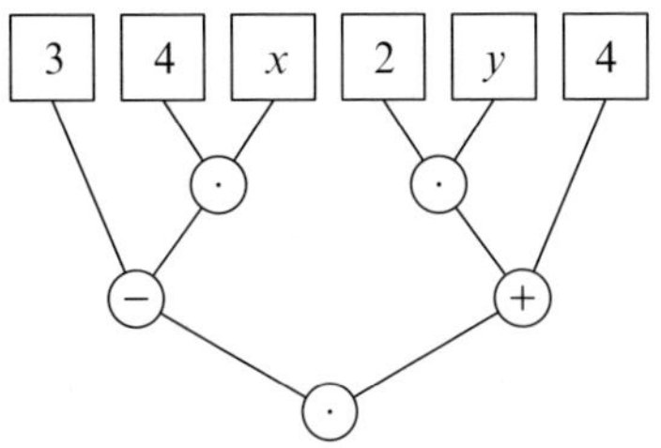
b)
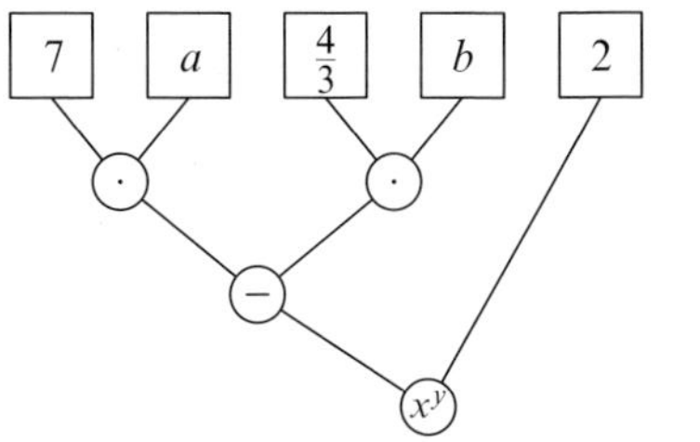
c)
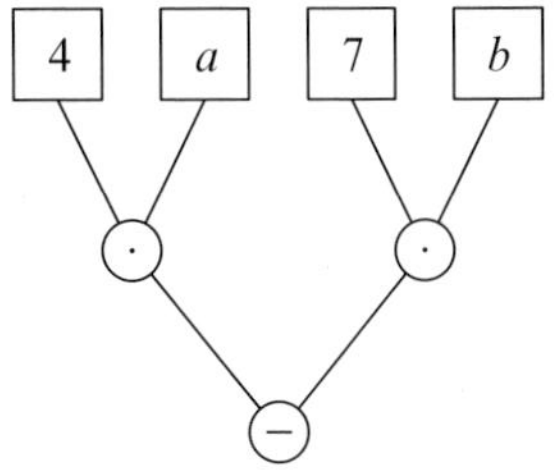
d)
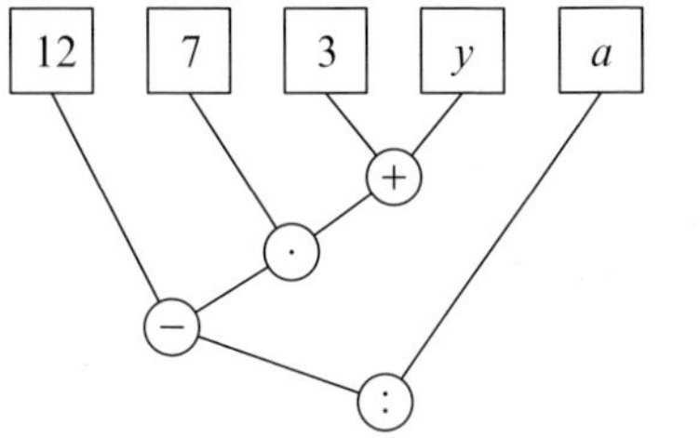
e)
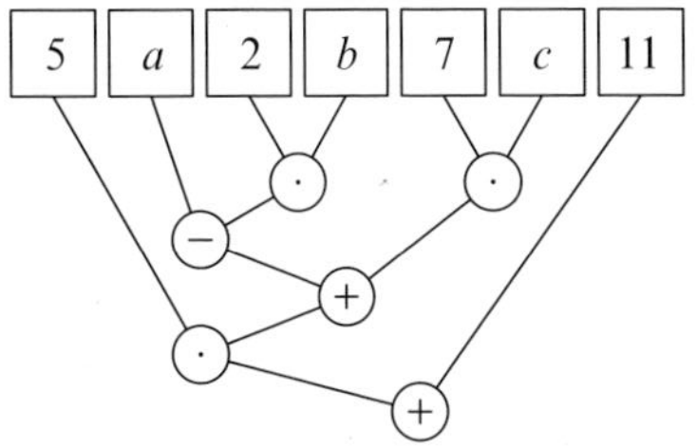
f)
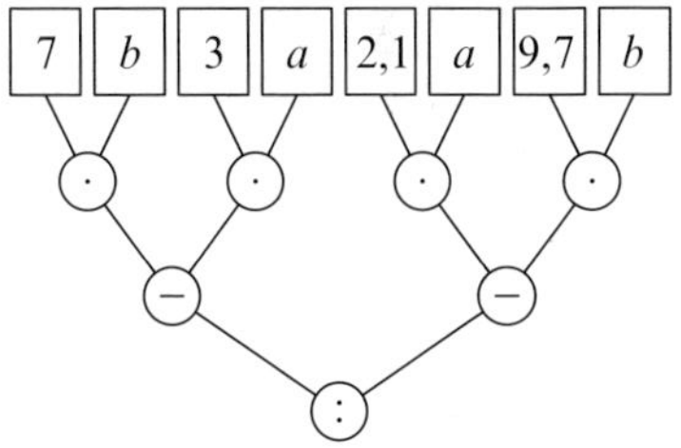

10. a) $(a \cdot b) : (c - d)$ b) $(a + b) \cdot c$ c) $(a : b) + c$
d) $(a \cdot b + c : d) \cdot e$ e) $((a - b) + c) : d$ f) $a \cdot (b \cdot c) - d$
(hier mit Variablen; es können auch konkrete Zahlen verwendet werden)

ZUM KNOBELN (Randspalte S. 12):
Es gibt folgende 6 Möglichkeiten: 1 Schaf und 1 Sack; 1 Schaf und 2 Katzen; 3 Säcke; 2 Säcke und 2 Katzen; 1 Sack und 4 Katzen; 6 Katzen.

11. a) Differenz b) Produkt c) Summe
d) Quadrat, Potenz e) Quotient

12. a) Summe: 34 b) Summe: 20 c) Summe: 35
d) Produkt: $\frac{1}{54}$ e) Summe: 15 f) Quadrat: 625

13. a) $\left(\frac{3}{2}X - \frac{2}{3}Y\right) : \left(\frac{1}{X} + \frac{3}{4}Y\right) \approx -1{,}672$ b) $(-7X - 2{,}3Y)^2 + \frac{7X}{3{,}5} \cdot Y \approx -648{,}2$
c) $\frac{3}{5}XY : (0{,}9X^2 - 1{,}7Y)^2 \approx 0{,}03016$

14. a) 18,23 b) 39,77 c) 7,837 d) −7053 e) 1,925 f) −44,17
15. a) 9,729 b) −532,97 c) 504,13
16. a) −2928 b) 2,399 c) 14326 d) −0,01997 e) −55,8 f) 0,02179
g) 45,90 h) 35,82 i) 2348
17. a) 65,55 % b) 76,74 % c) 91,08 %
d) 136,84 % e) 98,93 % f) 108,04 %
18. (1) $9x$ (2) $9x$ (3) $26x$ (4) $8a + 8b$

Erläuterungen und Anregungen

Im Rahmen dieser Lerneinheit wird die Einsicht angestrebt, dass der Wert eines Terms davon abhängig ist, aus welcher Grundmenge Zahlen oder Größen bei der Belegung der Variablen verwendet werden. Dies ist später bei der Lösungen von Gleichungen wichtig, wenn Grundmengen festzulegen oder zu beachten sind. Dabei wird gleichzeitig die Einsicht erwartet, dass Zusammenhänge aus verschiedenen Bereichen die gleiche mathematische Struktur haben können und dann durch ein und denselben mathematischen Term beschreibbar sind.
Zur Darstellung der Struktur von Termen eignen sich Rechenbäume besonders gut; die Reihenfolge der auszuführenden Rechnungen ist sehr gut zu erkennen. So könnten auch die Terme aus Aufgabe 13 jeweils durch einen Rechenbaum angegeben werden. Vor der Nutzung programmierbarer Taschenrechners zur Termwertberechnung sollten sich die Schülerinnen und Schüler selbständig an Hand der Gebrauchsanleitung mit ihrem Taschenrechner vertraut machen – dies kann ein Mathematiklehrbuch nicht übernehmen.

Addition und Subtraktion von Termen

Lösungen der Aufgaben auf den Seiten 15 bis 19

1. $4a + 9b + 4c$
2. a) (1) Quader (2) quadratische Pyramide
b) (1) $4e + 8f$ (2) $4l + 4m$
3. a) $18b$ b) $5{,}1a$ c) $0{,}3xy$ d) – e) –
f) $5a^2$ g) 0 h) – i) $-2kl$
4. verschiedene Lösungen möglich
5. a) $86c$ b) $0{,}25ab$ c) $-69x^2$ d) $-5t + 15$
e) $5xy^2 - 28{,}5x^2y$ f) $-s^2t$ g) $-134uv$ h) $-4v - 4w$
6. a) $19xy$ b) $69c - 40a$ c) – d) $-1{,}9r - 5s$
e) $k - 12t + 2$ f) $0{,}6e - 3{,}15f$

g) $\frac{3}{4}p^2 - \frac{11}{5}q - 2$ h) $\frac{2}{15}x - \frac{1}{12}y$ i) $-\frac{1}{5}abc - \frac{4}{5}ab$ j) –
7. a) $-\frac{13}{2}ab - \frac{15}{32}a + \frac{10}{3}b$ b) $22{,}1op - 2{,}2o - 14{,}3p + 14{,}6$ c) $\frac{5}{6}kl - \frac{15}{2}k^2$
d) $12{,}31xy^2 - 1{,}1x^2y - 12{,}1xy$
8. a) z. B. $0{,}2a + 6b = 0{,}1a - b + 0{,}1a + 7b$ oder $0{,}2a + (-0{,}1a) = 0{,}1a - b + (-6b) + 7b$
b) $20x = 17x - 23x - (-26x)$
c) z. B. $\frac{1}{2}rs + 1{,}5r - 3rs = -2\frac{1}{2}rs + 1{,}5r$ d) z. B. $3\frac{1}{3}e - \frac{1}{5}f = 2\frac{1}{3}e + e - \frac{1}{5}f$
9. a) $87{,}5x + 0{,}5y + 11z - 424{,}67$; (1) −84,35; (2) −398,7; (3) −424,2
b) $-23{,}79x - 3{,}004y + 234{,}88429z + 30{,}56$; (1) 3469,2; (2) −770,2; (3) 9,205
c) $-19{,}9x - 11{,}595238y - 0{,}769z$; (1) −9,274; (2) −14,67; (3) −34,75
10. gleiche Termwerte: −46
11. a) $1{,}25xy + z$ b) $2b$
12. a) $30a^2 - 5a$ b) $-13y$ c) $0{,}03a - 0{,}1b - 10{,}5$ d) $-1{,}25l - 2{,}5m$
13. a) $18a - 22b$ b) $-u + 3v$ c) $1{,}45k - 3{,}75l$
d) $101m - 12n$ e) $2rs - 2st$ f) $14d - 5e$
14. a) $12x^2 - 5y$ b) $9{,}2w + 2$ c) $10a + 24b$
d) $\frac{4}{5}m - \frac{13}{6}n + 3$ e) $36rs - 19{,}1rs^2$ f) $-1{,}02rst + s^2t + st$
16. a) $2 - (5a + 19b) = -5a - 19b + 2$ oder $2 - 5a + 19b = -(5a - 19b) + 2$
b) $-0{,}2e + 2f + 0{,}2e - (2 + 2f) = -2$
c) $-x - y - (7 + 3x) = -4x - y - 7$ d) $-(q - s) - t - (2s - q) = -(t + s)$
17. a) $x = 780$ b) $x = 4$ c) $x = 0$ d) $x = 1$ e) $L = \emptyset$ f) $L = \mathbb{Q}$
18. a) $-\frac{1}{6}a + 2b - \frac{1}{3}c$ b) $xy + x - 4y$ c) $-32{,}85k - 43{,}34m$
19. a) z. B. $5x - 6y - (6x + (-7y)) = -x + y$
b) z. B. $7a + 6b - 3 = -6a - (-13a - 6b + 3)$
c) $(-13l^2 + 10l^2 - 20) - (5kt - 2l^2) - (-4kt) = -kt - l^2 + (-20)$
20. a) $(33w + 72z) - (9u - 5w) = -9u + 38w + 72z$
b) $(a - (-3b)) - (b - 16a) = 17a + 2b$
c) $|12k - (-k + l)| = |13k - l|$; (1) 12; (2) 12; (3) 1
21. a) $A - D = 0{,}53c + e - 2{,}75d + 71{,}45e + 0{,}06d = 0{,}53c - 2{,}69d + 72{,}45e$
b) $C - (B + D) = C - B - D = 0{,}65c + 0{,}08d - 218{,}3c + 0{,}58d + 71{,}45e + 0{,}06d$
$= -217{,}65c + 0{,}72d + 71{,}45e$
c) $-(B + A) - C = -B - A - C = -218{,}3c + 0{,}58d - 0{,}53c - e + 2{,}75d - 0{,}65c - 0{,}08d$
$= -219{,}48c + 3{,}25d - e$

d) $A - B - (D - C) = A - B - D + C$
$= 0{,}53c + e - 2{,}75d - 218{,}3c + 0{,}58d + 71{,}45e + 0{,}06d + 0{,}65c + 0{,}08d$
$= -217{,}12c - 2{,}03d + 72{,}45e$

22. a) $-2y^2 + x + y$ b) $-2y^2 + 4x - y$ c) $y^2 - 2x + 2y$
d) $x + 2y$ e) x f) $2y^2 + x - y + 1$

23. Es werden 200 cm Band gebraucht.

24. Bei dieser Aufgabe sind verschiedene Lösungen möglich, z. B.:
$4a - b - 8a - (a - b) - (3a + b - 10a - b) - 2a = 0$
$4a - (b - 8a) - (a - b) - 3a + b - 10a - (b - 2a) = 0$
$4a - (b - 8a) - a - b - 3a + b - (10a - b - 2a) = 0$

AUFGABEN ZUR WIEDERHOLUNG

1. $\frac{61 + 99}{2} \cdot 39 = 3120$
2. a) $643 + 11 \cdot 35 = 1028$ b) nach 10 Schritten: $117 - 10 \cdot 13 = -13$
3. a) 32; 37; 42; 47; 52; 57 b) 25; 36; 49; 64; 81; 100
c) 96; 192; 384; 768; 1536; 3072 d) 26; 37; 50; 65; 82; 101
4. a) 0,91 b) $0{,}230623 \approx 0{,}231$
c) 3780 d) $0{,}273171 \approx 0{,}273$
e) $9{,}81981 \approx 9{,}82$ f) $1{,}7825 \approx 1{,}78$
5. 4 Steine

Erläuterungen und Anregungen

Bereits die Aufgabe 18 aus der vorangegangenen Lerneinheit kann Ausgangspunkt für das Zusammenfassen gleichartiger Glieder in Addtionstermen sein. Werden von Ihren Schülern hier verschiedene Lösungen angegeben, kann die Betrachtung der Lösungen sofort zu der Thematik dieser Lerneinheit führen.

Wichtig in dieser Lerneinheit ist, dass erkannt wird, dass nur Koeffizienten von gleichen Variablen bzw. gleichen Potenzen dieser Variablen zusammengefasst werden dürfen. In diesem Zusammenhang treten beim Lösen von Gleichungen immer wieder Fehler auf, die bereits in dieser Lerneinheit thematisiert werden könnten.

Wichtig ist auch das „Auflösen von Klammern, vor denen ein Minuszeichen steht". In der häufig von Schülern gewählten Formulierung „die Vorzeichen in der Klammer werden umgedreht" wird nicht zwischen Vor- und Rechenzeichen unterschieden. Wir haben deshalb an die Regeln des Rechnens mit negativen Zahlen erinnert und die Bildung des Entgegengesetzten durch Multiplikation mit (– 1) realisiert.

Multiplikation von Termen

Lösungen der Aufgaben auf den Seiten 20 bis 27

1. $V_1 = l \cdot b \cdot h$; $V_2 = 2l \cdot 2b \cdot 2h = 8\,l\,b\,h = 8V_1$
2. $A = \frac{2}{3}a \cdot b + \frac{1}{3}a \cdot \frac{2}{5}b = \frac{4}{5}ab$ oder $A = a \cdot b - \frac{1}{3}a \cdot \frac{3}{5}b = \frac{4}{5}ab$
3. a) $15ab$ b) $-7{,}5xyz$ c) $9amn$ d) $6efg$
e) $-0{,}75abcv$ f) $0{,}8abrst$ g) $0{,}0056cdv$ h) $-0{,}54wxyz$
i) $0{,}01klm$
4. a) $-75z$ b) $10ab$ c) $-180l^2$ d) $8wy^2z$
e) $2{,}8m^2n^2$ f) $-2{,}1x^6$
5. a) $13{,}2a^2b^2$ b) $1{,}7w^2x^2y^2z$ c) $-\frac{14}{3}u^2vw$ d) $8k^3l^3m^4n^3$
e) $40a^2b^2$ f) $-0{,}003e^4$ g) $r^2s^2t^2$ h) $27x^5$
6. a) $2a \cdot ab \cdot 5a$; $5a \cdot 2a^2 \cdot b$ b) $5 \cdot 10 \cdot k$; $2 \cdot 25 \cdot k$
c) $(-mn) \cdot m \cdot o$; $(-m^2) \cdot (-n) \cdot (-o)$ d) $\frac{2}{5}x \cdot \frac{5}{11}y \cdot y^3$; $\frac{2}{11}x \cdot (-y)^2 \cdot (-y)^2$
e) $(-22{,}1) \cdot a \cdot b$; $2{,}21 \cdot (-10a) \cdot b$ f) $2 \cdot (3x - 4y) \cdot 0{,}5$; $(-0{,}5) \cdot (4y - 3x) \cdot 2$
7. a) $148c$ b) $46x^2y^2$ c) $2{,}17a + 11{,}832pq^2$ d) $24a^3$
e) $-138e^2f$ f) $1{,}04r^2 + rs$ g) $-\frac{14283}{140}c^2d^2 - c$ h) $-8l^2m^3n$

AUFGABE (Randspalte S. 21):

37291	87291	45321	95321	46351	96351	74631	94631
+89250	+39250	+92360	+42360	+92370	+42370	+93620	+73620
126541	126541	137681	137681	138721	138721	168251	168251

8. a) $A = \frac{1}{2}f^2$ b) $A = \frac{3}{8}y^2$
9. a) $V_1 = \pi \cdot a^2 \cdot \frac{4}{3}a = \frac{4}{3}\pi a^3$; $V_2 = \pi \cdot \frac{1}{4}a^2 \cdot \frac{8}{3}a = \frac{2}{3}\pi a^3$. Das Volumen wird halbiert.
b) $W_1 = P \cdot t$; $W_2 = 0{,}85P \cdot 0{,}75t = 0{,}6375P \cdot t = 0{,}6375W_1$; $\frac{W_1 - W_2}{W_1} = 0{,}3625$
Der Energieverbrauch verringert sich um 36,25 %.
10. a) $A_G = a^2$; $A_S = 0{,}5ah_S$; $A_O = A_G + 4A_S = a^2 + 4 \cdot 0{,}5ah_S = a^2 + 2ah_S = a(a + 2h_S)$
b) $A_O \approx 69{,}88\ \text{cm}^2$
11. $V = 19\ \text{cm} \cdot 4\ \text{cm} \cdot 3\ \text{cm} = 228\ \text{cm}^3$
V in Abhängigkeit von a (Längen in cm):
$V = (25 - 2a) \cdot (10 - 2a) \cdot a = 4a^3 - 70a^2 + 250a$

12. a) $12x^2 + 22x + 8$ b) $a^3 + a^2x + axy + x^2y$
c) $5a^2bz^3 + 5ab^2 + 3az^4 + 3bz$ d) $40ax + 15ay + 48bx + 18by$
e) $f^4 + f^3h^2 + 12fh + 12h^3$ f) $2bx^2yz^2 + 10bxyz + xz + 5$
g) $ac + ad - ae + bc + bd - be$ h) $ad - bd + cd - ae + be - ce$
i) $ad + ae - af - bd - be + bf + cd + ce - cf$

13. a) $9x + 36$ b) $5ab - 3a$ c) $21kl - 84k^2$
d) $\frac{1}{2}uy - \frac{1}{4}vy + \frac{1}{6}wy$ e) $-21a^2 + 48ab$ f) $7rs^2$
g) $2o - \frac{1}{2}p$ h) $\frac{4}{15}e - \frac{2}{5}e^2$ i) $-4{,}5a^2b + 14ab^2$
j) $m^2 + 7n - 0{,}9o$ k) $-\frac{2}{5}xyz + \frac{2}{5}z^2$ l) $-\frac{3}{8}t^3 + \frac{1}{48}t^2$

14. a) $3ab + 17a - 10b$ b) $-4kl + 3k$ c) $-13{,}5x^2 + 5x + 64$
d) $-147p - 2v$ e) $24{,}2a + \frac{5}{9b}$ f) $4a^2 - 4ab - 27b$
g) $\frac{1}{3}xy^2 - 3y^2 - 5x$ h) $-63a^2k + 33ak^2$

15. a) $a^2 - 13a + 36$ b) $-xy - 11x + 13y + 143$
c) $-12{,}3k^2 + 16{,}4kl^2 + 3kl - 4l^3$ d) $-1{,}5a^3 + 3abc^2 + a^2c - 2bc^3$
e) $5x^2 - \frac{89}{3}xy - 2y^2$ f) $o^2p^2a^2 - o^2m^2a^2$
g) $x^5 + x^4 + x^3 + x^2$ h) $-\frac{9}{2}a^2 - \frac{341}{140}ab + \frac{1}{2}b^2$
i) $-x^2 + y^2 + 2z^2 + xz - 3yz$ j) $\frac{16}{81}a^2b^2 - 1$
k) $0{,}1h^4 - 2h^3i - 0{,}01h + 0{,}2i$ l) $0{,}24b^2d - 3{,}6bcd + 12c^2d$

16. Angabe der richtigen Lösungen:
a) $p^3 - p^3q - p + pq$ b) $10a - 2b - 4$ c) $-3ab + 27a$
d) $12x^2 - 16xy$ e) $-ux + uy - w$ f) $-39e + 39f$
g) kein Fehler h) $mn + 0{,}25m + 0{,}5n$

17. a) $(2x - 3)(x + 7) = 2x^2 + 11x - 21$ b) $(k+1)(\frac{1}{4}k - 0{,}5l) = \frac{1}{4}k^2 - \frac{1}{2}kl + \frac{1}{4}k - 0{,}5l$
c) $1{,}75q(8r + (-2q^2)) = 14qr - 3{,}5q^3$ d) $5(3y - z) - 14x = -14x + 15y - 5z$
e) $(a + 2)(a - 2) = a^2 - 4$ f) $(2k - 3)(l^2 + 5) = 2kl^2 - 3l^2 + 10k - 15$

18. 169; 289; 221; 229; 289; 169; 199; 221; 289; 259

19. $A = (c + d)^2 = c^2 + 2cd + d^2$; $c > 0$; $d > 0$

20. a) $x^2 + 22x + 121$ b) $25 - 10m + m^2$ c) $144 - z^2$
d) $25k^2 - l^2$ e) $a^2 - 8ab + 16b^2$ f) $a^2 - 0{,}01b^2$

g) $r^2s^2 - 2rs + 1$ h) $u^4 - u^2w + 0{,}25w^2$ i) $a^6b^2 - 2a^3b^2c^2 + b^2c^4$
j) $\frac{1}{9}a^2b^2 + \frac{2}{5}a^2b + \frac{9}{25}a^2$ k) $x^4 - x^2$ l) $g^2h^2 - 0{,}4ghik + 0{,}04i^2k^2$

21. a) $m^2 + 2mn + n^2$ b) $a^4 + 2a^2 + 1$ c) $r^2 + 2rs + s^2$
d) $0{,}81a^2 + 0{,}45ab + \frac{1}{16}b^2$ e) $p^2 - o^2$ f) a^2b^2
g) $-\frac{1}{16}x^2 + \frac{1}{2}xy - y^2$ h) $e^8 + 4e^4f + 4f^2$ i) $0{,}01a^2 + 2ab + 100b^2$
j) $v^4 - u^2$ k) $x^2y^4 - 2xy^4 + y^4$ l) $-a^2 - 2ab - b^2$

22. a) 6241 b) 3721 c) 9996 d) 2209
e) 2809 f) 8096 g) 399 h) 3,9999

23. a) $4a^2 - 10ab + 2b^2$ b) $4xy$ c) $-\frac{5}{16} + \frac{1}{6}g^2 - \frac{1}{9}g^4$
d) $a^3 - 9a$ e) $-2r^2 - 2rs$ f) $16x^4 - 8x^2z^2 + z^4$ g) $2ac + 2c^2$
h) $\frac{1}{9}x^2 - \frac{1}{6}xy + \frac{1}{16}y^2 + \frac{1}{144}x^2y^2$ i) $u^2 + 3w^2$ j) $169k^2 - 26kl + l^2$
k) $25x^2 - 30xy + 9y^2 + z^2 - x^3 + 3x^2z - 3xz^2 + z^3$ l) $\frac{3}{16}p^2 - \frac{3}{8}p^3$

24. Richtige Lösungen:
a) $9x^2 - 12xy + 4y^2$ b) $o^2 - 2opa + p^2a^2$ c) $k^2 + 8kl + 16l^2$
d) $b^6 - 4c^2$ e) $-9a^2 + b^2$ f) $0{,}25x^2 + 5x^2y + 25x^2y^2$
g) $x^2 + y^2 + z^2 + 2xy + 2xz + 2yz$

26. a) $\left(\frac{4}{5}a - \frac{1}{3}b\right)^2 = \frac{16}{25}a^2 + \left(-\frac{8}{15}ab\right) + \frac{1}{9}b^2$ b) $b^2 + 4b + 4 = (b + 2)^2$
c) $0{,}25x^2 - xy + y^2 = (0{,}5x - y)^2$ d) $9z^2 - 6z + 1 = (3z - 1)^2$
e) z. B. $-(1 - 3o)^2 = -1 + 6o - 9o^2$ f) $\left(\frac{1}{4}m^2 - 5\right)\left(\frac{1}{4}m^2 - 5\right) = \frac{1}{16}m^4 - 25$
g) $a^4 - 0{,}01b^2 = (a^2 + 0{,}1b)(a^2 - 0{,}1b)$
h) z. B. $2{,}25u^2 - 2(-6uv) + 16v^2 = (1{,}5u + 4v)^2$

27. a) $4x^2 + 9y^2 + z^2 + 12xy - 4xz - 6yz$ b) $a^3 + 3a^2b + 3ab^2 + b^3$
c) $125x^3 - 675x^2 + 1215x - 729$ d) 1
e) $\frac{1}{6}ab^5 + c$ f) $k^4 - 16k^3 + 96k^2 - 256k + 256$
g) $-x^3 - y^3 - z^3 - 3x^2y - 3xy^2 - 3x^2z - 3xz^2 - 3y^2z - 3yz^2 - 6xyz$
h) $s^4 + 12s^3 + 54s^2 + 108s + 81$ i) $i^5 - i^4j - 2i^3j^2 + 2i^2j^3 + ij^4 - j^5$
$(a - b)^3 = a^3 - 3a^2b + 3ab^2 - b^3$ $(a + b)^4 = a^4 + 4a^3b + 6a^2b^2 + 4ab^3 + b^4$

28. a) 7,8 b) 1350

29. a) $x \in \{0; 2\}$ b) $x \in \{0; -5\}$ c) $x \in \{1; -3\}$ d) $x = 1$

30. a) $a(17b + 15c)$ b) $7(5x^2 - y^2)$ c) $3c^2de(3ce - 1)$ d) $(2 + a)(2 - a)$

31. a) $6a(3 - b)$ b) $-5r(s + t)$ c) $x^2(x - y^2)$
d) $z(z - 1)$ e) $6x$ f) $0{,}2p(4o - 40oq - qh)$
g) $4u(5v - v^2 + 25ul)$ h) $(-1)(kn + lm + kl)$ i) $x^2z^2(1{,}8x^4z - 0{,}3x^2 + z)$
j) $40ab$ k) $c(1 - c + c^2 - c^3 + c^4 - 2c^5)$ l) $qr(0{,}1q - 0{,}01r + qr)$
m) $t(t^3 - t^2 - t - 1)$ n) $4(2b - c)$ o) $5(a + 0{,}2b)$

32. a) $\frac{1}{12}xz^2(4y - 10x + 5y^2)$ b) $\frac{1}{7}ab(3 + 2a - b)$
c) $0{,}25(2r^2s - 4r^3s + 3r^2s^2 - 1)$ d) $7(x - y)(1 + 3z)$
e) $(l + 2)(5m - 1)$ f) $4(d - 3)(2 - 3e)$
g) $20(a + b)$ h) $(x - y)(2x - 3z^2)$

33. Richtige Lösungen:
a) $4a(2bc + 1)$ b) $\frac{3}{5}x\left(x + \frac{5}{3}y\right)$ oder $x\left(\frac{3}{5}x + y\right)$
c) $21c(4d^2 - c)$ d) $-c^3(c + 1)$ e) $8klo(4ko + 1 + 3l^2o^4)$
f) $0{,}02s(5s - 49)$ g) $10(d - 3)$

ZUM KNOBELN (Randspalte S. 26, oben):
$y(y+2) + z(z-2) - 2yz = y^2 - 2yz + z^2 + 2y - 2z = (y-z)^2 + 2(y-z) = 7^2 + 2 \cdot 7 = 63$

AUFGABE (Randspalte S. 26, unten):
z. B. $1 + 5 + 9 = 2 + 6 + 7 = 3 + 4 + 8$ oder $1 + 6 + 8 = 2 + 4 + 9 = 3 + 5 + 7$

34. a) $(2a + b)^2$ b) $(6 + c)(6 - c)$ c) $(t^2 + \frac{1}{4}s)(t^2 - \frac{1}{4}s)$
d) $(h - 20)^2$ e) $(1 + 1{,}2m^3)(1 - 1{,}2m^3)$ f) $(a^2 - 1)^2 b^2$
g) $\left(\frac{s}{10} + v^2\right)\left(\frac{s}{10} - v^2\right)$ h) $(11x + 4y)^2$ i) $(30t - 5v^2)^2$

35. a) $9(m - n)^2$ b) $3(2a + 1)(2a - 1)$ c) $800(k + 1{,}5l^3)(k - 1{,}5l^3)$
d) $15(2h + p)^2$ e) $(a + b)(k + 1)$ f) $(3x + 2)(y + z)$
g) $5(n - 2)^2$ h) $a(x^2 + y)(x^2 - y)$ i) $(a - c)^2 b^2$

36. a) $(2e + f)^2 - 2ef$ b) ist richtig c) $(0{,}5u + v)(0{,}5u - v)$
d) $(a - 2b)^2$ e) $-5x(3x + y + 2z)$ f) $7((c + d)(c - d) + 1)$
g) $5op^2 + q(-2p + q)$ oder $(5o - 1)p^2 + (p - q)^2$

37. a) $a^2 - \frac{5}{4}a + \frac{25}{64} = \left(a - \frac{5}{8}\right)^2$ b) $(c + 0{,}2)(-c + 0{,}2) = 0{,}04 - c^2$
c) $x^2 + \frac{2}{5}xy + \frac{1}{25}y^2 = \left(x + \frac{1}{5}y\right)^2$

d) z. B. $1 + w + \frac{1}{4}w^2 = \left(1 + \frac{1}{2}w\right)^2$ oder $1 + w + 2\sqrt{w} = (1 + \sqrt{w})^2$ (für $w \geq 0$)
e) $\frac{1}{9}k^2 + \frac{2}{3}kl + l^2 = \left(\frac{1}{3}k + l\right)^2$ f) $e^4 - \frac{e^2 f}{2} + \frac{f^2}{16} = \left(e^2 - \frac{f}{4}\right)^2$
g) z. B. $x^2 + (-26x) + 169 = (x - 13)^2$ oder $0 + 0 + 169 = (13 - 0)^2$
h) z. B. $(2 + a)(1 + b) = 3 + a + (ab - 1) + 2b$
oder $(2 + a)(0 + b) = 3 + a + (ab - a - 3) + 2b$

38. a) $p = 6$ b) $a = -2$ c) $x \in \{1; -1\}$ d) $z = 3$

NACHGEDACHT (Randspalte S. 27, Mitte):
a) $(x + 1)(x + 3)$ b) $(a - 1)(b - 1)$ c) $(l + 2)(l + 3)$
d) $\left(c - \frac{3}{2}\right)\left(c + \frac{1}{2}\right)$ e) $(y - 3)\left(y - \frac{1}{3}\right)$ f) $(k - 1)(k^2 + k + 1)$

NACHGEDACHT (Randspalte S. 27, unten):
$(r^2 - 2r + 2) = (r - 1)^2 + 1 \geq 1$ für alle $r \in \mathbb{Q}$

Erläuterungen und Anregungen

Bevor die Multiplikation von Summen und Differenzen und die binomischen Formeln behandelt werden, wird zunächst die Multiplikation von Summentermen mit Zahlen dargestellt. Bei der Einstiegsaufgabe sollte die Gelegenheit genutzt werden, die Schülerinnen und Schüler vor dem Ausrechnen der Volumenänderung ihre Erwartungen äußern zu lassen, um so auch weiter an der Entwicklung von Größenvorstellungen zu arbeiten.

Bei der Aufgabe 8 sind verschiedene Lösungswege denkbar, über deren Effizienz und Zweckmäßigkeit gesprochen werden sollte. So ist es z. B. besonders einfach, bei der Figur in a) die kleinere Seite als Grundseite des Parallelogramms zu betrachten; natürlich sind auch Differenzbildungen (großes Rechteck als Ausgangsfigur) möglich.

Bei den binomischen Formeln haben wir auf eine Nummerierung verzichtet, insbesondere ist es u. E. nicht unbedingt erforderlich, zwischen „1." und „2." binomischer Formel zu unterscheiden, da $-b$ durchaus positiv und a auch negativ sein kann, so dass eigentlich nur zwei Formeln gelernt werden müssten. Die geometrische Veranschaulichung der binomischen Formeln setzt allerdings eine Belegung der Variablen mit positiven Zahlen voraus. Die Anwendung der binomischen Formeln erfolgt dann in den anschließenden Aufgaben in zwei Richtungen, einmal um Summen in Produkte umzuformen, was bei der nachfolgenden Behandlung von Bruchtermen mit Blick auf das Kürzen zweckmäßig sein kann, zum anderen natürlich auch in umgekehrter Richtung. Ob die eine oder andere Umformung zweckmäßig oder eine Vereinfachung ist, hängt jeweils vom Kontext ab.

Bruchterme

Lösungen der Aufgaben auf den Seiten 28 bis 33

1. a) $b = \frac{2A}{h} - a$ b) $v_1 = \frac{s}{t}$; $v_2 = \frac{s}{0{,}5t} = 2 \cdot \frac{s}{t} = 2v_1$ c) $h = \frac{1\ \text{dm}^3}{A_G}$

Der Nenner darf nicht null werden

2.

x	-5	-3	$-1{,}5$	0	1	$\frac{7}{3}$
T_1	$\frac{7}{3}$	2	$\frac{7}{5}$	-1	n. l.	6
T_2	$-\frac{1}{5}$	n. l.	$\frac{52}{27}$	n. l.	1	$\frac{9}{98}$

3. a) $k = -2$ b) $o = 1$ c) $x \in \{3; -2\}$ d) $x \in \{1; -2\}$
e) $y \in \{0; 0{,}5\}$ f) $k = 1{,}5$

4. Beispiele: a) $\frac{1}{x-2}$ b) $\frac{1}{2x+1}$ c) $\frac{1}{x}$
d) $\frac{2x}{x^2-9}$ e) $\frac{x}{(x-5)(x-1)}$ f) $\frac{1}{e-2f}$

5. a) $-0{,}1877$ b) $0{,}9050$ c) $0{,}04717$ d) $-11{,}44$
e) $0{,}9864$ f) $-7{,}491$ g) $-5{,}171$ h) $-1{,}136$

6.

	Reziprokes	Bedingung für Ausgangsterm	Bedingung für Reziprokes
a)	$\frac{1}{7}$	–	–
b)	$-\frac{1}{6xy}$	x, y beliebig	$x \neq 0;\ y \neq 0$
c)	$\frac{op}{100-o^2}$	$o \neq 0;\ p \neq 0$	$o \neq 10;\ o \neq -10$
d)	$-0{,}4$	–	–
e)	$8a^2$	$a \neq 0$	a beliebig
f)	$\frac{a+2b}{2a-b}$	$a \neq -2b$	$b \neq 2a$
g)	4	–	–
h)	$\frac{9b}{2c}$	$b \neq 0$	$c \neq 0$

	Reziprokes	Bedingung für Ausgangsterm	Bedingung für Reziprokes
i)	$\frac{x^2-4x}{x(x-1)}$	$x \neq 0;\ x \neq 4$	$x \neq 0;\ x \neq 1$
j)	$\frac{1}{4a}$	a beliebig	$a \neq 0$
k)	$0{,}2y - 1$	$y \neq 5$	y beliebig
l)	$(4a-1)(1-4a)$	$a \neq 0{,}25$	a beliebig

Erweitern und Kürzen

7. a) $\frac{40a^2b}{80ab^2} = \frac{2{,}5a}{5b}$ b) $\frac{7}{(x-1)^1} = \frac{7x+7}{x^2-1}$
c) $\frac{9z}{3y+6} = \frac{3z}{y+2}$ d) $\frac{5z^3}{4} = \frac{5z^4+z^3}{4(z+0{,}2)} = \frac{5z^4+z^3}{4z+0{,}8}$

Die angegebenen Einschränkungen sorgen dafür, dass die Nenner nicht 0 werden.

8. a) $\frac{3x^2}{6xy}$ b) $\frac{2t}{2t-4}$ c) $\frac{7(x-1)}{(x-1)^2}$
d) $\frac{9ac}{45a^2b}$ e) $\frac{\frac{2}{3}}{3a}$ f) $\frac{l}{k+2}$

9.

	erweiterter Term	Bedingung für Ausgangsterm	Bed. für erweiterten Term
a)	$\frac{12x^2y^2z}{18xz^2}$	$z \neq 0$	$x \neq 0;\ z \neq 0$
b)	$\frac{p+k}{p^2-k^2}$	$p \neq k$	$\lvert p \rvert \neq \lvert k \rvert$
c)	$\frac{3ac}{5a^2bc^2}$	$a \neq 0;\ b \neq 0;\ c \neq 0$	$a \neq 0;\ b \neq 0;\ c \neq 0$
d)	$\frac{6k(2k-1)}{(8k^2-2)}$	$k \neq -0{,}5$	$k \neq -0{,}5;\ k \neq 0{,}5$
e)	$\frac{\frac{1}{10}a(a+b)}{\frac{1}{10}a^2+\frac{2}{10}ab+\frac{1}{10}b^2}$	$a \neq -b$	$a \neq -b$
f)	$\frac{-0{,}5v}{-6v^2}$	$v \neq 0$	$v \neq 0$

10.

	gekürzter Term	Bedingung für Ausgangsterm	Bedingung für gekürzten Term
a)	$\frac{1}{b^2}$	$b \neq 0$	$b \neq 0$
b)	$\frac{2uv}{9w}$	$v \neq 0;\ w \neq 0$	$w \neq 0$
c)	$2x-1$	x beliebig	x beliebig
d)	nicht kürzbar	$u \neq 2$	–
e)	$\frac{1}{z^2-\frac{3}{4}}$	$\lvert z\rvert \neq \frac{1}{2}\sqrt{3}$	$\lvert z\rvert \neq \frac{1}{2}\sqrt{3}$
f)	$-a$	$a \neq 0;\ a \neq b$	a beliebig
g)	$\frac{5}{1-uv}$	$u \neq 0;\ v \neq 0;\ uv \neq 1$	$uv \neq 1$
h)	$-\frac{op}{p+1}$	$p \neq -1;\ p \neq 1$	$p \neq -1$

Addition und Subtraktion von Bruchtermen

11. $R_G = R_1 + \frac{R_2R_3}{R_2+R_3}$

12. a) $\frac{12a+2b}{a^2-b^2}$ b) $\frac{2bx-3a^2y+2by}{2a^2b}$ c) $\frac{13x-13y+7}{x^2-y^2}$

13. a) $\frac{x-3y}{x^2-y^2}$ b) $\frac{4x^2+xy-2y^2}{xy(x-y)}$ c) 0 d) $\frac{17a^2+10a+18}{12(a^2-1)}$

e) $\frac{2(a^2+b^2)}{a^2-b^2}$ f) $\frac{y(2x+y)}{x(x+y)}$ g) $\frac{2x(x^2-3)}{(x^2-1)^2}$ h) $\frac{3(x+y)}{4}$

NACHGEDACHT (Randspalte S. 31): $x=2,\ y=3$ oder $x=3,\ y=2$

14. a) $\frac{y^2+5y+8}{y(y+4)};\ y \neq -4;\ y \neq 0;\ y \neq 4$ b) $\frac{7a^2-16a-7}{2a^2+a-1};\ a \neq -1;\ a \neq \frac{1}{2}$

c) $\frac{4y-2}{y^2-4};\ y \neq -2;\ y \neq 0;\ y \neq 2$ d) $\frac{x^2-13x+29{,}75}{9-12x-4x^2};\ x \neq 2;\ x \neq -\frac{3}{2} \pm \frac{3}{2}\sqrt{2}$

15. a) $\frac{-2x-6}{x^2-25};\ x \neq -5;\ x \neq 5$ b) $\frac{x^2-xy+y^2}{x^2-y^2};\ x \neq y;\ x \neq -y$

c) $\frac{7b^2-5a+5b}{b(a-b)};\ a \neq 0;\ b \neq 0;\ a \neq b$

d) $\frac{x^3+x^2y-xy^2-y^3-x^2y^2}{xy(x^2-y^2)};\ x \neq 0;\ y \neq 0;\ x \neq y;\ x \neq -y$

e) $\frac{e(7x+5)}{6(x^2-25)};\ x \neq -5;\ x \neq 5$ f) $\frac{a^3-3a^2b+4b^3-16a^2+16ab}{(a-b)(a-2b)^2};\ a \neq b;\ a \neq 2b$

16. a) Addition der Nenner an Stelle der Bruchterme; richtig $z = \frac{xy}{x+y}$

b) Erweiterungsfaktor 2 nicht berücksichtigt; richtig $\frac{a-6b}{2a^2}$

c) Erweiterungsfaktoren nicht berücksichtigt; richtig $\frac{ab+2a}{2b}$

d) falsches Gleichnamigmachen; richtig $\frac{7-7a^2}{a}$

AUFGABE (Randspalte S. 32):

$$2+\cfrac{1}{2+\cfrac{1}{2+\cfrac{1}{2}}} = \frac{29}{12}$$

NACHGEDACHT (Randspalte S. 32):

$$a+\cfrac{1}{a+\cfrac{1}{a+\cfrac{1}{a}}} = \frac{a^4+3a^2+1}{a^3+2a}$$

17. a) $\frac{1}{x-y};\ \lvert x\rvert \neq \lvert y\rvert$ b) $\frac{x^2-y}{x^2-y^2};\ \lvert x\rvert \neq \lvert y\rvert$ c) $\frac{8x^2y-y^2-6x}{9y^2};\ y \neq 0$

d) $\frac{-k^3-2k^2l-25kl^2-50l^3-k^2-4kl+5l^2}{(k+5l)(k^2+25l^2)};\ k \neq -5l$

Multiplikation und Division von Bruchtermen

18. a) $\frac{b}{6}$ b) $\frac{2}{a}$ c) $27a^2$ d) $\frac{x}{5}$

19. a) $\frac{6b^2+5b-56}{b^2-9};\ b \neq -3;\ b \neq 3$ b) $\frac{x^2-y^2}{x^2+y^2}$

c) $\frac{y^2}{(x+y)^2};\ x \neq -y$ d) $\frac{(a-b)(b-1)}{a+b};\ b \neq -1;\ a \neq -b$

e) $\frac{x+3y}{2(x-5y)};\ x \neq 0;\ x \neq 5y$ f) $\frac{s^2}{r};\ r \neq 0;\ s \neq -\frac{1}{2}r^2$

20. a) $\frac{39a^3b^2}{2x^2y^3}$ b) $\frac{3y^2}{4z^2}$ c) $\frac{2x(2x-y)}{(4x+y)(x-y)}$

d) $\frac{(2x-1)(x-3)}{10(x+3)}$ e) $\frac{65xy^2}{11z}$ f) $\frac{(a-1)x+(a+1)y}{(a-1)^2}$

g) $\frac{(a-b)^2}{a^4}$ h) $\frac{3ab(a-b)}{4}$ i) $\frac{15x^3y}{(x-2)(5x+y)}$

21. a) $\frac{1}{2a}:\frac{1}{b}=\frac{b}{2a}$ b) $\frac{4xy}{5z}:\frac{ab}{ac}=\frac{4cxy}{5bz}$ c) $ab:\frac{a}{c}=bc$

d) $\frac{1+b}{1-b}:\frac{2}{1-b}=\frac{1+b}{2}$ e) $\left(\frac{1}{a}+\frac{1}{b}\right):\left(\frac{1}{a}-\frac{1}{b}\right)=\frac{a+b}{b-a}$

FÜR HELLE KÖPFE (Randspalte S. 33):

a) $ac = a(a+2) = a^2 + 2a$; $bd = (a+1)(a+3) = a^2 + 4a + 3$, also $ac < bd$
Betrag der Differenz: $2a + 3$

b) $bc = (a+1)(a+2) = a^2 + 3a + 2$; $ad = a(a+3) = a^2 + 3a$, also $bc > ad$
Betrag der Differenz: 2

AUFGABEN ZUR WIEDERHOLUNG

1. CD-Player: 33,15 €; Fernseher: 1053,00 €; Lautsprecherboxen: 53,24 €; CD: 14,00 €
3. a) 20 % b) 9,09 % c) 50 % d) 29,75 % e) 20 %
4. a) 5311,72 € b) 11736,87 € c) 125,86 € d) 273,98 € e) 1946,20 €
6. a) 72,28 % b) 99 % c) 88,61 %

Erläuterungen und Anregungen

Bei der Einführung in diesen Themenbereich bietet es sich an, die Regeln der Bruchrechnung zu wiederholen; das führt u. a. zu der Einsicht, dass bei Bruchtermen stets zu gewährleisten ist, dass der Term im Nenner nicht Null wird, was meist zu einer Einschränkung der Grundmenge führt. Zur Differenzierung können die Kettenbrüche in der Randspalte auf Seite 32 genutzt werden. Auch die Aufgabe 21 kann zur Differenzierung verwendet werden, da Doppelbrüche beim Lösen von Gleichungen sicher nicht die entscheidende Rolle spielen werden.

Nutzung von Variablen in mathematischen Beweisen

Lösungen der Aufgaben auf den Seiten 34 bis 37

1. a) falsch b) wahr c) wahr d) falsch e) wahr
2. a) Gegenbeispiel: $1 + 2 + 3 + 4 = 10$ ist nicht durch 4 teilbar.
b) Beweis: Sei n eine beliebige natürliche Zahl.
$n + (n+1) + (n+2) + (n+3) + (n+4) = 5n + 10 = 5(n+2)$ ist durch 5 teilbar.

c) Beweis: Sei n eine beliebige natürliche Zahl.
$(2n+1)^2 = 4n^2 + 4n + 1 = 2(2n^2 + 2n) + 1 = 2m + 1$ mit $m = 2n^2 + 2n \in \mathbb{N}$.
Das Quadrat einer ungeraden natürlichen Zahl ist also ungerade.

d) Beweis: Seien m und n beliebige natürliche Zahlen.
Es gilt $2m + 2n = 2(m+n)$, also ist die Summe eine gerade Zahl.

3. a) Aus $a = 2n$ folgt $a^2 = 4n^2$, also ist a^2 durch 4 teilbar.
b) Sei n^2 eine Quadratzahl. Dann ist auch $4n^2$ wegen $4n^2 = (2n)^2$ eine Quadratzahl.
c) Sei n eine beliebige natürliche Zahl. Dann gilt:
$(n+1)^2 - n^2 = n^2 + 2n + 1 - n^2 = 2n + 1$, die Differenz ist also ungerade.
4. a) z. B. $63 - 36 = 27$; $91 - 19 = 72$ b) Die Ergebnisse sind Vielfache von 9.
5. Aus $m = 10a + b$ $(a > b)$ und $n = 10b + a$ folgt $m - n = 9(a - b)$.
6. a) $5225 - 2552 = 2673 = 3 \cdot 891$
b) z. B. $7337 - 3773 = 3564 = 4 \cdot 891$
c) Seien a und n natürliche Zahlen mit $1 \le a < n \le 9$.
Dann können „ANNA-Zahlen" folgendermaßen dargestellt werden:
$k = 1000a + 100n + 10n + a$; $m = 1000n + 100a + 10a + n$; $m > k$.
$m - k = (1001n + 110a) - (1001a + 110n) = 891(a - n)$
7. $n = (a_4 + a_3 + a_2 + a_1 + a_0) + 9 \cdot (1111a_4 + 111a_3 + 11a_2 + a_1)$
Der zweite Summand ist offensichtlich durch 9 teilbar. n ist genau dann durch 9 teilbar, wenn auch der erste Summand, also die Quersumme von n, durch 9 teilbar ist.
8. $n = 10000a_4 + 1000a_3 + 100a_2 + 10a_1 + a_0$
$n = (a_4 - a_3 + a_2 - a_1 + a_0) + (9999a_4 + 1001a_3 + 99a_2 + 11a_1)$
$n = (a_4 - a_3 + a_2 - a_1 + a_0) + 11 \cdot (909a_4 + 91a_3 + 9a_2 + a_1)$
Der zweite Summand ist durch 11 teilbar. n ist genau dann durch 11 teilbar, wenn auch der erste Summand, die alternierende Quersumme von n, durch 11 teilbar ist.
9. a) Regeln für die Teilbarkeit durch 2, 3, 4, 5, 6, 8, 9, 10, 25, 50, 100 u. a.
b) Beispiel: Teilbarkeit durch 8 (5 Ziffern):
$n = 10000a_4 + 1000a_3 + 100a_2 + 10a_1 + a_0$
$n = 1000(10a_4 + a_3) + (100a_2 + 10a_1 + a_0) = 8 \cdot 125 \cdot (10a_4 + a_3) + (100a_2 + 10a_1 + a_0)$
Es folgt: Eine fünfstellige natürliche Zahl ist genau dann durch 8 teilbar, wenn die aus den letzten drei Ziffern gebildete Zahl $a_2\,a_1\,a_0$ durch 8 teilbar ist.
c) Beispiel: Teilbarkeit durch 9 (k Ziffern): $n = 10^{k-1}a_{k-1} + 10^{k-2}a_{k-2} + \ldots + 10a_1 + a_0$
$n = (a_{k-1} + a_{k-2} + \ldots + a_1 + a_0) + ((10^{k-1} - 1)a_{k-1} + (10^{k-2} - 1)a_{k-2} + \ldots + (10-1)a_1)$
Jede Zahl 10^{k-i} $(i = 1, 2, \ldots, k-1)$ ist durch 9 teilbar, also auch die Summe von ganzzahligen Vielfachen solcher Zahlen. Es folgt: n ist genau dann durch 9 teilbar, wenn die Quersumme $a_{k-1} + a_{k-2} + \ldots + a_1 + a_0$ durch 9 teilbar ist.

10. a) Der Beweis kann wie im Beispiel auf Schulbuchseite 37 geführt werden.
    b) Gegeben sei ein beliebiges Dreieck ABC mit den Innenwinkeln α, β und γ. Zeichnet man durch C eine zu AB parallele Gerade g, so entstehen bei C die drei Winkel α_1, γ und β_1, wobei α_1 und β_1 Wechselwinkel zu α und β an geschnittenen Parallelen sind. Aus $\alpha_1 + \gamma + \beta_1 = 180°$, $\alpha = \alpha_1$ und $\beta = \beta_1$ folgt $\alpha + \beta + \gamma = 180°$.
11. Die „abgeschnittenen" Dreiecke sind alle zueinander kongruent nach Kongruenzsatz sws, also sind alle Seiten des entstehenden Vierecks gleich lang.

AUFGABEN ZUR WIEDERHOLUNG

1. a) richtig b) richtig c) falsch d) richtig e) falsch
   Direkt proportionale Zuordnungen: a), b), d)
2. a) Zwei Größen sind direkt proportional zueinander, wenn die Verhältnisse einander zugeordneter Größen stets gleich sind.
   b) Zwei Größen sind indirekt proportional zueinander, wenn die Produkte einander zugeordneter Größen stets gleich sind.
3. a) m: Masse; V: Volumen; ϱ: Dichte; $m = \varrho \cdot V$; $\varrho = 7{,}8\ \text{g/cm}^3$
   b) K: Kosten; V: Volumen; n: Preis; $K = n \cdot V$; $n = 0{,}75$ €/l
4.

Weg	500 m	27,3 km	164 km	61,5 km	20 km
Zeit	22 s	20 min	2 h	$\frac{3}{4}$ h	14 min 38 s

Erläuterungen und Anregungen

Mit dieser Lerneinheit wird der Bogen zum Eingangskapitel geschlagen. Um Aussagen beweisen zu können, ist es notwendig, dass erkannte Zusammenhänge zunächst mithilfe von Variablen ausgedrückt werden. Diesem Anliegen dient auch die Einstiegsaufgabe, die dazu anregen soll, nach Prüfung von Beispielen die Aussagen formal aufzuschreiben.

Die Schülerinnen und Schüler sollen im Ergebnis dieser Lerneinheit auch erkannt haben, wann es ausreicht, ein (Gegen-)Beispiel für eine Aussage anzugeben, und wann ein allgemeiner Beweis notwendig ist. Alle Aufgabenstellungen können und sollen zunächst durch konkrete (Zahlen-)Beispiele geprüft werden, bevor sie bewiesen werden. Die Aufgaben 4 und 6 können dazu anregen, selbst mathematischen Zusammenhänge zu entdecken (hier werden die Schülerinnen und Schüler sicher unterschiedlich viele Beispiele rechnen müssen, um eine Gesetzmäßigkeit zu erkennen) und dann mithilfe von Variablen zu formulieren und zu beweisen. Wichtig ist, dass die Schülerinnen und Schüler erkennen, dass es zweckmäßig ist, den Objekten, mit denen man zu tun hat, einen Namen zu geben, damit man sich besser verständigen kann, da Formulierungen sonst sehr umständlich werden, wobei nicht darauf zu bestehen ist, dass immer ein und dieselbe Variable verwendet wird.

Lösen einfacher Gleichungen und Ungleichungen (Wiederholung)

Lösungen der Aufgaben auf den Seiten 38 bis 41

1. Auf der rechten Waagschale können 3 Zitronen oder 1 Apfel und 1 Zitrone liegen.
2. Das Pfand beträgt 0,05 €.
3. $s = n + (n+1) + (n+2) + (n+3) + (n+4) + (n+5) = 6n + 15$; $n = \frac{s-15}{6}$
   Marina subtrahierte jeweils vom Ergebnis 15 und dividierte anschließend durch 6.
4. a) $x = 12$ b) $x = 9$ c) $x = 13$ d) $x = 5$
   e) $x = 11$ f) $x = -27$ g) $x = 76$ h) $x = 20$
   i) $x = -0{,}5$ j) $x = -108$ k) $x = -27$ l) $x = 36$
   m) $x = -2{,}5$ n) $x = 14{,}5$ o) $x = 15{,}5$ p) $x = 99$
   q) $x = 0$ r) $x = -35$ s) $x = -24{,}5$ t) $x = \frac{4}{3}$
   u) $x = 1$ v) $x = 1$ w) $x = 0$ x) $x = 2$
5. a) $s = n + (n-1) + (n-2) + (n+1) + (n+2) + (n+3) + (n+4) = 7n + 7$

$s = 7n + 7$	56	7	0	−21	−56
n	7	0	−1	−4	−9

   b) $s = n + (n-2) + (n-4) + (n+1) + (n+3) + (n+5) = 6n + 3$

$s = 6n + 3$	33	57	−3	−27	45
n	5	9	−1	−5	7

   c) $s = n + (n-1) + (n-2) + (n-3) + (n-4) + (n+1) + (n+2) + (n+3) = 8n - 4$

$s = 8n - 4$	< 68	< 36	< 0	< −4	< 760
n	0, 1, … , 8	0, 1, 2, 3, 4	0	n. l.	0, 1, … , 95

   d) $s = n + (n-2) + (n-4) + (n-6) + (n+1) + (n+3) + (n+5) + (n+7) = 8n + 4$

$s = 8n + 4$	< 76	< 124	< 4	< 222	< 444
n	0, 2, 4, 6, 8	0, 2, … , 14	n. l.	0, 2, … , 26	0, 2, … , 54

6. a) $L = \{x \in \mathbb{Q} \mid x < 8\}$ b) $L = \{x \in \mathbb{Q} \mid x > 0{,}5\}$ c) $L = \{x \in \mathbb{Q} \mid x < 0{,}5\}$
   d) $L = \{x \in \mathbb{Q} \mid x < 6\}$ e) $L = \{x \in \mathbb{Q} \mid x < 4\}$ f) $L = \{x \in \mathbb{Q} \mid x > 8{,}5\}$
   g) $L = \{x \in \mathbb{Q} \mid x < -6\}$ h) $L = \{x \in \mathbb{Q} \mid x > 8\}$ i) $L = \{x \in \mathbb{Q} \mid x > -9\}$
   j) $L = \{x \in \mathbb{Q} \mid x < -8\}$ k) $L = \{x \in \mathbb{Q} \mid x > 4\}$ l) $L = \{x \in \mathbb{Q} \mid x < 1\}$
7. a) $L = \{-1\}$ b) $L = \{\ldots; -4; -3; -2\}$ c) $L = \emptyset$
   d) $L = \mathbb{N}$ e) $L = \{-0{,}16\}$ f) $L = \{x \in \mathbb{Q} \mid x > -0{,}02\}$
   g) $L = \emptyset$ h) $L = \emptyset$ i) $L = \emptyset$
   j) $L = \{-1; -10; -20\}$ k) $L = \{1\}$ l) $L = \emptyset$
8. a) $5x + 17 = x + 67 \Leftrightarrow x = 12{,}5$. Die gesuchte Zahl ist 12,5.
   b) $13x - 4 > 21x - 12 \Leftrightarrow x < 1$. Lösungen sind alle rationalen Zahlen kleiner als 1.

9. a) $L = \{10\}$ b) $L = \emptyset$ c) $L = \{x \in \mathbb{Q} \mid x > -2\}$
d) $L = \{x \in \mathbb{Q} \mid x < 16\}$ e) $L = \{x \in \mathbb{Q} \mid x \geq -1{,}3\}$ f) $L = \{1\}$

10. a) $x = 6$ b) $x = 0{,}125$ c) $2x + 4 = 3x$ d) $3x = 484$
e) $x > -4$ f) $-2x + 8 \geq 0$ g) $x \geq -3x + 5$ h) $2x < 1$
i) $x = -3$ j) $9x > 27$ k) $x = -0{,}5$ l) $x \geq 3$

11. a) $L = \{20\}$ b) $L = \{54\}$ c) $L = \{4\}$
d) $L = \{21\}$ e) $L = \{600\}$ f) $L = \{12\,012\}$
g) $L = \{21\}$ h) $L = \{1120\}$ i) $L = \{833\}$

12. a) $L = \{x \in \mathbb{Q} \mid x < 46\}$ b) $L = \{x \in \mathbb{Q} \mid x < 23\}$ c) $L = \{x \in \mathbb{Q} \mid x \leq 2316\}$
d) $L = \{x \in \mathbb{Q} \mid x < -1365\}$ e) $L = \{x \in \mathbb{Q} \mid x \leq -16{,}5\}$ f) $L = \{x \in \mathbb{Q} \mid x < 12\}$
g) $L = \{x \in \mathbb{Q} \mid x > -2{,}25\}$ h) $L = \{x \in \mathbb{Q} \mid x \leq 222\}$ i) $L = \{x \in \mathbb{Q} \mid x \geq 2014\}$

13. a) $L = \{\frac{5}{3}\}$ b) $L = \{-\frac{15}{22}\}$ c) $L = \{15\}$ d) $L = \{1\}$
e) $L = \{11\}$ f) $L = \{-2{,}6\}$ g) $L = \{4\}$ h) $L = \{0\}$
i) $L = \{-8\}$ j) $L = \{0\}$ k) $L = \emptyset$ l) $L = \{-2\}$

14. a) $L = \{x \in \mathbb{Q} \mid x > 8\}$ b) $L = \{y \in \mathbb{Q} \mid y < 20\}$ c) $L = \{z \in \mathbb{Q} \mid z \geq 15\}$
d) $L = \{v \in \mathbb{Q} \mid v \leq 7\}$ e) $L = \mathbb{Q}$ f) $L = \{w \in \mathbb{Q} \mid w \geq 1\}$
g) $L = \{x \in \mathbb{Q} \mid x \geq -0{,}6\}$ h) $L = \emptyset$ i) $L = \{w \in \mathbb{Q} \mid w \leq 1{,}2\}$
j) $L = \{z \in \mathbb{Q} \mid z > -\frac{16}{9}\}$ k) $L = \{t \in \mathbb{Q} \mid t \geq \frac{18}{11}\}$ l) $L = \{y \in \mathbb{Q} \mid y \leq \frac{34}{3}\}$

Gleichungen mit Klammern

Lösungen der Aufgaben auf den Seiten 42 bis 45

1. Lisa hat die Gleichung richtig gelöst. Linda hat sich in der zweiten Zeile verrechnet.

3. a) $x = 4$ b) $x = -0{,}5$ c) $y = -14$ d) $x = 6{,}75$
e) $x = 6$ f) $z = \frac{26}{99}$ g) $x = 9$ h) $x = -12$
i) $t = 6$

4. a) $x = 14$ b) $x = -5$ c) $x = -2$ d) $x = \frac{11}{18}$
e) $x = 17$ f) $x = 0$ g) $x = 4$ h) $x = 0$

5. a) $L = \{3\}$ b) $L = \{-5\}$ c) $L = \{1\}$ d) $L = \{\frac{4}{3}\}$
e) $L = \emptyset$ f) $L = \{5\}$ g) $L = \mathbb{Q}$ h) $L = \{30\}$

6. a) $2a + 3b = 100 \Rightarrow 4a + 6b = 200$; $10a + 15b = 500$
b) Differenz 25: $a = 35$, $b = 10$ oder $a = 5$, $b = 30$
Differenz 70: $a = 62$, $b = -8$ oder $a = -22$, $b = 48$

7. a) $L = \emptyset$ b) $L = \emptyset$ c) $L = \{\frac{1}{3}\}$ d) $L = \emptyset$
e) $L = \mathbb{Q}$ f) $L = \{7\}$ g) $L = \{1\}$ h) $L = \{-20\}$

8. a) $x = 6{,}4$ b) $x = 9$ c) $x = -2$ d) $y = 0{,}54$
e) $t = \frac{10}{27}$ f) $z = -\frac{6}{7}$ g) $x = 13{,}1$ h) $t = -\frac{43}{11}$

9. a) $x = \frac{8}{21}$ b) $x = 11$ c) $y = 2$ d) $x = -4$
e) $L = \emptyset$ f) $x = -\frac{9}{11}$

10. a) $x = -4$ b) $y = 1{,}4$ c) $z = 1{,}3$ d) $L = \mathbb{Q}$
e) $L = \emptyset$ f) $x = \frac{8}{21}$

11. a) $x = 0$ b) $x = \frac{17}{9}$ c) $y = -8$ d) $y = \frac{1}{3}$
e) $z = -3{,}125$ f) $t = \frac{16}{111}$

12. a) $x = -8$ b) $x = \frac{10}{21}$ c) $x = -1{,}44$ d) $x = -\frac{5}{16}$
e) $x = \frac{16}{111}$ f) $v = 27{,}6$

13. Sei a die Anzahl der Münzen und z die errechnete Zahl. $z = (2a + 4) \cdot 5 - 11 = 10a + 9$. Weglassen der letzten Ziffer 9 bei der erhaltenen Zahl ergibt die Anzahl der Münzen.

15. Sei a das Lebensalter, s die Schuhgröße, t das Tagesdatum und z die errechnete Zahl. $z = (20a + t) \cdot 5 + s - 5t = 100a + s$. Die letzten beiden Ziffern der errechneten Zahl geben die Schuhgröße und die Ziffern davor das Lebensalter an.

16. a) $x = -1$ b) $x = -1$ c) $x = 3$ d) $y = -\frac{11}{3}$
e) $x = 0{,}25$ f) $x = 0$ g) $z = 0$ h) $x = 0$
i) $x = 1$ j) $L = \emptyset$

17. a) $y = -1{,}25$ b) $x = 0{,}5$ c) $x = 0{,}6$ d) $z = 0{,}375$
e) $t = -1{,}5$ f) $u = -1$ g) $x = 4$ h) $L = \emptyset$
i) $L = \emptyset$ j) $y = -14$

AUFGABEN ZUR WIEDERHOLUNG

1. $2{,}7\ m^2$ (Trapez, kein Parallelogramm); $1{,}6\ m^2$; $1{,}8\ m^2$; $0{,}8\ m^2$; $3{,}1\ m^2$
2. $0{,}74\ m^2$; $0{,}88\ m^2$; $0{,}38\ m^2$; $0{,}82\ m^2$
3. $690\ m^2$; $1540\ m^2$
4. a) 12,1 m; 34,5 m; 125,6 dm; 1,3 cm; 25 mm; 0,000 561 mm
b) $0{,}15\ dm^2$; $41\,800\ cm^2$; $900\ cm^2$; $0{,}1743\ dm^2$; $40\,000\ m^2$; 0,000 023 ha
c) $0{,}000\,01\ dm^2$; 5 600 000 cm; 1960 mm; $840\ m^2$; $8700\ m^2$; 0,000 005 km

Lösen von Sachaufgaben

Lösungen der Aufgaben auf den Seiten 46 bis 49

1. $A_I = 378{,}5\ \text{m}^2$; $A_{II} = 403{,}5\ \text{m}^2$; $x = 16{,}48$ m
2. $(x + 12) \cdot 2 - 26 = 32 \Rightarrow x = 17$. Die gedachte Zahl ist 17.
3. Pia ist 10 Jahre alt, Eric 7 Jahre und der Vater 35 Jahre.
4. a) 4,8 b) 1,2 c) 1,5
5. Linn ist in fünf Jahren 20 Jahre alt.
6. Der Lehrer ist 42 Jahre alt.
7. a) $u = 4x$; $A = x^2$ b) $u = 4x + 10$; $A = x(x + 5)$
   c) $u = 14x$; $A = 7x^2$ d) $u = 2{,}5x + 12$; $A = 0{,}75x^2$

AUFGABE (Randspalte S. 47): $x = 6{,}4$ m

9. Die Seitenlängen des Dreiecks betragen 12,1 cm, 9,4 cm und 7,2 cm.
10. Die Seiten des Drachenvierecks sind 10,6 cm und 7,2 cm lang.
11. a) 12,4 kWh b) 15 kWh
12. Herr Frost kann 150 € im Jahr sparen.
13. Die beiden Züge begegnen sich 48 km von A-Stadt entfernt.
14. a) nach 32 min 44 s b) etwa 502 km
15. Rico holt René zuerst ein. Nachdem Jana 1 Stunde unterwegs ist, holt sie René ein. Sie haben dann jeder 10 km zurückgelegt. Rico könnte zu diesem Zeitpunkt schon 10,5 km zurückgelegt haben.
16. Es werden 24,6 g 333er Gold benötigt.
18. Es werden 117,6 kg Zink und 282,4 kg Messing mit 15 % Zinkanteil benötigt.
19. a) Der Apotheker muss 75 ml 20%igen und 25 ml 60%igen Alkohol verwenden.
    b) Der Apotheker muss 62,5 ml 20%igen und 187,5 ml 60%igen Alkohol verwenden.

Erläuterungen und Anregungen

Das Lösen einer linearen Gleichung kann nach festen Regeln erfolgen. Diese Regeln kann man lernen und ihre Anwendung trainieren. Anders verhält es sich mit dem Aufstellen einer Gleichung zu einem Sachproblem. Hierfür können nur heuristische Regeln angegeben werden. Deshalb erweist sich dieser Abschnitt immer wieder als besonders schwierig für viele Schüler. Anregung und Hilfe werden durch zwei ausführliche Beispiele und durch Hinweise in der Randspalte gegeben. Als sehr nützlich hat es sich erwiesen, wenn man die Schüler selbst Sachaufgaben formulieren lässt, die über das Aufstellen und Lösen von Gleichungen bearbeitet werden können. Man kann auch Gleichungen vorgeben und dazu entsprechende Sachtexte erfinden lassen.

Bruchgleichungen

Lösungen der Aufgaben auf den Seiten 50 bis 53

1. Der Vorrat reicht 20 Tage.
2. Die gesuchte Zahl kann entweder 8 oder $-\frac{20}{3}$ sein: $\frac{5}{7+8} = \frac{1}{3}$; $7 + \left(-\frac{20}{3}\right) = \frac{1}{3}$
3. a) $\mathbb{Q} \setminus \{5\}$ b) $\mathbb{Q} \setminus \{-2; 0\}$ c) $\mathbb{Q} \setminus \{-9; 6\}$ d) $\mathbb{Q} \setminus \left\{-\frac{1}{3}; \frac{2}{7}\right\}$
4. a) $\frac{11}{7+x} = \frac{1}{2}$; $x \neq -7$; $x = 15$ b) $\frac{21}{34-x} = \frac{3}{4}$; $x \neq 34$; $x = 6$
   c) $\frac{7}{17+x} = \frac{1}{2}$; $x \neq -17$; $x = -3$ d) $\frac{13}{35-x} = \frac{1}{2}$; $x \neq 35$; $x = 9$
5. a) $D = \mathbb{Q} \setminus \{0; 2\}$; $L = \{5\}$ b) $D = \mathbb{Q} \setminus \{\frac{2}{3}\}$; $L = \{\frac{1}{3}\}$
   c) $D = \mathbb{Q} \setminus \{-2; 8\}$; $L = \{2\}$ d) $D = \mathbb{Q} \setminus \{0; 9\}$; $L = \{-11{,}25\}$
   e) $D = \mathbb{Q} \setminus \{-2; 3\}$; $L = \{\frac{13}{6}\}$ f) $D = \mathbb{Q} \setminus \{-1{,}5; 0\}$; $L = \{-\frac{3}{7}\}$
   g) $D = \mathbb{Q} \setminus \{\frac{1}{3}; 1\}$; $L = \{0\}$; h) $D = \mathbb{Q} \setminus \{\frac{2}{7}\}$; $L = \emptyset$;
   i) $D = \mathbb{Q} \setminus \{-5; 5\}$; $L = \{0\}$
6. a) $\frac{7+x}{12+x} = \frac{1}{2}$; $x \neq -12$; $x = -2$ b) $\frac{5-x}{8-x} = \frac{1}{4}$; $x \neq 8$; $x = 4$
   c) $\frac{x-6+25}{x+25} = \frac{6}{7}$; $x \neq -25$; $x = 17$ oder $\frac{y+25}{y+6+25} = \frac{6}{7}$; $y \neq -31$; $y = 11$
   Der gesuchte Bruch ist $\frac{11}{17}$.
7. Definitionsbereich bei allen Teilaufgaben: $D = \mathbb{Q} \setminus \{0\}$
   a) $L = \{1{,}5\}$ b) $L = \{-\frac{23}{16}\}$ c) $L = \{2\}$
   d) $L = \{\frac{3}{7}\}$ e) $L = \{\frac{6}{7}\}$ f) $L = \{-0{,}5\}$
   g) $L = \{\frac{5}{39}\}$ h) $L = \{1\}$ i) $L = \{\frac{41}{264}\}$
8. a) $D = \mathbb{Q} \setminus \{-3; 0; 2\}$; $L = \{27\}$ b) $D = \mathbb{Q} \setminus \{-2; 1; 2\}$; $L = \{4\}$
   c) $D = \mathbb{Q} \setminus \{-2; -1; 1\}$; $L = \{0\}$ d) $D = \mathbb{Q} \setminus \{-3; 2\}$; $L = \{-13\}$
   e) $D = \mathbb{Q} \setminus \{-1; 1; 2\}$; $L = \{0{,}2\}$ f) $D = \mathbb{Q} \setminus \{-5; 1; 9\}$; $L = \{-47\}$
9. a) Fehler: Aus $\frac{x+1}{x-5} = \frac{x+1}{x+6}$ folgt $\frac{1}{x-5} = \frac{1}{x+6}$ nur im Falle $x + 1 \neq 0$.
   Der Fall $x + 1 = 0$ muss gesondert betrachtet werden. Man erhält $L = \{-1\}$.
   b) Die Gleichung wurde richtig gelöst.
   c) Fehler: Aus $x^2 - 1 = 6(x^2 - 1)$ folgt $1 = 6$ nur im Falle $x^2 - 1 \neq 0$.
   Der Fall $x^2 - 1 = 0$ muss gesondert betrachtet werden. Man erhält $L = \{-1; 1\}$.

10. $a = 11$ cm; $b = 1$ cm

11. a) $\frac{7}{4}$ b) -16 c) 17 d) 4 e) -7

f) $\frac{a+x}{b+x} = \frac{b}{a} \Rightarrow x = -(a+b)$; $\frac{a-x}{b-x} = \frac{b}{a} \Rightarrow x = a+b$;

$\frac{a+x}{b-x} = \frac{b}{a} \Rightarrow x = b-a$; $\frac{a-x}{b+x} = \frac{b}{a} \Rightarrow x = a-b$;

12. a) $l_S = 20{,}0144$ m bei 60 °C; $l_W = 19{,}994$ m bei –25 °C; Längenunterschied: 2,04 cm

b) 25 m (bzw. 22,5 m)

Gleichungen mit Parametern

Lösungen der Aufgaben auf den Seiten 54 bis 55

1. Bei n Gruppenmitgliedern muss jeder Teilnehmer $\frac{82}{n}$ € zuzahlen.

2. a) $x = \frac{2a+5b+3c}{7}$ b) $y = \frac{12-a-5c}{5}$ c) $x = \frac{1}{2}a(b+c+1)$

d) $x = p + 0{,}75q$ e) $z = a - b + 0{,}2$ f) $y = -1{,}5t$

3. a) $x = \frac{16}{a}$ b) $x = \frac{8-a}{3}$ c) $x = \frac{a+7}{5}$

d) $x = \frac{4}{9}a$ e) $x = a - \frac{1}{a}$ f) $x = 2 + \frac{4}{a}$

g) $x = \frac{32}{a}$ h) $x = a - 1$ i) $x = 2 + \frac{30}{a}$

j) $x_1 = -\frac{3}{a}$; $x_2 = -\frac{5}{b}$ k) $x_1 = -\frac{a}{2}$; $x_2 = -\frac{b}{4}$ l) $x_1 = \frac{7}{a}$; $x_2 = \frac{8}{b}$

m) $x_1 = \frac{a}{6}$; $x_2 = \frac{b}{9}$ n) $x_1 = \frac{a}{5}$; $x_2 = -\frac{b}{4}$ o) $x_1 = 0$; $x_2 = \frac{1{,}1}{b}$

p) $x_1 = 0$; $x_2 = 2a$ q) $x = 0$ r) $x_1 = 0$; $x_2 = b$

4. Wenn $a \neq 0$, dann ist die Gleichung für alle b, c eindeutig lösbar.
Wenn $a = 0$ und $b \neq c$, dann hat die Gleichung keine Lösung.
Wenn $a = 0$ und $b = c$, dann sind alle rationalen Zahlen Lösungen der Gleichung.

5. a) $bx + 4 = x \Leftrightarrow (b-1)x = -4$. Wenn $b \neq 1$, so $L = \left\{\frac{4}{1-b}\right\}$. Wenn $b = 1$, so $L = \emptyset$.

b) $ax - 8 = 2ax \Leftrightarrow ax = -8$. Wenn $a \neq 0$, so $L = \left\{-\frac{8}{a}\right\}$. Wenn $a = 0$, so $L = \emptyset$.

c) $ax - 1 = bx \Leftrightarrow (a-b)x = 1$. Wenn $a \neq b$, so $L = \left\{\frac{1}{a-b}\right\}$. Wenn $a = b$, so $L = \emptyset$.

d) $ax - b(x+2) = 0 \Leftrightarrow (a-b)x = 2b$

Wenn $a \neq b$, so $L = \left\{\frac{2b}{a-b}\right\}$, d. h. die Gleichung hat genau eine Lösung.

Wenn $a = b$ und $b \neq 0$, so $L = \emptyset$, d. h. die Gleichung hat keine Lösung.
Wenn $a = b$ und $b = 0$, so $L = \mathbb{Q}$, d. h. die Gleichung hat unendlich viele Lösungen.

6. a) 1. Fall: $a \neq 0 \Rightarrow L = \left\{\frac{3}{a}\right\}$; 2. Fall: $a = 0 \Rightarrow L = \emptyset$

b) 1. Fall: $2a \neq b \Rightarrow L = \left\{\frac{2a-b}{10}\right\}$; 2. Fall: $2a = b \Rightarrow L = \emptyset$

c) 1. Fall: $a \neq 1$ und $b \neq 1 \Rightarrow L = \left\{\frac{b-a}{b-1}\right\}$; 2. Fall: $a \neq 1$ und $b = 1 \Rightarrow L = \emptyset$;

3. Fall: $a = 1$ und $b \neq 1 \Rightarrow L = \emptyset$; 4. Fall: $a = b = 1 \Rightarrow L = \mathbb{Q} \setminus \{1\}$

7. a) Wenn $a, b, c \neq 0$, dann $L = \left\{\frac{a}{bc}\right\}$.

b) Wenn $a \neq 0$ und $b \neq c$, dann $L = \left\{\frac{a}{b-c}\right\}$.

c), d) unter keiner Voraussetzung eindeutig lösbar

e) Wenn $k \neq \frac{1}{6}$ und $t \neq 0$, dann $L = \left\{\frac{6kt}{6k-1}\right\}$.

f) Wenn $a \neq 0$ und $a \neq 1$, dann $L = \{-a\}$.

g) Wenn $a \neq 1$, dann $L = \{2a - 3\}$.

h) Wenn $a \neq 0$, $b \neq 0$ und $a \neq b$, dann $L = \left\{\frac{ab}{a-b}\right\}$.

8. a) 1. Fall: $k \neq 1 \Rightarrow L = \emptyset$; 2. Fall: $k = 1 \Rightarrow L = \mathbb{Q} \setminus \{-1\}$

b) 1. Fall: $t \neq 0$ und $t \neq 30 \Rightarrow L = \left\{\frac{3t-30}{2t-60}\right\}$; 2. Fall: $t = 0$ oder $t = 30 \Rightarrow L = \emptyset$

c) 1. Fall: $t \neq 30 \Rightarrow L = \emptyset$; 2. Fall: $t = 30 \Rightarrow L = \mathbb{Q} \setminus \{1{,}5\}$

d) 1. Fall: $b \neq 0$ und $a \neq \frac{1}{2}b^2 \Rightarrow L = \left\{\frac{2a-b^2}{4b}\right\}$;

2. Fall: $b \neq 0$ und $a = \frac{1}{2}b^2 \Rightarrow L = \emptyset$;

3. Fall: $b = 0$ und $a \neq 0 \Rightarrow L = \emptyset$; 4. Fall: $a = b = 0 \Rightarrow L = \mathbb{Q} \setminus \{0\}$

e) 1. Fall: $m \neq 0 \Rightarrow L = \emptyset$; 2. Fall: $m = 0 \Rightarrow L = \mathbb{Q} \setminus \{0\}$

f) 1. Fall: $b \neq 6a \Rightarrow L = \emptyset$; 2. Fall: $b = 6a \Rightarrow L = \mathbb{Q} \setminus \{1{,}5\}$

9. a) $v = \frac{s}{t}$; $t = \frac{s}{v}$ (Zusammenhang zwischen Geschwindigkeit, Weg und Zeit bei einer gleichförmigen Bewegung)

b) $r = \frac{u}{2\pi}$ (Zusammenhang zwischen Radius und Umfang eines Kreises)

c) $a = \frac{A_O - 2bc}{2b + 2c}$; $b = \frac{A_O - 2ac}{2a + 2c}$; $c = \frac{A_O - 2ab}{2a + 2b}$

(Zusammenhang zwischen Oberflächeninhalt und Kantenlängen eines Quaders)

d) $F_1 = \frac{F_2 \cdot l_2}{l_1}$; $F_2 = \frac{F_1 \cdot l_1}{l_2}$; $l_1 = \frac{F_2 \cdot l_2}{F_1}$; $l_2 = \frac{F_1 \cdot l_1}{F_2}$ (Hebelgesetz)

e) $p_1 = \frac{p_2 \cdot V_2}{V_1}$; $p_2 = \frac{p_1 \cdot V_1}{V_2}$; $V_1 = \frac{p_2 \cdot V_2}{p_1}$; $V_2 = \frac{p_1 \cdot V_1}{p_2}$

(Zusammenhang zwischen Druck p und Volumen V eines Gases)

f) $l_0 = \frac{l}{1 + \alpha t}$; $\alpha = \frac{l - l_0}{l_0 \cdot t}$; $t = \frac{l - l_0}{\alpha \cdot l_0}$

(Zusammenhang zwischen Ausgangslänge l_0, der Länge l bei aktueller Temperatur, Längenausdehnungskoeffizient a, Temperaturdifferenz t [besser: Δt])

g) $U_1 = \frac{U_2 \cdot I_1}{I_2}$; $U_2 = \frac{U_1 \cdot I_2}{I_1}$; $I_1 = \frac{U_1 \cdot I_2}{U_2}$; $I_2 = \frac{U_2 \cdot I_1}{U_1}$

(Zusammenhang zwischen Klemmenspannung U und Stromstärke I in einem einfachen Stromkreis mit Widerstand; andere Schreibweise des Ohmschen Gesetzes)

h) $B = \frac{b \cdot G}{g}$; $G = \frac{B \cdot g}{b}$; $b = \frac{B \cdot g}{G}$; $g = \frac{b \cdot G}{B}$

(Zusammenhang zwischen Bildgröße B, Gegenstandsgröße G, Bildweite b und Gegenstandsweite g bei Abbildung an einer Linse)

i) $v_1 = \frac{m_1 + m_2}{2m_1} \cdot v_2$; $m_1 = \frac{m_2 \cdot v_2}{2v_1 - v_2}$; $m_2 = \frac{2v_1 - v_2}{v_2} \cdot m_1$

(Zusammenhang bei einem zentralen elastischen Stoß: Eine Kugel mit der Masse m_1 trifft mit der Geschwindigkeit v_1 auf eine ruhende Kugel mit der Masse m_2; nach dem elastischen Zusammenstoß hat die Kugel mit der Masse m_2 die Geschwindigkeit v_2 [das Verhalten der stoßenden Kugel mit der Masse m_1 nach dem Stoß wird hier nicht betrachtet].)

Umstellen von Formeln

Lösungen der Aufgaben auf den Seiten 56 bis 57

1. a) $v = \frac{s}{t}$; $F_R = \mu \cdot F_N$; $l = l_0(1 + \alpha \cdot \Delta\vartheta)$

b) v: Geschwindigkeit, s: Weg, t: Zeit;
F_R: Reibungskraft, μ: Reibungszahl, F_N: Normalkraft;
l: Länge, l_0: Länge bei 0 °C, α: linearer Ausdehnungskoeffizient,
$\Delta\vartheta$: Temperaturänderung

2. a) $7{,}87\,\frac{\text{g}}{\text{cm}^3}$; Eisen b) 197 g c) $2{,}63\ \text{m}^3$

3. a) $b = \frac{V}{a \cdot c}$; V: Volumen eines Quaders; a, b, c: Seitenlängen

b) $a = \frac{2A}{b}$; A: Flächeninhalt eines rechtwinkligen Dreiecks; a, b: Kathetenlängen

c) $b = \frac{u}{2} - a$; u: Umfang eines Rechtecks, Parallelogramms oder Drachenvierecks; a, b: Seitenlängen

d) $I = \frac{U}{R}$; R: Widerstand; U: Spannung; I: Stromstärke

e) $s = v \cdot t$; v: Geschwindigkeit bei gleichförmiger Bewegung; s: Weg; t: Zeit

f) $A = \frac{m \cdot g}{p}$; p: Druck; m: Masse des drückenden Körpers; g: Fallbeschleunigung; A: gedrückte Fläche

4. In allen vier Aufgaben sind die Angaben ausreichend und keine ist überflüssig.

a) $R_1 = R_{ges} - R_2 - R_3$ b) $F = \frac{W}{s}$ c) $a = u - b - c$ d) $a = \sqrt{\frac{V}{h}}$

5. a) $\frac{l}{l_0} = 1 + \alpha \cdot \Delta\vartheta \Rightarrow \alpha \cdot \Delta\vartheta = \frac{l}{l_0} - 1 \Rightarrow \alpha \cdot \Delta\vartheta = \frac{l - l_0}{l_0} \Rightarrow \alpha = \frac{l - l_0}{l_0 \cdot \Delta\vartheta}$

b) $\alpha = 0{,}018\,\frac{\text{mm}}{\text{m}\cdot\text{K}}$ c) Messing d) 0,6 mm

6. a) $U_1 = U_{Ges} - U_2$ b) $\frac{F_1}{F_2} = \frac{l_2}{l_1}$; $F_1 = \frac{l_2}{l_1} \cdot F_2$

c) $\frac{V - a^3}{a^2} = c$; $\frac{V}{a^2} - a = c$ d) $F = \frac{W}{s}$

7. a) $v = \frac{s}{t}$; $s = v \cdot t$; $t = \frac{s}{v}$ b) 90 min c) 660 960 km

d) von $28{,}9\,\frac{\text{km}}{\text{s}} - 7{,}65\,\frac{\text{km}}{\text{s}} = 21{,}25\,\frac{\text{km}}{\text{s}}$ bis $28{,}9\,\frac{\text{km}}{\text{s}} + 7{,}65\,\frac{\text{km}}{\text{s}} = 36{,}55\,\frac{\text{km}}{\text{s}}$

Ungleichungen

Lösungen der Aufgaben auf den Seiten 58 bis 59

1. Es gilt 1700 kg + 200 kg + $n \cdot 80$ kg $\leq$ 2300 kg; es können also bis zu 4 weitere Personen mitfahren.
2. a) $3x + 5 < 32$; $L_\mathbb{Q} = \{x \in \mathbb{Q} \mid x < 9\}$; $L_\mathbb{Z} = \{\ldots; 6; 7; 8\}$; $L_\mathbb{N} = \{0; 1; \ldots; 8\}$
   b) $3x + 5 \leq 32$; $L_\mathbb{Q} = \{x \in \mathbb{Q} \mid x \leq 9\}$; $L_\mathbb{Z} = \{\ldots; 7; 8; 9\}$; $L_\mathbb{N} = \{0; 1; \ldots; 9\}$
   c) $3x + 5 \geq 32$; $L_\mathbb{Q} = \{x \in \mathbb{Q} \mid x \geq 9\}$; $L_\mathbb{Z} = L_\mathbb{N} = \{9; 10; 11; \ldots\}$
   d) $3x + 5 > 32$; $L_\mathbb{Q} = \{x \in \mathbb{Q} \mid x > 9\}$; $L_\mathbb{Z} = L_\mathbb{N} = \{10; 11; 12; \ldots\}$
3. a) $L = \{x \in \mathbb{N} \mid x \leq 3\} = \{0; 1; 2; 3\}$ b) $L = \{x \in \mathbb{N} \mid x < 2\} = \{0; 1\}$
   c) $L = \{x \in \mathbb{Z} \mid x > 2\} = \{3; 4; 5; \ldots\}$
4. a) $[3; 7)$ b) $(-1; 2]$ c) $(-\infty; 2]$
   d) $[-4; -1]$ e) $(-2; 5)$ f) $[-3; \infty)$
   g) $\{x \in \mathbb{Q} \mid -9 \leq x < 8\}$ h) $\{x \in \mathbb{Q} \mid x < 17\}$ i) $\{x \in \mathbb{Q} \mid -12 \leq x < -1\}$
   j) $\{x \in \mathbb{Q} \mid -7 \leq x \leq -4\}$ k) $\{x \in \mathbb{Q} \mid x \geq 1\}$ l) $\{x \in \mathbb{Q} \mid 11 < x \leq 19\}$
5. a) Es wurden die Seiten vertauscht, ohne das Ungleichheitszeichen zu ändern.
   $L = \{x \in \mathbb{Q} \mid x < -1\}$
   b) $L = \{x \in \mathbb{Q} \mid x > \frac{7}{3}\}$ c) Ein Quadrat ist nie negativ (in $\mathbb{Q}$). $L = \emptyset$
   d) Multiplikation mit x ohne Fallunterscheidung. $L = \{x \in \mathbb{Q} \mid -3 < x < 0\}$
   e) Multiplikation mit 4 auf der linken Seite, aber mit 8 auf der rechten Seite.
   $L = \{x \in \mathbb{Q} \mid x > \frac{13}{15}\}$
   f) Multiplikation mit x ohne Fallunterscheidung. $L = \{x \in \mathbb{Q} \mid x < 0\}$
6. Bei einer Entfernung München – Hamburg von ungefähr 800 km ist das erste Angebot ein klein wenig günstiger.
7. Voraussetzung: $a > 0$ und $b > 0$. Behauptung: $\frac{a}{b} + \frac{b}{a} \geq 2$.

   Beweis: $\frac{a}{b} + \frac{b}{a} \geq 2 \Leftrightarrow$ (wegen $a > 0$ und $b > 0$) $a^2 + b^2 \geq 2ab \Leftrightarrow$
   $a^2 - 2ab + b^2 \geq 0 \Leftrightarrow (a-b)^2 \geq 0$ wahr.

   Hinweis: Diese Beweisführung setzt ein tiefes Verständnis von Äquivalenzumformungen voraus. Für viele Schülerinnen und Schüler wäre der Beweis evtl. klarer, wenn man umgekehrt aus der wahren Ungleichung $(a-b)^2 \geq 0$ auf die Behauptung schließt. Dann ist aber nicht einsichtig, wie man auf die Beweisidee gekommen ist.
   Ein möglicher Ausweg ist eine indirekte Beweisführung, indem man die Annahme $\frac{a}{b} + \frac{b}{a} < 2$ zum Widerspruch führt.

Teste dich!

Lösungen der Aufgaben auf den Seiten 60 bis 61

1. a) $(abc) : (bcd) = \frac{a}{d}$
   b) $2ab + 4bc - \frac{1}{3c}(6abc + 2{,}4c \cdot 5bc) = 2ab + 4bc - 2ab - 4bc = 0$
   c) $(-9x + 3a) \cdot (-\frac{4}{9}a - x) + \frac{1}{3}(a - 2\sqrt{2}x) \cdot (a + x\sqrt{8})$
   $= 9x^2 + 4ax - 3ax - \frac{4}{3}a^2 - \frac{8}{3}x^2 - \frac{2}{3}\sqrt{2}\,ax + \frac{2}{3}\sqrt{2}\,ax + \frac{1}{3}a^2 = \frac{19}{3}x^2 + ax - a^2$
2. a) Diese Aufgabe besitzt zwei Lösungen:
   (1) $(a+4)^2 + (8 + (-\mathbf{\frac{1}{2}a}))^2 = a^2 + 8a + 16 + \frac{1}{4}a^2 - 8a + 64 = \frac{5}{4}a^2 + 80$
   (2) $(a+4)^2 + (8 + \mathbf{\frac{1}{2}a - 16})^2 = a^2 + 8a + 16 + \frac{1}{4}a^2 - 8a + 64 = \frac{5}{4}a^2 + 80$
   b) Am einfachsten zu finden ist folgende Lösung:
   (1) $(\mathbf{x^2} + y) \cdot (x^2 + (\mathbf{-y})) = x^4 - y^2$
   Es gibt aber auch noch weitere Lösungen, z. B.:
   (2) $\left(-\frac{\mathbf{y^2}}{\mathbf{x^2}} + y\right) \cdot \left(x^2 + \frac{\mathbf{x^4}}{\mathbf{y}}\right) = -y^2 - x^2y + x^2y + x^4 = x^4 - y^2$ $(x \neq 0;\ y \neq 0)$
   (3) $\left(\mathbf{x^2} - \frac{\mathbf{y^2}}{\mathbf{x^2}} + y\right) \cdot \left(x^2 + \frac{\mathbf{-x^4y}}{\mathbf{x^4 + x^2y - y^2}}\right) = x^4 - y^2$ $(x \neq 0;\ x^4 + x^2y - y^2 \neq 0)$
   (4) $\left(\frac{\mathbf{-x^2y^2}}{\mathbf{x^4 + x^2y - y^2}} + y\right) \cdot \left(x^2 + \frac{\mathbf{x^4}}{\mathbf{y}} - \mathbf{y}\right) = x^4 - y^2$ $(y \neq 0;\ x^4 + x^2y - y^2 \neq 0)$
   c) Einige mögliche Lösungen:
   (1) $(\mathbf{-3} + 4) \cdot ((a-2)^2 + \mathbf{a^4 - a^2 + 4a - 20}) = a^4 - 16$
   (2) $(\mathbf{a - 2} + 4) \cdot ((a-2)^2 + \mathbf{a^3 - 3a^2 + 8a - 12}) = (a+2) \cdot (a^3 - 2a^2 + 4a - 8) = a^4 - 16$
   (3) $(\mathbf{a - 6} + 4) \cdot ((a-2)^2 + \mathbf{a^3 + a^2 + 8a + 4}) = (a-2) \cdot (a^3 + 2a^2 + 4a + 8) = a^4 - 16$
   (4) $(\mathbf{a^2} + 4) \cdot ((a-2)^2 + \mathbf{4a - 8}) = (a^2 + 4) \cdot (a^2 - 4) = a^4 - 16$
   (5) $(\mathbf{a^2 - 8} + 4) \cdot ((a-2)^2 + \mathbf{4a}) = (a^2 - 4) \cdot (a^2 + 4) = a^4 - 16$
   d) Einige mögliche Lösungen:
   (1) $(\mathbf{x} + 1)^2 + (1 - \sqrt{x}) \cdot (\mathbf{1} + \sqrt{x}) + (\mathbf{-2}) = x^2 + 2x + 1 + 1 - x - 2 = x \cdot (x+1)$
   (2) $(\mathbf{x - 1} + 1)^2 + (1 - \sqrt{x}) \cdot (\mathbf{1} + \sqrt{x}) + \mathbf{2x - 1} = x^2 + 1 - x + 2x - 1 = x \cdot (x+1)$
   (3) $(\mathbf{-\sqrt{x}} + 1)^2 + (1 - \sqrt{x}) \cdot (\mathbf{-1} + \sqrt{x}) + \mathbf{x^2 + x} = x^2 + x = x \cdot (x+1)$

(4) $(\boldsymbol{x}+\mathbf{1})^2 + (1-\sqrt{x})\cdot(-\sqrt{\boldsymbol{x}}+\sqrt{x}) + (\boldsymbol{-x-1}) = x^2+2x+1-x-1 = x\cdot(x+1)$

(5) $(-\sqrt{\boldsymbol{x}}+1)^2 + (1-\sqrt{x})\cdot(\sqrt{\boldsymbol{x}}+\sqrt{x}) + \boldsymbol{x^2+2x-1}$

$= x-2\sqrt{x}+1+2\sqrt{x}-2x+x^2+2x-1 = x^2+x = x\cdot(x+1)$

3. a) Der kleinste Termwert ist 0; er wird bei $x = -5$ angenommen.
   b) $81-36x+4x^2 = (2x-9)^2$
   Der kleinste Termwert ist 0; er wird bei $x = 4{,}5$ angenommen.
   c) $x^2-20x = x^2-20x+100-100 = (x-10)^2-100$
   Der kleinste Termwert ist –100; er wird bei $x = 10$ angenommen.
   d) $x^2-8x+13 = x^2-8x+16-3 = (x-4)^2-3$
   Der kleinste Termwert ist –3; er wird bei $x = 4$ angenommen.

4. Im Folgenden sei jeweils D der Definitionsbereich des gegebenen Terms und D' der Definitionsbereich des vereinfachten Terms.
   a) $D = \mathbb{Q}\setminus\{-2\}$; $\frac{15b}{6+3b} = \frac{5b}{2+b}$; $D' = D$
   b) $D = \mathbb{Q}\setminus\{-0{,}2\}$; $\frac{(2x-3)\cdot(5x+1)}{(5x+1)^2} = \frac{2x-3}{5x+1}$; $D' = D$
   c) $D = \mathbb{Q}\setminus\{-1\}$; $\frac{x^2-1}{(x+1)^2} = \frac{(x-1)(x+1)}{(x+1)^2} = \frac{x-1}{x+1}$; $D' = D$
   d) $D = \mathbb{Q}\setminus\{3\}$; $\frac{a^2-5a+6}{a-3} = \frac{(a-3)(a-2)}{a-3} = a-2$; $D' = \mathbb{Q}$

5. a) z. B. $\frac{1}{3-x}$; $\frac{|x|}{\sqrt{|x-3|}}$
   b) z. B. $\frac{1}{x(x^2-4)}$; $\frac{1}{x}:\frac{x-2}{x+2}$

6. a) $3x-5 = 7x-21 \Rightarrow 16 = 4x \Rightarrow x = 4$. Die gesuchte Zahl ist 4.
   b) $6x+8 = 2x \Rightarrow 4x = -8 \Rightarrow x = -2$. Die gesuchte Zahl ist –2.
   c) $x = 2\sqrt{x}\ (x \ge 0) \Rightarrow x^2 = 4x \Rightarrow x^2-4x = 0 \Rightarrow x(x-4) = 0 \Rightarrow x_1 = 0;\ x_2 = 4$

7. Sei a die Kantenlänge des Ikosaeders. Dann beträgt die Gesamtkantenlänge $30a$.

8. a) Voraussetzung: $n \in \mathbb{N}$
   Behauptung: $2n+(2n+1)+(2n+2)+(2n+3)+(2n+4)$ ist durch 10 teilbar.
   Beweis: $2n+(2n+1)+(2n+2)+(2n+3)+(2n+4) = 10n+10 = 10(n+1)$
   $n+1 \in \mathbb{N} \Rightarrow 10(n+1)$ ist eine durch 10 teilbare natürliche Zahl.
   b) Voraussetzung: $a \in \{1; 2; \dots; 9\}$; $b, c \in \{0; 1; 2; \dots; 9\}$
   Behauptung: $100a+10b+c-(100c+10b+a)$ ist durch 99 teilbar.
   Beweis: $100a+10b+c-(100c+10b+a) = 99a-99c = 99(a-c)$
   $a-c \in \mathbb{Z} \Rightarrow 99(a-c)$ ist eine durch 99 teilbare ganze Zahl.

9. a) $21x+79 < x+159 \Rightarrow 20x < 80 \Rightarrow x < 4 \Rightarrow L = \{x \in \mathbb{Q} \mid x < 4\}$
   b) $54y-19 \ge 114-3y \Rightarrow 57y \ge 133 \Rightarrow y \ge \frac{7}{3} \Rightarrow L_{\mathbb{Z}} = \{3; 4; 5; \dots\}$

10. Sei t die Wanderzeit der Klasse in Stunden von 8 Uhr bis zum Treffpunkt und s der bis dorthin zurückgelegte Weg in km. Dann gilt:
    $s = 4\cdot t = 5\cdot(t-\frac{1}{12}) \Rightarrow 0 = t-\frac{5}{12} \Rightarrow t = \frac{5}{12}$ ($\frac{5}{12}$ h = 25 min)
    $s = 4\cdot\frac{5}{12} = 5\cdot\frac{4}{12} = \frac{20}{12} = \frac{5}{3} \approx 1{,}67$ (1,67 km)
    Sven holt die Klasse um 8.25 Uhr nach 1,67 km ein.

11. $V = 6x^3-3x\cdot(2x-2)\cdot(x-2) = 6x^3-6x^3+18x^2-12x = 18x^2-12x = 6x\cdot(3x-2)$

12. Sei t die monatliche Gesprächszeit in Minuten.
    $13{,}49+0{,}29\cdot t > 9{,}89+0{,}59\cdot t \Rightarrow 3{,}60 > 0{,}30\cdot t \Rightarrow t < 12$
    Bei bis zu 11 Minuten Gesprächszeit pro Monat ist Angebot II günstiger. Bei genau 12 Minuten kosten beide Verträge gleich viel; ab 13 Minuten ist Angebot I günstiger.

Quadratwurzeln und Potenzen

In diesem Kapitel stehen Potenzen mit ganzzahligen Exponenten und eine Umkehrung des Potenzierens, das Wurzelziehen, im Zentrum. Ziel ist die Entwicklung eines tiefen inhaltlichen Verständnisses für den Potenzbegriff, für Größenangaben mithilfe abgetrennter Zehnerpotenzen, für das Rechnen mit Potenzen sowie für das Wurzelziehen (Radizieren). Begriffliche Klarheit und sichere Fertigkeiten in diesen Dingen ermöglichen es den Schülerinnen und Schülern später, sich bei der Behandlung von quadratischen und von Potenzfunktionen auf das inhaltlich Neue zu konzentrieren.

Quadrate und Wurzeln

Lösungen der Aufgaben auf den Seiten 64 bis 66

1. 206,40 €; nach dem Umbau 197,80 €

2. b)

x in m	34,7	34,8	34,9	35,0	35,1	35,2	35,3	35,4	35,5
x^2 in m²	1204	1211	1218	1225	1232	1239	1246	1253	1260

Wegen $x^2 = 2 \cdot a^2 = 1250\ \text{m}^2$ folgt aus der Tabelle: $35{,}3\ \text{m} < x < 35{,}4\ \text{m}$.

c) $35{,}35\ \text{m} < x < 35{,}36\ \text{m}$

AUFGABE (Randspalte S. 64):

z. B. durch Auszählen der Kästchen oder durch Kongruenzbetrachtungen

3. b)

a in cm	1	1,5	2	2,5	3	3,5	4	4,5	5
x in cm	1,4	2,1	2,8	3,5	4,2	4,9	5,7	6,4	7,1

c) Proportionalitätsfaktor: ≈ 1,4 d) $\sqrt{2}$

4. a) 10 b) 25 c) 17 d) n. l. e) 29
f) 2,5 g) 0,5 h) 2,4 i) 0,2 j) n. l.
k) $\frac{5}{6}$ l) $\frac{10}{7}$ m) $\frac{12}{11}$ n) $\frac{2}{100}$ o) $\frac{19}{24}$

5. a) 1 b) 11 c) −40 d) 0 e) n. l.
f) 8 g) −0,8 h) n. l. i) 800 j) 0,08
k) 9 l) n. l. m) 169 n) 0,001 o) 9
p) $\frac{1}{2}$ q) $\frac{19}{16}$ r) $\frac{36}{121}$ s) $-\frac{3}{4}$ t) $\frac{1}{16}$

6. a) $\frac{1}{7}$ b) $\frac{1}{10}$ c) $\frac{1}{2}$ d) $\frac{8}{3}$ e) $\frac{5}{6}$
f) $\frac{8}{3}$ g) $\frac{1}{9}$ h) $\frac{1}{6}$ i) $\frac{4}{5}$ j) $\frac{7}{6}$

7. a) 12 b) 1 c) 0,3 d) 1,2 e) 30
f) $\frac{2}{3}$ g) 0,05 h) $\frac{8}{15}$ i) 5 j) 4

8. a) $\sqrt{2};\ 1{,}5\cdot\sqrt{2};\ 2\cdot\sqrt{2};\ 2{,}5\cdot\sqrt{2};\ \ldots;\ 5\cdot\sqrt{2}$ b) Es ist der Punkt zur Zahl $\sqrt{2}\cdot\sqrt{2} = 2$.

Ausblick: Irrationale Zahlen

9. a) Würden p und q beide auf 0 enden, könnte der Bruch durch 10 gekürzt werden. Würde p auf 0 und q auf 5 enden oder umgekehrt, könnte der Bruch durch 5 gekürzt werden. Beides steht im Widerspruch zur Annahme.

b)

Endziffer von q	0	1	2	3	4	5	6	7	8	9
Endziffer von q^2	0	1	4	9	6	5	6	9	4	1
Endziffer von $2 \cdot q^2$	0	2	8	8	2	0	2	8	8	2

Endziffer von p	0	1	2	3	4	5	6	7	8	9
Endziffer von p^2	0	1	4	9	6	5	6	9	4	1

Näherungsweises Berechnen von Wurzeln

Lösungen der Aufgaben auf Seite 67

1. Die Zaunlänge beträgt $4 \cdot \sqrt{20}\ \text{m} \approx 17{,}9\ \text{m}$.

2. a) $13 < \sqrt{170} < 14$ b) $23 < \sqrt{575} < 24$ c) $20 < \sqrt{440} < 21$
d) $17 < \sqrt{290} < 18$ e) $0 < \sqrt{0{,}161} < 1$ f) $70 < \sqrt{5000} < 71$
g) $1 < \sqrt{3{,}6} < 2$ h) $1 < \sqrt{2{,}57} < 2$

3. a) 6,082 762 53; 17,804 493 81; 64,015 623 09; 169,410 743 4
b) 4 800,093 436; 2,738 612 787; 4,219 004 621; 17,452 793 47
c) 0,707 106 781; 0,866 025 403; 0,934 879 671; 0,089 442 719
d) 0,845 154 252; 0,733 799 385; 0,525 759 226; 0,013 038 404 8

4. a) 2,236 067 977; 7,071 067 812; 22,360 679 77; 70,710 678 12; 223,606 797 7; 707,106 781 2; 2 236,067 977
b) 11 111,111 11; 3 513,641 843; 1 111,111 111; 351,364 184 3; 111,111 111 1

5. a) 6,32 m b) 28,74 cm c) 18,30 mm d) 4,12 dm
e) 0,71 m f) 6,02 cm

Erläuterungen und Anregungen
Bei den Ergebnissen der Aufgaben 3 und 4 sind alle Ziffern angegeben, die einer 10-stelligen Taschenrechneranzeige zu entnehmen sind. Den Schülern sollten in diesem Zusammenhang verdeutlicht werden, dass bei praktischen Anwendungen die Ausweisung derartig vieler Nachkommastellen sinnlos ist (Aufgabe 5). Um ein späteres vertieftes Verständnis des Begriffs „Irrationalzahl" nicht zu erschweren, sollte darüber hinaus klar sein, dass auch bei Angabe von 9 Dezimalen (in der Regel) ein Näherungswert vorliegt. Um Näherungswerte von exakten Ergebnissen augenfällig zu unterscheiden, empfiehlt sich die konsequente Verwendung des Zeichens ≈.

Potenzen mit natürlichen Exponenten

Lösungen der Aufgaben auf den Seiten 68 bis 71

1. $\rho_{\text{Sonne}} \approx 1430\ \frac{\text{kg}}{\text{m}^3} \approx 1100 \cdot \rho_{\text{Luft}}$

2. a) 32 b) 27 c) −64 d) 2,25
e) −1024 f) 625 g) −216 h) −216

3. a) $a \cdot a \cdot a + 3 \cdot a \cdot a \cdot b + 3 \cdot a \cdot b \cdot b + b \cdot b \cdot b$ b) $2 \cdot b \cdot b \cdot b + 9 \cdot a \cdot a$
c) $a \cdot a \cdot a \cdot a \cdot a \cdot a \cdot b \cdot b \cdot b$ d) $-243 \cdot a \cdot a$ e) $a \cdot a$
f) $225 \cdot a \cdot a \cdot a \cdot a \cdot a \cdot a \cdot a \cdot a \cdot a \cdot a \cdot a \cdot a$ g) 4 h) 648

4. a) − b) − c) − d) −
e) + f) − g) + h) −

5. a) $8p^4$ b) $3k^3$ c) $7a^2$ d) $2a^3(4-3a)$
e) $10x^3$ f) $2(a^2+b^2)$ g) $7k^4(k-1)$ h) $4t^2$

6. a) 1024 b) 65 536 c) x^7 d) 225
e) $6a^7$ f) $648a^7$ g) $1000a^6$ h) 6561 i) 16 384

Rechengesetze: Es seien $a, b \in \mathbb{Q}$ und $m, n \in \mathbb{N} \setminus \{0\}$. Dann gilt:
(1) $a^m \cdot a^n = a^{m+n}$ und (2) $a^m \cdot b^m = (a \cdot b)^m$.

AUFGABE (Randspalte S. 69 oben):
$2 \cdot 2 \cdot 2 = 2 \cdot 2^2 = 8$; $(2 \cdot 2)^2 = (2^2)^2 = 16$; 222; $22^2 = 484$; $2^{22} = 4\,194\,304$
Größtmögliche Zahl mit vier Zweien: $2^{(2^{22})} = 2^{4\,194\,304} \approx 2{,}1 \cdot 10^{1262611}$

7. (1) Werden zwei Potenzen mit gleicher Basis multipliziert, so gilt:
$a^m \cdot a^n = a^{m+n}$, wobei $a \in \mathbb{Q}$; $m, n \in \mathbb{N} \setminus \{0\}$.
Beweis: $a^m \cdot a^n = \underbrace{(a \cdot a \cdot a \cdot \ldots \cdot a)}_{m\text{ Faktoren}} \cdot \underbrace{(a \cdot a \cdot a \cdot \ldots \cdot a)}_{n\text{ Faktoren}} = \underbrace{a \cdot a \cdot a \cdot \ldots \cdot a}_{m+n\text{ Faktoren}} = a^{m+n}$

(2) Werden zwei Potenzen mit gleichen Basis multipliziert, so gilt:
$a^m \cdot b^m = (a \cdot b)^m$, wobei $a, b \in \mathbb{Q}$; $m \in \mathbb{N} \setminus \{0\}$.
Beweis: $a^m \cdot b^m = \underbrace{(a \cdot a \cdot a \cdot \ldots \cdot a)}_{m\text{ Faktoren}} \cdot \underbrace{(b \cdot b \cdot b \cdot \ldots \cdot b)}_{m\text{ Faktoren}} = \underbrace{(a \cdot b) \cdot (a \cdot b) \cdot \ldots \cdot (a \cdot b)}_{m\text{ Faktoren }(a \cdot b)} = (a \cdot b)^m$

8. (1) $a^m : a^n = a^{m-n}$, wobei $a \in \mathbb{Q} \setminus \{0\}$; $m, n \in \mathbb{N} \setminus \{0\}$; $m > n$.
Beweis: $a^m : a^n = \underbrace{(a \cdot a \cdot a \cdot \ldots \cdot a)}_{m\text{ Faktoren}} : \underbrace{(a \cdot a \cdot a \cdot \ldots \cdot a)}_{n\text{ Faktoren}} = \underbrace{a \cdot a \cdot a \cdot \ldots \cdot a}_{m-n\text{ Faktoren}} = a^{m-n}$

(2) $a^m : b^m = (a : b)^m$, wobei $a, b \in \mathbb{Q}$; $b \neq 0$; $m \in \mathbb{N} \setminus \{0\}$.
Beweis: $a^m : b^m = \underbrace{(a \cdot a \cdot a \cdot \ldots \cdot a)}_{m\text{ Faktoren}} : \underbrace{(b \cdot b \cdot b \cdot \ldots \cdot b)}_{m\text{ Faktoren}} = \underbrace{\frac{a}{b} \cdot \frac{a}{b} \cdot \frac{a}{b} \cdot \ldots \cdot \frac{a}{b}}_{m\text{ Faktoren}} = (a : b)^m$

(3) $(a^m)^n = a^{mn}$, wobei $a \in \mathbb{Q}$; $m, n \in \mathbb{N} \setminus \{0\}$. Beweis:
$(a^m)^n = \underbrace{\underbrace{(a \cdot a \cdot a \cdot \ldots \cdot a)}_{m\text{ Faktoren }a} \cdot \underbrace{(a \cdot a \cdot a \cdot \ldots \cdot a)}_{m\text{ Faktoren }a} \cdot \ldots \cdot \underbrace{(a \cdot a \cdot a \cdot \ldots \cdot a)}_{m\text{ Faktoren }a}}_{n\text{ Faktoren }(a \cdot a \cdot \ldots \cdot a)} = \underbrace{a \cdot a \cdot a \cdot \ldots \cdot a}_{mn\text{ Faktoren }a} = a^{mn}$

9. a) $y^2 + y$ b) b^2 c) $\frac{1}{6}a + \frac{2}{3}b$
d) $2x(x^2+1)$ e) $\frac{1}{4(a+b)}$ f) $\frac{1}{2a}$

10. a) $6x^{10}$ b) $15(xyz)^3$ c) 243
d) $24y^8$ e) $6a^6$ f) a^2x^6
g) $2b^{8+2n}$ h) $6b^3$ i) $7{,}5a^6$

11. a) $6a^8b^8$ b) 1 c) $(2a^2 + ab - b^2)^3$
d) 1 e) $\frac{2}{b^n}$ f) $(-18a^2 + 3a + 3)^{3n}$
g) $3(a+b)x^4$ h) $8 \cdot (2yz)^{3n+1}$ i) $(a^2 + ab)^2$

12. a) $x = 10$ b) $y = 2$ c) $x = 11$
d) $y = 3$ e) $y = 6$ f) $z_1 = 2$; $z_2 = -8$

13. a) $a^5(1-a^2)$ b) $60x^6$ c) $x^8(1-x^4)$
d) $\frac{(a+b)^2}{a-b}$ e) $a + \frac{1}{a}$ f) $\frac{2}{21}$

14. a) $-3a^4 + 7a^3 \cdot 4a = (5a^2)^2$

b) $4^2x^{10} : 8x^5 = 2x^5$; $(4x^5)^2 : 8x^5 = 2x^5$; $4x^{10} : \sqrt{8}\,x^5 = \sqrt{2}\,x^5$; $4x^5 : \sqrt{8x^5} = \sqrt{2x^5}$

c) $2y^5 \cdot 4y^6 = 8y^{11}$ d) $(3ab^2)^4 = 81a^4b^8$

15. a) 1 b) $\frac{1}{400}$ c) $\frac{9}{64} \cdot \left(\frac{25}{13}\right)^5 \approx 3{,}699$ d) $\frac{7}{2}$

16. Stefans Umformung ist richtig. $x^3 - a^3 = (x-a)(x^2 + ax + a^2)$

AUFGABE (Randspalte S. 70 oben):

$(a+b)^2 = a^2 + 2ab + b^2$; $(a+b)(a-b) = a^2 - b^2$; $(a+b)^2 = a^2 + 2ab + b^2$

AUFGABE (Randspalte S. 70 unten): Das auseinandergefaltete Blatt hat $2 \cdot 2^5 = 64$ Löcher.

17. a) $K_1 = 520$ €; $K_2 = 540{,}80$ €; $K_3 = 562{,}43$ €; $K_4 = 584{,}93$ €; $K_5 = 608{,}33$ €

b) $K_n = K_0 \cdot 1{,}04^n$

c)

n	6	7	8	9	10
K_n in €	632,66	657,97	684,28	711,66	740,12

n	11	12	13	14	15
K_n in €	769,73	800,52	832,54	865,84	900,47

n	16	17	18	19	20
K_n in €	936,49	973,95	1012,91	1053,42	1095,56

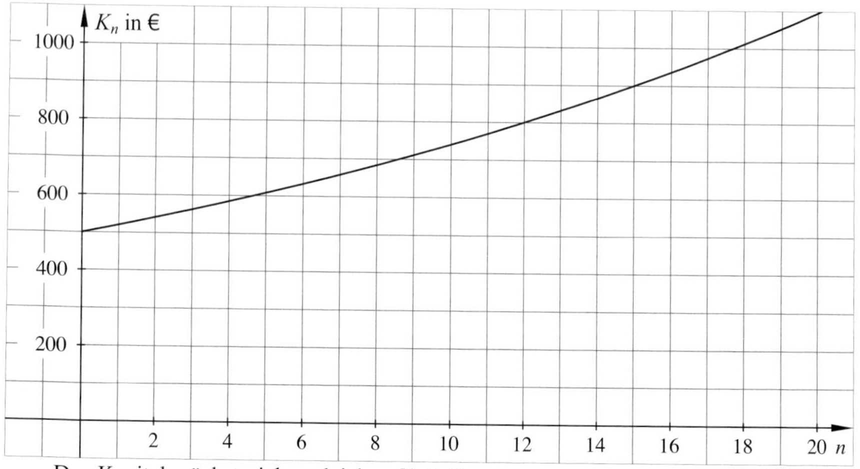

Das Kapital wächst nicht „gleichmäßig“ (linear), sondern mit zunehmender Anlagedauer immer schneller (d. h. exponentiell).

Das Kapital hat sich nach 18 Jahren verdoppelt.

d) $K_9 = 500$ € $\cdot 1{,}08^9 = 999{,}50$ €. Die Verdopplung des Zinssatzes reicht fast, aber nicht ganz zur Halbierung der Anlagezeit.

18. a)

n	1	2	3	4	5	6
K_n in €	11100,00	12321,00	13676,31	15180,70	16850,58	18704,15

n	7	8	9	10	11	12
K_n in €	20761,60	23045,38	25580,37	28394,21	31517,57	34984,51

Der geschuldete Betrag (Kredit + Zinsen + Zinseszinsen) wächst von Jahr zu Jahr schneller.

b) Das Schuldenproblem wird nur dann kleiner, wenn der Zinssatz nach der Umschuldung kleiner als der vorherige (hier: 11 %) ist.

19. a)

Zeitspanne a in Jahren	10^9	10^8	10^7	10^6	10^5	10^4	10^3	10^2
Verkürzung auf x Jahre	10	1	$\frac{1}{10}$	$\frac{1}{100}$	$\frac{1}{1000}$	$\frac{1}{10^4}$	$\frac{1}{10^5}$	$\frac{1}{10^6}$

b) (1) erste Lebewesen: nach 35 Jahren; Jahreswechsel 1990/91

(2) erste Wirbeltiere: nach $39\frac{3}{4}$ Jahren; Monatswechsel September/Oktober 1995

Potenzen mit negativen ganzzahligen Exponenten

Lösungen der Aufgaben auf den Seiten 72 bis 74

1. a) Die Dichte wird in $\frac{g}{cm^3} = g \cdot cm^{-3}$ oder $\frac{kg}{m^3} = kg \cdot m^{-3}$ angegeben.

b) 0,000 000 000 027 5

2. a) Der Exponent wird jeweils um 1 verkleinert.

b) Der Wert wird jeweils gedrittelt.

c)

3^5	3^4	3^3	3^2	3^1	3^0	3^{-1}	3^{-2}	3^{-3}	3^{-4}
243	81	27	9	3	1	$\frac{1}{3}$	$\frac{1}{9}$	$\frac{1}{27}$	$\frac{1}{81}$

3. a)

2^5	2^4	2^3	2^2	2^1	2^0	2^{-1}	2^{-2}	2^{-3}	2^{-4}
32	16	8	4	2	1	$\frac{1}{2}$	$\frac{1}{4}$	$\frac{1}{8}$	$\frac{1}{16}$

5^5	5^4	5^3	5^2	5^1	5^0	5^{-1}	5^{-2}	5^{-3}	5^{-4}
3125	625	125	25	5	1	$\frac{1}{5}$	$\frac{1}{25}$	$\frac{1}{125}$	$\frac{1}{625}$

b) $4^{-1} = \frac{1}{4}$; $4^{-2} = \frac{1}{16}$

4. a) $\frac{1}{5} = 0{,}2$ b) 1 c) $\frac{1}{128} = 0{,}007\,8125$ d) 16
e) $\frac{1}{16} = 0{,}0625$ f) $\frac{1}{16} = 0{,}0625$ g) 1 h) 1
i) 1 j) -16 k) $-\frac{1}{16} = -0{,}0625$ l) $5^5 = 3125$
m) $\frac{100}{9} = 11{,}\overline{1}$ n) $\frac{25}{4} = 6{,}25$ o) 10 p) 25

5. a) 2^{-3} b) $5 \cdot 10^{-4}$ c) 2^{-4} oder 16^{-1} d) $3 \cdot 5^{-3}$
e) 2^{-10} f) $8 \cdot 0{,}2^{-5}$ g) $-2 \cdot (-0{,}4)^{-3} = 2 \cdot 0{,}4^{-3}$

6. a) 0,0025 b) -180 c) 0,000 005 d) 0,000 000 000 735 7
e) 0,000 000 001 f) 26,7 g) 0,000 000 000 000 000 000 08
h) 826 450,62 i) $-2{,}372\,04$ j) 3

7. a) $7 \cdot 10^{-4}$ b) $4{,}89 \cdot 10^{-6}$ c) $1{,}007 \cdot 10^{-3}$ d) $9{,}34 \cdot 10^{-9}$
e) $1{,}0003 \cdot 10^{6}$ f) $9{,}384 \cdot 10^{-2}$ g) $8{,}3512 \cdot 10^{5}$ h) $1{,}804 \cdot 10^{-7}$

8. a) 600 m (Weg s mit $s = v \cdot t$, gleichförmige Bewegung)
b) 4000 g = 4 kg (Masse m mit $m = \rho \cdot V$)
c) $96\,\frac{\text{m}}{\text{s}}$ (Geschwindigkeit v mit $v = a \cdot t$, gleichmäßig beschleunigte Bewegung)
d) $1\,\frac{\text{kg} \cdot \text{m}}{\text{s}^2} = 1$ N (mechanische Arbeit W mit $W = P \cdot t$)
e) 2 A (Stromstärke I mit $I = \frac{U}{R}$)
f) 0,5 m² (Fläche A mit $A = \frac{F}{p}$)

9. a) $17 \cdot 10^{-12}$ m $= 1{,}7 \cdot 10^{-11}$ m b) $0{,}23 \cdot 10^{-9}$ kg $= 2{,}3 \cdot 10^{-10}$ kg
c) $212 \cdot 10^{9}$ W $= 2{,}12 \cdot 10^{11}$ W d) $3{,}22 \cdot 10^{-15}$ s $= 3{,}22 \cdot 10^{-15}$ s
e) $20{,}7 \cdot 10^{-3}$ m $= 2{,}07 \cdot 10^{-2}$ m f) $342 \cdot 10^{-6}$ m $= 3{,}42 \cdot 10^{-4}$ m
g) $0{,}33 \cdot 10^{-12}$ m $= 3{,}3 \cdot 10^{-13}$ m h) $0{,}0765 \cdot 10^{12}$ W $= 7{,}65 \cdot 10^{10}$ W

10. a) 3,42 MV $= 3{,}42 \cdot 10^{6}$ V b) 57,8 µA $= 5{,}78 \cdot 10^{-5}$ A
c) 97,76 GW $= 9{,}776 \cdot 10^{10}$ W d) 399 pm $= 3{,}99 \cdot 10^{-10}$ m
e) 299,792 Mm $= 2{,}99792 \cdot 10^{8}$ m f) 667 pg $= 6{,}67 \cdot 10^{-13}$ kg
g) 89,64 Mm $= 8{,}9 \cdot 10^{7}$ m h) 360 nA $= 3{,}6 \cdot 10^{-7}$ A
i) 1,27 GW $= 1{,}27 \cdot 10^{9}$ W j) 24,7 nV $= 2{,}47 \cdot 10^{-8}$ V
k) 568,3 Gm $= 5{,}683 \cdot 10^{11}$ m l) 41 pg $= 4{,}1 \cdot 10^{-14}$ kg

11. a) ultraviolettes Licht: $< 3{,}9 \cdot 10^{-7}$ m;
sichtbares Licht: $3{,}9 \cdot 10^{-7}$ m bis $7{,}7 \cdot 10^{-7}$ m; infrarotes Licht: $> 7{,}7 \cdot 10^{-7}$ m
b) Rot: $6{,}4 \cdot 10^{-7}$ m bis $7{,}7 \cdot 10^{-7}$ m
Orange: $6{,}0 \cdot 10^{-7}$ m bis $6{,}4 \cdot 10^{-7}$ m
Gelb: $5{,}7 \cdot 10^{-7}$ m bis $6{,}0 \cdot 10^{-7}$ m
Grün: $4{,}9 \cdot 10^{-7}$ m bis $5{,}7 \cdot 10^{-7}$ m
Blau: $4{,}3 \cdot 10^{-7}$ m bis $4{,}9 \cdot 10^{-7}$ m
Violett: $3{,}9 \cdot 10^{-7}$ m bis $4{,}3 \cdot 10^{-7}$ m

12. a) $6{,}762 \cdot 10^{8}$ b) 421,4 c) $7{,}047 \cdot 10^{-9}$
d) $\approx 1{,}619 \cdot 10^{-3}$ e) $\approx 1{,}143 \cdot 10^{6}$ f) $\approx 1{,}852 \cdot 10^{-2}$
g) $\approx 7{,}376 \cdot 10^{4}$ h) $\approx 1{,}057 \cdot 10^{-2}$ i) $\approx 0{,}4081$

AUFGABEN ZUR WIEDERHOLUNG

1. $-3{,}1$; $-2{,}7$; $-1{,}25$; $-0{,}5$; 1,4; 2,5

2. a)
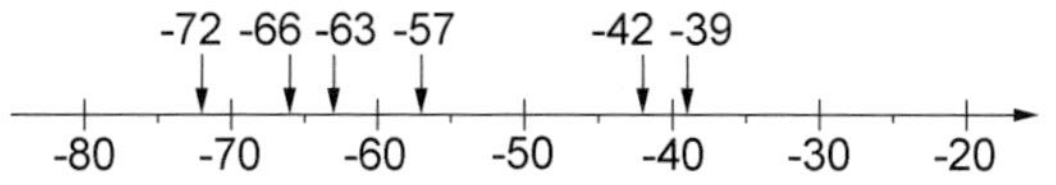

b)
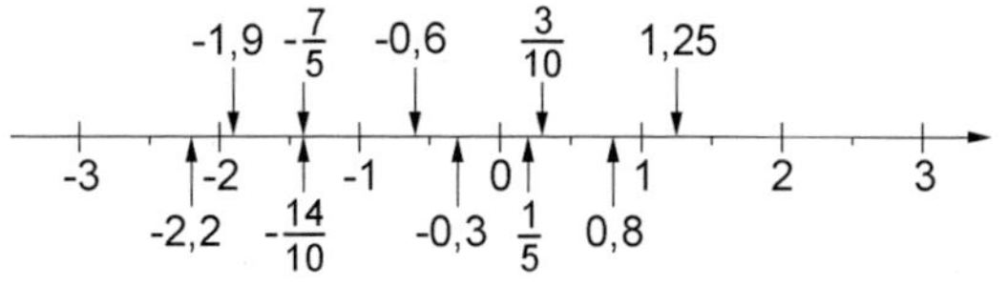

3.

a	$-a$	$\lvert a \rvert$	a^2
$-\frac{3}{7}$	$\frac{3}{7}$	$\frac{3}{7}$	$\frac{9}{49}$
$\frac{5}{6}$	$-\frac{5}{6}$	$\frac{5}{6}$	$\frac{25}{36}$
2,107	$-2{,}107$	2,107	$\approx 4{,}439$
0,6 (Fall 1) oder $-0{,}6$ (Fall 2)	$-0{,}6$ (Fall 1) oder 0,6 (Fall 2)	0,6	0,36
5,7	$-5{,}7$	5,7	32,49
n. l.	n. l.	-39	n. l.
$\frac{99}{100}$	$-\frac{99}{100}$	$\frac{99}{100}$	$\frac{9801}{10000}$
66	-66	66	4356

4.

a	36	−7,2	$-\frac{3}{4}$	305	−0,5	25
b	18	1,8	$-\frac{1}{2}$	−61	13,2	−60
$a+b$	54	−5,4	$-\frac{5}{4}$	244	12,7	−35
$a-b$	18	−9	$-\frac{1}{4}$	366	−13,7	85
$a\cdot b$	648	−12,96	$\frac{3}{8}$	−18605	−6,6	−1500
$a:b$	2	−4	$\frac{3}{2}$	−5	$-\frac{5}{132}$	$-\frac{5}{12}$

Erläuterungen und Anregungen

Der Einstieg in diese Lerneinheit wird so gewählt, dass die Schüler angeregt werden, für ihnen bekannte Verwendungen von negativen Exponenten Erklärungen zu suchen. Zur Definition von Potenzen mit negativen ganzzahligen Exponenten wird mithilfe von Assoziationsreihen gelangt. Im Anschluss wird gezeigt, dass auch für negative ganzzahlige Exponenten die schon bekannten Potenzgesetze ihre Gültigkeit behalten. Alternativ wäre es möglich, die Erweiterung des Exponenten sofort unter der Zielstellung vorzunehmen, dass die Potenzgesetze gültig bleiben, was auf die gleichen Definitionen führen würde.

Die wissenschaftliche Notation und die Vorsätze von Einheiten als bekannte Möglichkeiten, sehr große Zahlen übersichtlich darzustellen, werden nun auch für sehr kleine Zahlen genutzt. Denkbar wäre es auch, die wissenschaftliche Notation noch stärker als Möglichkeit, Größen in physikalischen Berechnungen abzuschätzen, zu betonen.

Radizieren als eine Umkehrung des Potenzierens

Lösungen der Aufgaben auf Seite 75

1. a) $a = 3$ cm b) $a \approx 2{,}71$ cm
2. a) $x = 4$ b) $y = 2$ c) $z = 3$ d) $x = 6$
   e) $x = 3$ f) $x_1 = -2$; $x_2 = 2$ g) $y = 10$ h) $z = -2$
3. a) 3 b) 2 c) nicht definiert d) 20
   e) 3 f) 0,2 g) nicht definiert
   h) $\frac{4}{5}$ i) $\frac{1}{2}$ j) $\frac{5}{4}$

4. a)

V in cm³	0	1	2	3	4	5	6	7	8	9	10
a in cm	0	1	1,26	1,44	1,59	1,71	1,82	1,91	2	2,08	2,15
$V:a$ in cm²	–	1	1,59	2,08	2,52	2,92	3,30	3,66	4	4,33	4,64
$V\cdot a$ in cm⁴	0	1	2,52	4,33	6,35	8,55	10,90	13,39	16	18,72	21,54

b) Die Zuordnung ist weder proportional noch umgekehrt proportional.

5. a) $x = 12$ b) $x_1 = -2{,}7$; $x_2 = 2{,}7$ c) $L = \emptyset$ d) $x = 6$
   e) $x = -11$ f) $x = 1{,}3$ g) $L = \emptyset$ h) $x_1 = -0{,}3$; $x_2 = 0{,}3$

Teste dich!

Lösungen der Aufgaben auf den Seiten 76 bis 77

1. a) 4 b) 8 c) 17 d) 0,5
   e) 12 f) n. l. g) −70 h) $\frac{1}{25} = 0{,}04$
2. a) $\approx 5{,}34$ b) $\approx 5{,}35$ c) $\approx 6{,}07$ d) $\approx 12{,}41$
   e) 7 f) 5 g) −4 h) 3
3. a) $A_{\text{Quadrat}} = a^2 = 33$ cm $\Rightarrow a = \sqrt{33}$ cm $\approx 5{,}74$ cm
   b) $A_{\text{Rechteck}} = A_{\text{Quadrat}} = a^2 = 57$ cm $\Rightarrow a = \sqrt{57}$ cm $\approx 7{,}55$ cm
4. a) 125; $\frac{1}{125} = 0{,}008$; $\sqrt[3]{5} \approx 1{,}71$ b) 1; 4; $\frac{1}{4} = 0{,}25$; 16
5. $a \in \mathbb{Q}$; $x \in \mathbb{Q} \setminus \{0\}$; $z \in \mathbb{Q}^+$ (also $z \in \mathbb{Q}$ und $z > 0$); $c \in \mathbb{Q}^+_0$ (also $c \in \mathbb{Q}$ und $c \geq 0$); $y \in \mathbb{Q} \setminus \{0\}$
6. a) $\frac{(a^2+5a)^{-k-2}}{(a+5)^{-k-2}} = a^{-k-2} = \frac{1}{a^{k+2}}$ b) $\frac{p^3q^{-2}}{r^{-4}s^{-5}} : \frac{r^{-6}s^{-1}}{p^{-1}q^2} = \frac{p^2}{r^{-10}s^{-6}} = p^2r^{10}s^6$
7. a) $2{,}48 \cdot 10^{-10}$ m = 248 pm b) $9{,}299 \cdot 10^{-26}$ kg c) $2 \cdot 10^{-3}$ g = 2 mg
8. a)

s in m	10	20	30	40	50	60	70
v in m/s	14,01	19,81	24,26	28,01	31,32	34,31	37,06
v in km/h	50,4	71,3	87,3	100,9	112,8	123,6	133,4

   b) 133,4 km/h sind etwa 265 % von 50,4 km/h. Die Geschwindigkeit ist um 83 km/h gestiegen. Das entspricht bezogen auf eine Geschwindigkeit von 50,4 km/h einer Steigerung um rund 165 %.
9. a) 2^{n-1} b) $2^{63} \approx 9{,}22 \cdot 10^{18}$
   c) Ein Korn hat eine Masse von 0,1 g = 10^{-7} t. Die Masse der Körner auf dem letzten Feld beträgt rund $9{,}22 \cdot 10^{11}$ t; das ist das 1550-fache der Weltproduktion von 1990.
10. $A_O = 6 \cdot 5 \cdot 5$ cm² = 150 cm². Für die Kantenlänge a' eines Würfels mit doppelt so großer Oberfläche gilt: $A_O' = 6 \cdot a' \cdot a' = 300$ cm². Es ist $a' = \sqrt{50}$ cm $= \sqrt{2} \cdot 5$ cm $\approx 7{,}071$ cm.

Längen und Maßstäbe: Ähnlichkeit

Das Thema „Ähnlichkeit" ist ein Stoffgebiet, das durchgehend sehr nahe an der realen Welt der Schüler bleiben kann. Diese Möglichkeit wurde im vorliegenden Lehrbuchkapitel intensiv ausgeschöpft. Der Bogen praktischer Anwendungen der Ähnlichkeitslehre ist sehr weit gespannt. Er beginnt mit maßstäblichen Vergrößerungen und Verkleinerungen, die bei der Kartografie, beim technischen Zeichnen, bei wissenschaftlichem oder anderem Modellbau eine große Rolle spielen. Er führt über die Anwendung und Untersuchung von Zeichen- und Messgeräten zu Vermessungsaufgaben und Übungen im Gelände.

Ähnliche Flächen und Körper werden im Zusammenhang betrachtet. Die Bedeutung der auftretenden Längen-, Oberflächen- bzw. Rauminhaltsverhältnisse wird an Beispielen aus dem Lebensumfeld der Schüler gezeigt.

Der Zugang zum Begriff der Ähnlichkeit von Figuren erfolgt über den Maßstabsbegriff. Anknüpfend an vorhandene Vorstellungen der Schülerinnen und Schüler zu maßstäblichen Modellen und Darstellungen werden von vornherein zentrale Eigenschaften von Ähnlichkeitsabbildungen bewusst gemacht. Die Notwendigkeit, sich mit Ähnlichkeitssätzen für Dreiecke und zentrischen Streckungen zu beschäftigen, resultiert dann aus der Frage, wie man maßstäbliche Vergrößerungen und Verkleinerungen erzeugen kann und wie man nachweisen kann, dass ein Bild eine maßstäbliche Vergrößerung bzw. Verkleinerung eines Originals ist.

Dieses Kapitel kann und sollte auch genutzt werden, früher behandelte Themen unter neuem Blickwinkel wieder aufzugreifen und zu vertiefen, z. B. die Frage der Irrationalität von Streckenverhältnissen.

Maßstäbliche Modelle

Lösungen der Aufgaben auf den Seiten 80 bis 84

1. Der große Kartenausschnitt hat den Maßstab 1 : 375 000.
   Die Luftlinienentfernung zwischen Bautzen und Königsbrück beträgt etwa 35 km.
   Die Länge der Straßenverbindung zwischen den beiden Städten beträgt etwa 47 km.
2. Geeignete Vergrößerungsmaßstäbe sind z. B. 2 : 1; 3 : 1; 1,5 : 1.
4.

Bildstrecke	1 m	1 cm	**4 m**	5 mm	12,3 cm	**12 cm**
Originalstrecke	1000 m	**300 m**	20 000 m	6 cm	**2,46 cm**	2,4 cm
Maßstab	**1 : 1000**	1 : 30000	1 : 5000	**1 : 12**	1 : 0,2	5 : 1

5. a) 40 m; 25 m; 120 m   b) Höhe des Modellbaumes: 4 cm
6. a) nein   b) ja   c) ja   d) ja   e) nein   f) ja, $1 : \sqrt{2}$
7. a) Länge: 6,10 m; Breite: 0,80 m; Tiefgang: 0,52 m
9. a) 0,8 : 1 (1 : 1,25); 1,2 : 1 $(1 : \frac{5}{6})$; 1,3 : 1 $(1 : \frac{10}{13})$; 0,95 : 1 $(1 : \frac{20}{19})$; 0,75 : 1 $(1 : \frac{4}{3})$
   b) 83 %; 87 %; 120 %; 135 %
   e) Einander entsprechende Winkel in Original und Kopie sind gleich groß. (Geringfügige Verzerrungen durch den Kopiervorgang sind möglich.)
   f) Bei einem Verhältnis einander entsprechender Streckenlängen von $1 : k$ stehen einander entsprechende Flächeninhalte zueinander im Verhältnis $1 : k^2$.
10. a) Die Frage von Cornelia ist berechtigt, denn in der Mathematik muss jede Aussage, die nicht als bekannt vorausgesetzt werden kann, bewiesen werden.
    Die Aussagen von Patrick sind schlüssig. Die Frage von Cornelia ist jedoch dadurch noch nicht beantwortet, da sich Patricks Aussagen nur auf einen Spezialfall (Quadrat mit Diagonalen) beziehen.
    c) Jedes Vieleck, das kein Dreieck ist, lässt sich durch Einzeichnen von Diagonalen vollständig in Dreiecke zerlegen, konvexe Vielecke z. B. durch das Einzeichnen aller von einem bestimmten Eckpunkt ausgehenden Diagonalen. Jeder Innenwinkel des Vielecks lässt sich aus Innenwinkeln der Teildreiecke zusammensetzen. Die Winkel der Teildreiecke ändern beim maßstäblichen Vergrößern und Verkleinern ihre Größe nicht, folglich auch nicht die Innenwinkel des Vielecks.
11. Wenn bei zwei Körpern, die durch maßstäbliche Vergrößerung oder Verkleinerung auseinander hervorgehen, einander entsprechende Kantenlängen bzw. Durchmesser im Verhältnis $1 : k$ zueinander stehen, dann stehen ihre Volumina zueinander im Verhältnis $1 : k^3$.
12. Die Flächeninhalte der vergrößerten Figuren stehen zu den Flächeninhalten der dazugehörigen Ausgangsfiguren jeweils im Verhältnis 9 : 1.

13. Größe: 8-fach; Gewicht: 512-fach; Nahrung: 512-fach; Kleiderstoff: 64-fach; Flaschenvolumen: 512-fach
14. a) 1 : 2; 3 : 4; 5 : 3
    b) etwa 40,82 cm^2
15. Verschiedene Quadrate, gleichseitige Dreiecke, Kreise, Würfel oder Kugeln gehen jeweils immer durch maßstäbliche Vergrößerung bzw. Verkleinerung auseinander hervor. Für Rauten gilt das nur dann, wenn sie dieselben Innenwinkel besitzen.
17. a) Der Ähnlichkeitsfaktor für zueinander kongruente Figuren beträgt 1.
    b) Zwei Figuren heißen zueinander ähnlich, wenn ihre Formen übereinstimmen und entsprechende Streckenlängen jeweils im gleichen Verhältnis zueinander stehen.

Erläuterungen und Anregungen
Über den Begriff der Ähnlichkeit bringen die Schülerinnen und Schüler schon viele Vorstellungen mit. Er lässt sich als „Formengleichheit" relativ leicht intuitiv erfassen. Im vorliegenden Abschnitt wird der Begriff der Ähnlichkeit mit dem maßstäblichen Vergrößern und Verkleinern verknüpft. Die Kongruenz wird als ein Spezialfall der Ähnlichkeit mit dem Ähnlichkeitsfaktor 1 betrachtet.

Zentrische Streckung mit DGS

Lösungen der Aufgaben auf den Seiten 85 bis 86
1. a) Eigenschaften der Abbildung:
   - Original- und Bildpunkt liegen jeweils auf einer Geraden durch den Punkt Z.
   - Einander entsprechende Winkel sind gleich groß.
   - Einander entsprechende Strecken liegen zueinander parallel.
   - Die Längen einander entsprechender Strecken stehen zueinander im selben Verhältnis.
   - Original- und Bildviereck sind zueinander ähnlich.

   b) Die beiden Vierecke $ABCD$ und $EFGH$ sind zueinander kongruent, da sie durch Drehung auseinander hervorgehen.

   c) Gemeinsamkeiten der ersten und zweiten Abbildung:
   - Original- und Bildpunkt liegen jeweils auf einer Geraden durch den Punkt Z.

   Abweichende Eigenschaften der zweiten Abbildung:
   - Einander entsprechende Winkel sind nicht immer gleich groß.
   - Einander entsprechende Strecken liegen nicht immer zueinander parallel.

   - Die Längen einander entsprechender Strecken stehen nicht alle im selben Verhältnis zueinander.
   - Original- und Bildviereck sind nicht zueinander ähnlich.

2. b) 1. Möglichkeit: Man konstruiert A' als Schnittpunkt der Parallelen zu AD durch D' mit der Geraden ZA und B' als Schnittpunkt der Parallelen zu BC durch C' mit der Geraden ZB.
   2. Möglichkeit: Man konstruiert A' und B' so, dass gilt:
   $\overline{ZA'} : \overline{ZA} = \overline{ZB'} : \overline{ZB} = \overline{ZC'} : \overline{ZC} = \overline{ZD'} : \overline{ZD}$.
   c) $\overline{ZC'} : \overline{ZC} = \overline{ZD'} : \overline{ZD}$; es muss gelten: $\overline{ZA'} : \overline{ZA} = \overline{ZB'} : \overline{ZB} = \overline{ZC'} : \overline{ZC}$.
3. a) Original- und Bildpunkt liegen jeweils auf einer Geraden durch den Punkt Z, wobei gilt: $\overline{ZA'} : \overline{ZA} = \overline{ZB'} : \overline{ZB} = \overline{ZC'} : \overline{ZC}$.
   b) Bei negativem Streckungsfaktor liegt Z auf der Abbildungsgeraden jeweils zwischen Original- und Bildpunkt.
4. Eine zentrische Streckung mit dem Streckungszentrum Z und dem Streckungsfaktor k ist eine Abbildung, die jedem von Z verschiedenen Punkt A einen Punkt A' zuordnet, der auf der Geraden ZA liegt und für den gilt: $\overline{ZA'} = |k| \cdot \overline{ZA}$.
   Für $k > 0$ liegt A' hierbei auf derselben Seite von Z wie A, für $k < 0$ auf der anderen Seite. Der Punkt Z wird auf sich selbst abgebildet.
5. a) Die Abbildung ist genau dann eine zentrische Streckung, wenn gilt:
   $\overline{ZA'} : \overline{ZA} = \overline{ZB'} : \overline{ZB} = \overline{ZC'} : \overline{ZC} = \overline{ZD'} : \overline{ZD}$.
   b) Die Abbildung des Vierecks $ABCD$ auf das Viereck $A'B'C'D'$ ist eine zentrische Streckung, die Abbildung des Vierecks $EFGH$ auf das Viereck $E'F'G'H'$ nicht.
6. a/b) Sei A_1 der Flächeninhalt des Vierecks $ABCD$ und A_2 der Flächeninhalt des Vierecks $A'B'C'D'$. Dann gilt: $A_2 = k^2 \cdot A_1$.
   c) Der bei b) entdeckte Zusammenhang gilt auch für andere Figuren.
7. a/b) Es ergibt sich ein zum Originaldreieck ähnliches Dreieck, das aus dem Originaldreieck durch eine zentrische Streckung hervorgeht.

Zentrische Streckung

Lösungen der Aufgaben auf den Seiten 87 bis 92
2. a) $A'(4; 8)$; $B'(10; 2)$; $C'(-6; 1)$; das Dreieck $A'B'C'$ ist eine maßstäbliche Vergrößerung des Dreiecks ABC mit dem Maßstab 2 : 1.
   b) $E'(2; -\frac{7}{3})$; $F'(\frac{8}{3}; -\frac{1}{3})$; $G'(-\frac{1}{3}; \frac{8}{3})$; das Dreieck $E'F'G'$ ist eine maßstäbliche Verkleinerung des Dreiecks ABC mit dem Maßstab 1 : 3.

3. Der feste Punkt hat die Bedeutung des Streckungszentrums. Der Streckungsfaktor ist gleich dem konstanten Quotienten der Entfernungen von Zeichenstift und Knoten zum Streckungszentrum.
4. a) $k = 2$ b) $k = \frac{1}{3}$ c) $k = 6$
   d) keine zentrische Streckung ($\overline{ZE'} = \frac{24}{7} \cdot \overline{ZE}$; $\overline{ZF'} = 4 \cdot \overline{ZF}$; $\overline{ZG'} = 4 \cdot \overline{ZG}$)
5. a) $(B; 0{,}5)$: G und P; Y und F; H und C.
   b) $(P; 3)$: A und G; C und N. $(T; 0{,}25)$: keine.
8. b) g und g' sind zueinander parallel.
   c) Sei R' der Bildpunkt von R. Dann ist $P'R' \parallel g$, und da g' ebenfalls durch P' verläuft, muss es sich bei $P'R'$ und g' um dieselbe Gerade handeln. R' liegt also auf g'.

NACHGEDACHT (Randspalte S. 88):
Wenn die Gerade durch das Streckungszentrum geht, fallen g und g' zusammen.

10. a) Verdopplung aller Seitenlängen; Bilddreieck parallel zum Original ohne gemeinsame Punkte
    b) Verdreifachung der Seitenlängen; Original ist Teildreieck des Bilddreiecks
    c) Verdopplung der Seitenlängen; Bilddreieck parallel zum Original
    d) Verdopplung der Seitenlängen; Bilddreieck parallel zum Original; $\overline{AB}$ auf $\overline{A'B'}$
11. $(S; 3{,}5)$: zum Original parallel liegendes Bildquadrat mit 17,5 cm Seitenlänge; keine gemeinsamen Punkte von Original und Bild.
    $(D; 3{,}5)$: zum Original parallel liegendes Bildquadrat mit 17,5 cm Seitenlänge; die Strecken $\overline{AD}$ und $\overline{CD}$ gehören zu beiden Quadraten.
12. $\overline{A'B'} = k \cdot \overline{AB}$; $\overline{B'C'} = k \cdot \overline{BC}$; $\overline{A'C'} = k \cdot \overline{AC}$
    $\overline{A'B'} : \overline{AB} = \overline{B'C'} : \overline{BC} = \overline{A'C'} : \overline{AC} = k$
    Man erhält das Dreieck $A'B'C'$ also durch maßstäbliches Vergrößern oder Verkleinern des Dreiecks ABC mit dem Maßstab $k : 1$.
13. Die beiden Figuren müssen so liegen, dass einander entsprechende Strecken zueinander parallel sind.
14. Die beiden spitzwinkligen Dreiecke und die beiden Halbkreise gehen durch zentrische Streckungen auseinander hervor, die anderen Figuren nicht.
15. Sei $O(0 \mid 0)$ der erste links unten im Bild sichtbare Gitterpunkt und $e = 0{,}8$ cm (zwei Kästchen) die Koordinateneinheit. Dann geht in den Abbildungen (2) bis (6) jeweils die blaue Figur durch folgende zentrische Streckung $(Z; k)$ aus der roten hervor:
    (2) $Z(7 \mid 7{,}25)$; $k = 1{,}5$ (3) $Z(10{,}75 \mid 8{,}75)$; $k = 3$ (4) $Z(16{,}5 \mid 5{,}5)$; $k = 2$
    (5) $Z(4 \mid 3)$; $k = 1{,}5$ (6) $Z(7{,}7 \mid 2{,}7)$; $k = -1{,}5$
    Bei (1) und (7) gibt es keine zentrische Streckung, die die Figuren ineinander überführt.

(1) Die beiden Rechtecke sind nicht zueinander ähnlich, denn die längeren Seiten stehen zueinander im Verhältnis 7 : 9, die kürzeren aber im Verhältnis 2 : 3.
(7) Die Fünfecke sind zueinander ähnlich, denn einander entsprechende Seiten stehen zueinander im Verhältnis 4 : 3 und einander entsprechende Innenwinkel sind jeweils gleich groß (90° bzw. 135°).

16. Originalquader: $V_1 = 45 \text{ cm}^3$
    Bildquader: $V_2 = 1215 \text{ cm}^3$

WAS MEINST DU DAZU? (Randspalte S. 91):
Der erste Satz des Textes ist fehlerhaft. Das Bildviereck eines DIN-A5-Blattes bei einer zentrischen Streckung $(Z; \frac{1}{2})$ entspricht dem DIN-A7-Format; bei $(Z; \frac{1}{4})$ erhält man das DIN-A9-Format. Die Aussage, dass sich von einem DIN-A-Format zum nächsten der Flächeninhalt halbiert, ist korrekt.

18. c) Zu a): ja; $(Z; 1{,}5)$
    Zu b): nein; die Bildstrecke $\overline{A''B''}$, die nach der Hintereinanderausführung der beiden zentrische Streckungen entsteht, ist kongruent zu $\overline{AB}$ und kann als Ergebnis einer Verschiebung betrachtet werden.
19. Ein Punkt A werde zuerst mit der zentrischen Streckung $(Z; k_1)$ auf einen Punkt A' abgebildet. Anschließend werde A' mit der zentrischen Streckung $(Z; k_2)$ auf einen Punkt A'' abgebildet.
    Dann gilt: Falls $A = Z$ ist, ist auch $A' = A'' = Z$.
    Andernfalls liegen A' und A'' auf der Geraden ZA und es gilt:
    $\overline{ZA''} = |k_2| \cdot \overline{ZA'} = |k_2| \cdot |k_1| \cdot \overline{ZA} = |k_1 \cdot k_2| \cdot \overline{ZA}$.
    Ist einer der beiden Streckungsfaktoren k_1, k_2 gleich 0, so ist $k_1 \cdot k_2 = 0$ und $A'' = Z$. Sind die Streckungsfaktoren k_1 und k_2 entweder beide positiv oder beide negativ, so liegt A'' auf derselben Seite von Z wie A und es gilt $k_1 \cdot k_2 > 0$.
    Ist genau einer der Streckungsfaktoren k_1, k_2 negativ, so liegen A'' und A auf verschiedenen Seiten von Z und es gilt $k_1 \cdot k_2 < 0$.
    In allen genannten Fällen ist A'' das Bild von A bei der zentrischen Streckung $(Z; k_1 \cdot k_2)$.
    Satz: Die Nacheinanderausführung zweier zentrischer Streckungen $(Z; k_1)$ und $(Z; k_2)$ kann durch eine einzige zentrische Streckung $(Z; k_1 \cdot k_2)$ ersetzt werden.
20. b) (1) richtiges Seitenverhältnis des Rechtecks;
       (2) ein Eckpunkt des Rechtecks ist Scheitelpunkt des rechten Winkels
    c) Bei der zentrischen Streckung bleiben die Bedingungen (1) und (2) erhalten und die Rechteckfläche ist maximal.

21. a) Das größtmögliche Quadrat besitzt als Eckpunkte die Schnittpunkte zweier aufeinander senkrecht stehender Durchmesser mit dem Kreis.
Seitenlänge: $a = \sqrt{2} \cdot r$
b) Seitenlängen des Rechtecks: $b = \sqrt{0,4} \cdot r$; $a = 3b = \sqrt{3,6} \cdot r$
c) Seitenlänge des Quadrats: $a = \sqrt{0,8} \cdot r$
d) (1) Längere Seite a senkrecht zum Durchmesser: $a = \sqrt{0,9} \cdot r$; $b = \sqrt{0,4} \cdot r$
(2) Kürzere Seite b senkrecht zum Durchmesser: $a = 1,2 \cdot r$; $b = 0,8 \cdot r$

AUFGABEN ZUR WIEDERHOLUNG

1. Man zeichnet zwei Sehnen des Kreises und konstruiert deren Mittelsenkrechten. Der Schnittpunkt der Mittelsenkrechten ist der Mittelpunkt des Kreises.
2. Man zeichnet um den Mittelpunkt der Strecke $\overline{PM}$ einen Kreis mit dem Radius $\frac{1}{2} \cdot \overline{PM}$. Dieser schneidet den vorgegebenen Kreis in zwei Punkten. Diese beiden Schnittpunkte sind die Berührungspunkte der Tangenten von P an den Kreis (siehe Abbildung).

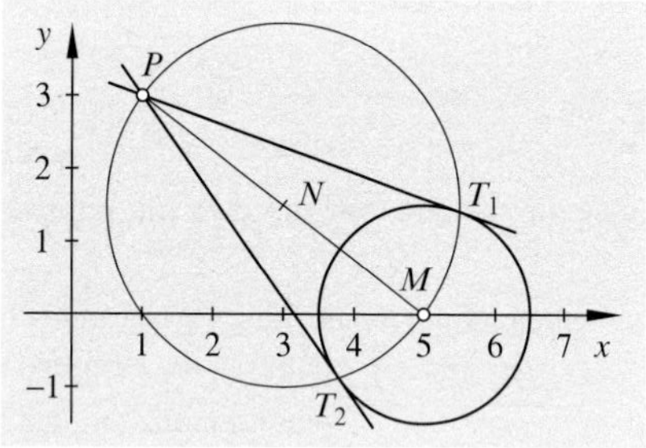

3. a) An $c = \overline{AB}$ in A und B die Winkel α und $\beta = 90° - \alpha$ antragen.
b) Man zeichnet zuerst die Strecke $\overline{AB} = c$. Die beiden möglichen Punkte C_1 und C_2 ergeben sich dann als Schnittpunkte des Thaleskreises mit der Parallelen zu $\overline{AB}$ im Abstand h_c.
c/d) Die Konstruktionen erfolgen entsprechend wie in b).
e) Rechten Winkel mit dem Scheitelpunkt C zeichnen und halbieren; auf der Winkelhalbierenden von C aus h_c abtragen, man erhält D; die Senkrechte zu $\overline{CD}$ in D schneidet die Schenkel des rechten Winkels in A und B.
f) Die Senkrechte auf $h_c = \overline{CD}$ in D schneidet den Kreis um C mit dem Radius a in B. Der freie Schenkel des rechten Winkels, angetragen an $\overline{CB}$ in C, schneidet die Senkrechte auf h_c in A.
4. c) Hier gibt es zwei verschiedene Lösungen, je nachdem, welche der beiden Diagonalen die Länge 6,5 cm haben soll.
5. a) Linkes Bild: Parallelogramm
Rechtes Bild: Rhombus (Raute)

Ähnlichkeitssätze für Dreiecke

Lösungen der Aufgaben auf den Seiten 93 bis 95

1. a) Seitenlänge a der quadratischen Grundfläche der Pyramide, Länge b des Schattens der Pyramide, Länge c des eigenen Schattens, eigene Körperhöhe h
b) Die Höhe H der Pyramide kann folgendermaßen berechnet werden:
$$\frac{H}{h} = \frac{\frac{a}{2}+b}{c} \Rightarrow H = \frac{h}{c}\left(\frac{a}{2}+b\right)$$
3. a) Da $\overline{DE} \parallel \overline{AB}$ ist, ist E der Bildpunkt von B bei der zentrischen Streckung $(C;\ \overline{CD}:\overline{CA})$. Diese zentrische Streckung überführt also $\triangle ABC$ in $\triangle DEC$. Es gilt demnach $\overline{CD}:\overline{CA} = \overline{CE}:\overline{CB} = \overline{DE}:\overline{AB}$.
b) Dreiecke, die in allen drei Seitenlängen übereinstimmen, sind immer zueinander kongruent (Kongruenzsatz sss).
4. Das Dreieck rechts unten ist zu keinem der anderen Dreiecke ähnlich; die restlichen Dreiecke sind alle paarweise zueinander ähnlich.
6. Die Dreiecke sind paarweise zueinander ähnlich.
7. $a' = \frac{250}{9}$ cm $\approx 27,8$ cm; $b' = \frac{100}{3}$ cm $\approx 33,3$ cm; $c' = \frac{350}{9}$ cm $\approx 38,9$ cm $(k = \frac{50}{9})$
8. a) ähnlich; $k = \frac{20}{3}$ b) ähnlich
c) für $a = b$ ähnlich, für $a \neq b$ nicht d) kongruent, also auch ähnlich
9. Die Teildreiecke stimmen jeweils in dem rechten Winkel und dem der Höhe gegenüberliegenden Innenwinkel überein, sind also zueinander ähnlich nach dem Hauptähnlichkeitssatz.
$$\frac{h_a}{h'_a} = \frac{h_b}{h'_b} = \frac{h_c}{h'_c} = \frac{a}{a'} = \frac{b}{b'} = \frac{c}{c'}$$
10. Es handelt sich um die zwei Dreiecke, deren Grundseiten von den zueinander parallelen Trapezseiten gebildet werden und deren dritter Eckpunkt der Schnittpunkt der Diagonalen ist. Die Ähnlichkeit der Dreiecke folgt aus der Übereinstimmung in zwei Winkeln (Scheitelwinkel, Wechselwinkel).
12. Es sind jeweils rechnerisch ermittelte fehlende Seiten und/oder Winkel angegeben:
a) $a \approx 2,56$ cm; $c \approx 3,42$ cm; $\alpha \approx 43,47°$; $\gamma = 66,53°$
b) $a = 1,75$ cm; $b \approx 2,33$ cm
c) Das Dreieck ist überbestimmt. Die Aufgabe hat keine Lösung.
d) Keine Lösung, denn ein Dreieck mit $a : b : c = 7 : 8 : 9$ ist nicht rechtwinklig.
e) $b \approx 6,59$ cm; $a \approx 5,41$ cm; $c \approx 4,06$ cm
13. a) $c = 3,375$ cm; $a = b \approx 4,81$ cm b) $a \approx 5$ cm; $b \approx 4$ cm

Der Goldene Schnitt

Lösungen der Aufgaben auf den Seiten 96 bis 97

2. a) (1) Man konstruiert die Senkrechte zur gegebenen Strecke $\overline{AB}$ in B.
   (2) Darauf trägt man von B aus die Streckenlänge $\frac{1}{2}\overline{AB}$ ab und erhält E.
   (3) Man verbindet A und E durch eine Strecke.
   (4) Man zeichnet um E einen Kreis mit dem Radius $\overline{EB}$.
   Dieser schneidet $\overline{AE}$ in F.
   (5) Man zeichnet um A einen Kreis mit dem Radius $\overline{AF}$.
   Dieser schneidet $\overline{AB}$ in C. C ist der gesuchte Teilpunkt.

4. (1) Je zwei Seiten der Dreiecke sind Radien $r = \frac{1}{2}\overline{AB}$ des Kreises um E.
   (2) $\sphericalangle SEB + 2\beta_2 = 180°$ (Winkelsumme im Dreieck)
   $\sphericalangle SEB + \gamma = 180°$ (gestreckter Winkel) $\Rightarrow \gamma = 2\beta_2$
   (3) $\sphericalangle FBA + \beta_1 = 90°$; $\beta_2 + \beta_1 = 90°$ $\Rightarrow \beta_2 = \sphericalangle FBA$
   (4) $\beta_2 = \sphericalangle FBA$ und beide Dreiecke haben den Winkel $\sphericalangle FAB$ gemeinsam.
   (5) Die Dreiecke sind ähnlich (Hauptähnlichkeitssatz), zwei entsprechende Seiten stehen im gleichen Verhältnis.
   (6) Nach Konstruktion sind $\overline{AF} = \overline{AC}$, $\overline{AS} = \overline{AF} + \overline{FS}$ und $\overline{FS} = \overline{AB}$.
   (7) $\frac{\overline{AB}}{\overline{AC}} = \frac{\overline{AC} + \overline{AB}}{\overline{AB}} \Rightarrow \frac{\overline{AB}}{\overline{AC}} = \frac{\overline{AC}}{\overline{AB}} + 1$. Wegen $\overline{AB} = \overline{AC} + \overline{CB}$ folgt:
   $\frac{\overline{AC} + \overline{CB}}{\overline{AC}} = \frac{\overline{AC}}{\overline{AB}} + 1 \Rightarrow \overline{CB} : \overline{AC} = \overline{AC} : \overline{AB}$ oder $\overline{AB} : \overline{AC} = \overline{AC} : \overline{CB}$.

Erläuterungen und Anregungen

Der Goldene Schnitt wird schon seit Jahrhunderten in Architektur und Kunst verwendet. Die alten Griechen waren von dieser mathematischen Beziehung fasziniert und auch bei den Ägyptern lässt sich das „heilige Verhältnis" schon beim Pyramidenbau finden.
Beim Goldenen Schnitt wird eine Strecke so in zwei Teile geteilt, dass das Längenverhältnis des größeren Teils zum kleinen dem Verhältnis der Gesamtlänge zur größeren Teillänge entspricht. Dieses Verhältnis, das auch in der Natur vielfach anzutreffen ist, wird von uns als besonders angenehm empfunden.
Vertiefend zu den hier vorgestellten Gebäuden können moderne Gebäude wie z. B. das der Vereinten Nationen in New York oder historische wie z. B. der Parthenon-Tempel von den Schülern daraufhin untersucht werden, ob sie sich am Goldenen Schnitt orientieren. Dafür reichen Kopien mit maßstäblichen Vergrößerungen von Fotos dieser Gebäude meist aus.

Weitere Anwendungen

Lösungen der Aufgaben auf den Seiten 98 bis 99

1. a) Da $AC \parallel BD$ ist, ist D der Bildpunkt von C bei der zentrischen Streckung $(Z;\ \overline{ZB} : \overline{ZA})$. Diese zentrische Streckung überführt also $\triangle ZAC$ in $\triangle ZBD$.
   b) $\overline{ZA} : \overline{ZB} = \overline{ZC} : \overline{ZD} = \overline{AC} : \overline{BD}$

Abstände, Entfernungen und Höhen im Gelände

2. Sei x die Breite des Flusses. $\frac{\overline{ZA}}{\overline{ZC}} = \frac{\overline{AB}}{\overline{CD}} \Rightarrow \frac{x + 3\,\text{m}}{x + 3\,\text{m} + 9\,\text{m}} = \frac{12\,\text{m}}{15\,\text{m}}$
   $\Rightarrow x \cdot 15\ \text{m} + 45\ \text{m}^2 = x \cdot 12\ \text{m} + 144\ \text{m}^2 \Rightarrow x = 33$ m. Der Fluss ist 33 m breit.
4. $\frac{x}{b} = \frac{d}{c} \Rightarrow x = \frac{b \cdot d}{c} = \frac{20\ \text{cm} \cdot 22\ \text{m}}{24\ \text{cm}} \approx 18{,}3$ m. Baumhöhe: $x + a \approx 19{,}8$ m.

Messgeräte

5. a) 0,5 mm (die Zeichnung ist nicht maßstäblich) b) $x : 5\ \text{mm} = 1\ \text{mm} : 10\ \text{mm}$
6. b) $h = 2$ mm

Streckenteilung

7. a) (1) Auf dem Strahl mit dem Anfangspunkt A sind 5 gleich lange (sonst aber beliebige) Teilstrecken aufgetragen. Der letzte Punkt E wird mit dem Endpunkt B der zu teilenden Strecke $\overline{AB}$ verbunden. Im Endpunkt D der 3. Teilstrecke wird eine Parallele zur Verbindungsstrecke gezeichnet, die den Teilungspunkt C ergibt.
   (2) Von A und B ausgehend werden 2 zueinander parallele Strahlen in entgegengesetzten Richtungen gezeichnet. Auf dem von A ausgehenden Strahl werden 3 gleich lange Teilstrecken abgetragen, der Endpunkt der 3. Teilstrecke sei D. Auf dem von B ausgehenden Strahl werden 2 Teilstrecken abgetragen, die ebenfalls diese Länge haben. Der Endpunkt der 2. Teilstrecke sei E. Die Strecke $\overline{DE}$ schneidet $\overline{AB}$ in C.
   b) (1) • Wegen $CD \parallel BE$ ist C der Bildpunkt von B bei der zentrischen Streckung $(A;\ \overline{AD} : \overline{AE})$.
   • Nach dem Hauptähnlichkeitssatz ist $\triangle ABE \sim \triangle ACD$.
   Hieraus folgt $\overline{AC} : \overline{AB} = \overline{AD} : \overline{AE} = 3:5$, also $\overline{AC} : \overline{CB} = 3:2$.
   (2) • Wegen $AD \parallel EB$ ist E der Bildpunkt von D bei der zentrischen Streckung $(C;\ -\overline{CB} : \overline{AC})$.
   • Nach dem Hauptähnlichkeitssatz ist $\triangle ACD \sim \triangle BCE$.
   Hieraus folgt $\overline{AC} : \overline{CB} = \overline{AD} : \overline{BE} = 3:2$.

8. T: Teilungspunkt.

Teilungsverhältnis	3 : 1	17 : 4	0,2 = 1 : 5
$\overline{AB} = 6$ cm	$\overline{AT} = 4{,}5$ cm $\overline{BT} = 1{,}5$ cm	$\overline{AT} \approx 4{,}86$ cm $\overline{BT} \approx 1{,}14$ cm	$\overline{AT} = 1$ cm $\overline{BT} = 5$ cm
$\overline{CD} = 10$ cm	$\overline{CT} = 7{,}5$ cm $\overline{DT} = 2{,}5$ cm	$\overline{CT} \approx 8{,}10$ cm $\overline{DT} \approx 1{,}90$ cm	$\overline{CT} \approx 1{,}67$ cm $\overline{DT} \approx 8{,}33$ cm
$\overline{FG} = 7{,}5$ cm	$\overline{FT} = 5{,}625$ cm $\overline{GT} = 1{,}875$ cm	$\overline{FT} \approx 6{,}07$ cm $\overline{GT} \approx 1{,}43$ cm	$\overline{FT} = 1{,}25$ cm $\overline{GT} = 6{,}25$ cm

9. $x = \overline{BC}$; $\frac{x}{3\text{ cm}} = \frac{x+8\text{ cm}}{5\text{ cm}}$; $x = \overline{BC} = 12$ cm; $\overline{AC} = 20$ cm; $\overline{AC} : \overline{BC} = 5:3$

Erläuterungen und Anregungen

Nach dem Kennenlernen des Zeichengerätes Pantograph bietet sich in diesem Abschnitt der Selbstbau und/oder die Betrachtung einfacher Messgeräte an. Dabei sollen die Schülerinnen und Schüler Einsicht in das zugrundeliegende Prinzip erlangen.

Messkeil, Messlehre, Proportionalzirkel oder Jakobsstab sind leicht zu bauen und einfach zu verwenden. Eine fachübergreifend geplante Exkursion in ein Waldgebiet oder anderes größeres Biotop (z. B. zum Thema Ökologie in Biologie) bietet die passende Gelegenheit, Vermessungen verschiedener Art mithilfe der genannten Geräte vorzunehmen.

Teste dich!

Lösungen der Aufgaben auf den Seiten 100 bis 101

2. a) Diese Aussage ist wahr. Begründung:
   - Einander entsprechende Innenwinkel zweier Quadrate stimmen stets überein, denn sie haben immer die Größe 90°.
   - Das Längenverhältnis einander entsprechender Seiten ist bei beiden Quadraten stets dasselbe, es beträgt immer 1 : 1.

   b) Diese Aussage ist falsch. Begründung: Es gibt z. B. ein rechtwinkliges Dreieck mit den Seitenlängen 3 cm, 4 cm, 5 cm und ein gleichschenklig-rechtwinkliges Dreieck mit der Kathetenlänge 3 cm. Bei ersterem beträgt das Verhältnis der Katheten 3 : 4 (bzw. 4 : 3) und bei letzterem 1 : 1. Die beiden Dreiecke sind also nicht zueinander ähnlich.

   c) Diese Aussage ist wahr. Begründung: In einem gleichschenklig-rechtwinkligen Dreieck haben die Basiswinkel stets die Größe 45°. Zwei gleichschenklig-rechtwinklige Dreiecke stimmen also stets in allen Innenwinkeln überein (45°, 45°, 90°) und sind demzufolge zueinander ähnlich nach dem Hauptähnlichkeitssatz für Dreiecke.

3.

Ähnliche Figuren	(3) und (1)	(2) und (11)	(9) und (4)	(10) und (5)
Ähnlichkeitsfaktor	2	2	1,5	1,5

4. Das gegebene Dreieck hat den Umfang 18 cm; es ist 27 cm = 1,5 · 18 cm. Die gegebenen Seitenlängen müssen folglich mit dem Faktor 1,5 multipliziert werden, um ein zum Ausgangsdreieck ähnliches Dreieck mit dem Umfang 27 cm zu erhalten. Das gesuchte Dreieck hat also die Seitenlängen 5,55 cm, 12 cm und 9,45 cm.

5.

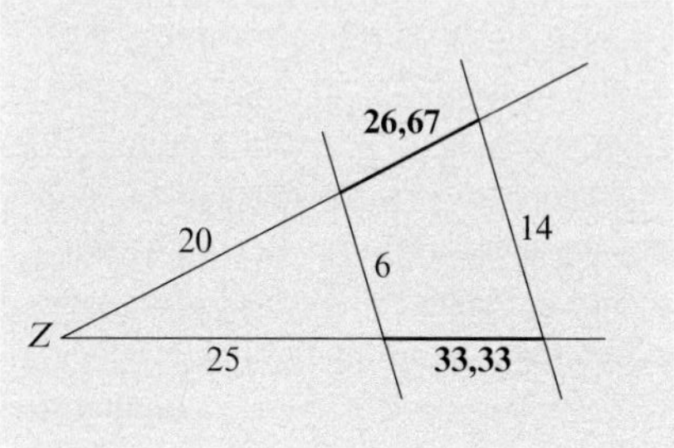

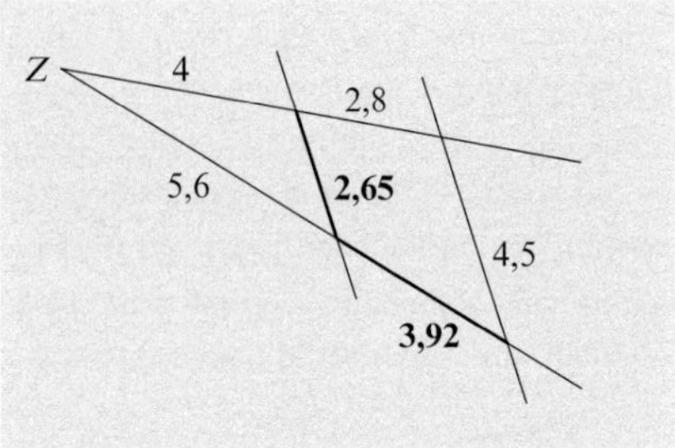

6. Man trägt im Endpunkt A der gegebenen Strecke $\overline{AB}$ einen Strahl an, der mit der Geraden AB einen beliebigen Winkel α mit $0° < \alpha < 180°$ einschließt, und trägt auf diesem von A aus beginnend 7-mal ein und dieselbe Länge l ab; die hierbei erhaltenen Punkte seien D_1 bis D_7. Man verbindet B und D_7 durch eine Gerade und konstruiert zu dieser die Parallele durch D_3.

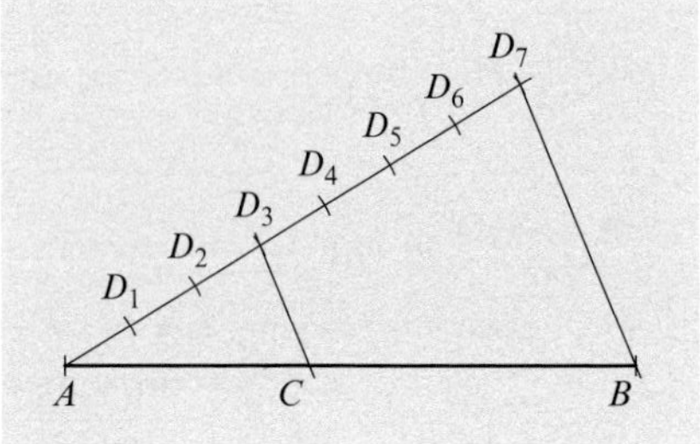

Diese Parallele schneidet die Strecke $\overline{AB}$ in einem Punkt C. Dieser ist der gesuchte Teilungspunkt, denn nach dem Hauptähnlichkeitssatz sind die Dreiecke ACD_3 und ABD_7 einander ähnlich, hieraus folgt $\overline{AC} : \overline{CB} = \overline{AD_3} : \overline{D_3D_7} = 3:4$.

7. a) Man erhält das Viereck $A'B'C'D'$ mit $A'(6\,|\,6)$, $B'(-2\,|\,10)$, $C'(-2\,|\,-6)$, $D'(0\,|\,-2)$.

   b) Man erhält das Viereck $A''B''C''D''$ mit $A''(0\,|\,0)$, $B''(-2\,|\,1)$, $C''(-2\,|\,-3)$, $D''(-1{,}5\,|\,-2)$.

8. a) Der Flächeninhalt der Bildfigur ist gleich $k^2 \cdot a \cdot b = \frac{1}{5} \cdot 5\text{ cm} \cdot 7\text{ cm} = 7\text{ cm}^2$.

b) Die Länge der Seite c des Originaldreiecks beträgt $c = \frac{2A}{h_c} = \frac{44\text{ cm}^2}{8\text{ cm}} = 5{,}5\text{ cm}$.

Die Länge der dazugehörigen Bildstrecke beträgt $|k| \cdot c = 2 \cdot 5{,}5\text{ cm} = 11\text{ cm}$.

9. a), d), e) Diese Figuren besitzen jeweils einen Inkreis. Sei jeweils M der Inkreismittelpunkt der inneren Figur, r_i der Inkreisradius der inneren Figur und R_i der Inkreisradius der äußeren Figur. Wendet man auf die innere Figur die zentrische Streckung $(M; \frac{r_i + d}{r_i})$ an, dann erhält man jeweils genau die äußere Figur, da die Berührungsradien des Inkreises auf den Dreiecks- bzw. Vierecksseiten senkrecht stehen und sich bei der Streckung um d verlängern; die äußere Figur hat jeweils denselben Inkreismittelpunkt wie die innere Figur und den Inkreisradius $R_i = r_i + d$. Da äußere und innere Figur jeweils durch eine zentrische Streckung auseinander hervorgehen, sind sie zueinander ähnlich.

b) Seien a und b die Seitenlängen des inneren Rechtecks, dann hat das äußere Rechteck die Seitenlängen $a + d$ und $b + d$. Würden die beiden Rechtecke zueinander ähnlich sein, dann müsste gelten:

$\frac{a}{b} = \frac{a+d}{b+d} \Leftrightarrow a \cdot (b+d) = (a+d) \cdot b \Leftrightarrow ab + ad = ab + bd \Leftrightarrow ad = bd \Leftrightarrow a = b.$

Es ist aber $a \neq b$, folglich sind die beiden Rechtecke nicht zueinander ähnlich.

c) Äußerer und innerer Kreis sind zueinander ähnlich, da der äußere Kreis aus dem inneren durch die zentrische Streckung $(M; \frac{r+d}{r})$ hervorgeht, wobei M der Mittelpunkt und r der Radius des inneren Kreises ist.

10. Die Dreiecke BCD und ABC sind zueinander ähnlich, denn sie stimmen in den Innenwinkeln $\sphericalangle CBD$ und $\sphericalangle BDC = \sphericalangle BCA = 90°$ überein. Hieraus folgt:

$\frac{p}{a} = \frac{a}{c} \Rightarrow a^2 = p \cdot c.$

Die Dreiecke CAD und ABC sind zueinander ähnlich, denn sie stimmen in den Innenwinkeln $\sphericalangle BAC$ und $\sphericalangle CDA = \sphericalangle BCA = 90°$ überein. Hieraus folgt:

$\frac{q}{b} = \frac{b}{c} \Rightarrow b^2 = q \cdot c.$

Addition der beiden Gleichungen $a^2 = p \cdot c$ und $b^2 = q \cdot c$ ergibt:

$a^2 + b^2 = p \cdot c + q \cdot c = (p + q) \cdot c = c \cdot c = c^2.$

Funktionen

Das vorliegende Kapitel gliedert sich in zwei Teile. Im ersten Teil, der sich aus den beiden Lerneinheiten „Zuordnungen und Funktionen“ und „Darstellen von Funktionen“ zusammensetzt, wird der Begriff der Funktion eingeführt und es werden verschiedene Darstellungsarten für Funktionen untersucht. In den nachfolgenden Lerneinheiten werden dann speziell die Eigenschaften von proportionalen und antiproportionalen Funktionen, linearen Funktionen und Betragsfunktionen untersucht. Hier kann und sollte an die vielfältigen Voraussetzungen aus vorhergehenden Schuljahren angeknüpft werden: Können im Lesen und Anfertigen von Wertetabellen und grafischen Darstellungen, Wissen über proportionale und antiproportionale Zuordnungen und ihre grafische Darstellung, Erfahrungen im Untersuchen von Sachverhalten auf direkte oder indirekte Proportionalität, Beschreibung von Sachverhalten mithilfe von Termen, Gleichungen oder Ungleichungen.

Wenn auch im Zentrum des Kapitels die linearen Funktionen stehen, so sollte doch mit Blick auf die von nun ab systematische Behandlung verschiedener Funktionenklassen größte Sorgfalt auf die Einführung des Funktionsbegriffs gelegt werden. Die Schülerinnen und Schüler sollen erfahren und verstehen, dass mithilfe von Funktionen Wirklichkeit modelliert werden kann.

Im Schulbuch wird nicht nur auf das Zeichnen von Graphen mithilfe einer Wertetabelle sowie von Geraden mithilfe zweier Punkte bzw. eines Punktes und eines Steigungsdreiecks eingegangen, sondern auch auf das Darstellen mithilfe einer Tabellenkalkulation und mithilfe des Computer-Algebra-Systems (CAS) Derive 5. Solche Computerprogramme ermöglichen es insbesondere, den Einfluss der Parameter in den Funktionsgleichungen auf den Verlauf der Funktionsgraphen für eine Vielzahl von Werten selbständig untersuchen zu lassen.

Zuordnungen und Funktionen

Lösungen der Aufgaben auf den Seiten 104 bis 107

1. a) Die Fahrtkosten können abhängen von der Entfernung und der Wahl des Verkehrsmittels, evtl. auch vom Reisetag (wenn Ermäßigungen nur an bestimmten Tagen gewährt werden). Die Kosten für Unterkunft und Verpflegung sind vor allem abhängig von der Reisedauer und der Art der Unterkunft. Der Preis einer Klassenfahrt hängt auch davon ab, welche Unternehmungen geplant werden.

b)

Anzahl der Tage	2	3	4	5	6	7	8
Preis je Schüler in €	46	62	78	94	110	126	142

c) Die Fahrt darf höchstens 8 Tage dauern.

d) $k = 16a + 14$

2.

	Kilometerstein	84		86		95		105
	Uhrzeit	9:04:13		9:05:25		9:11:25		9:17:25
a)	benötigte Zeit in s		72		360		360	
b)	Durchschnittsgeschwindigkeit in km/h		100		90		100	

Durchschnittsgeschwindigkeit insgesamt: 95,5 km/h

NACHGEDACHT (Randspalte S. 104):

Minuten und Sekunden sind keine Dezimalziffern. Beispiel: $9:50\ \text{h} \neq 9{,}5\ \text{h}$.

3. Die Zuordnungsreihenfolge ist unterschiedlich. Im linken Diagramm wird jedem ersten Element genau ein zweites Element (hier: die Geschwisterzahl) zugeordnet. Im rechten Diagramm werden jedem ersten Element mehrere zweite Elemente (hier: Mitschülerinnen) zugeordnet.

4. Aufgabe 1:
- Zuordnung Fahrtdauer in Tagen → Preis je Schüler in €:
  Die einander zugeordneten Elemente gehören jeweils zur Menge der natürlichen Zahlen, wenn man die Einheiten weglässt.
- Zuordnung Höchstbetrag je Schüler in € → Maximaldauer der Fahrt in Tagen.

Aufgabe 2:
- Zuordnung Kilometerstein → Uhrzeit: Elementen der Menge $\mathbb{N}$ der natürlichen Zahlen werden Elemente der Menge aller Uhrzeiten zugeordnet.
- Zuordnung Nr. des Teilabschnitts → Länge des Teilabschnitts in km:
  Elementen der Menge $\{1; 2; 3\}$ werden Elemente aus $\mathbb{N}$ zugeordnet.
- Zuordnung Nr. des Teilabschnitts → benötigte Zeit in s:
  Elementen der Menge $\{1; 2; 3\}$ werden Elemente aus $\mathbb{Q}$ zugeordnet.

- Zuordnung Nr. des Teilabschnitts → Durchschnittsgeschwindigkeit in km/h:
  Elementen der Menge $\{1; 2; 3\}$ werden Elemente aus $\mathbb{Q}$ zugeordnet.

Aufgabe 3:
- Zuordnung Geschwisterzahl → Schülerin: Elementen der Menge $\{0; 1; 2\}$ werden Elemente der Menge aller Schülerinnen der betrachteten Klasse zugeordnet.

5. *Buch → Regal:* Funktion, da jedes Buch in genau einem Regal steht.
   D: Menge der Bücher;
   W: Menge der Regale, in denen diese Bücher stehen

   Leser → Buch: keine Funktion, da viele Leser mehrere Bücher gleichzeitig lesen.

   Leser → Lesekarte: Funktion, wenn nur eine Bibliothek betrachtet wird.
   D: Menge der Leser;
   W: Menge der ihnen gehörenden Lesekarten.

   Regal → Buch: keine Funktion (in jedem Regal stehen mehrere Bücher).

   Buch → Leser: Funktion, da nicht zwei Leser gleichzeitig dasselbe Buch ausleihen können. *D*: Menge der ausgeliehenen Bücher;
   W: Menge der Leser dieser Bücher.

   Lesekarte → Leser: Funktion, da jede Lesekarte nur einem Leser gehört.
   D: Menge der Lesekarten; *W*: Menge der Leser.

6. Linke Tabelle:
   Jeder geraden Zahl von 2 bis 12 wird ihre Quadratzahl zugeordnet. Es handelt sich um eine eindeutige Zuordnung, also um eine Funktion.
   Rechte Tabelle:
   Jeder der Zahlen 1, 4 und 9 wird sowohl ihre Quadratwurzel als auch die Gegenzahl zu dieser Wurzel zugeordnet. Die Zuordnung ist nicht eindeutig, es handelt sich also um keine Funktion.

9. a) Jeder Zahl wird das Doppelte zugeordnet. Die Zuordnung ist eine Funktion.
   $D = \{2; 5; 11{,}6\}$; $W = \{4; 10; 23{,}2\}$

   b) Jeder Zahl werden die beiden Zahlen zugeordnet, deren Betrag gleich der ursprünglichen Zahl ist. Die Zuordnung ist keine Funktion.

   c) Jeder Zahl wird ihr Quadrat zugeordnet. Die Zuordnung ist eine Funktion.
   $D = \{-4; -2; 0; 1; 1{,}5\}$; $W = \{0; 1; 2{,}25; 4; 16\}$

   d) Jede Zahl wird verdreifacht und vom Produkt 10 subtrahiert. Die Zuordnung ist eine Funktion.
   $D = \{-1; 0; 2{,}5; 3{,}1; 5\}$; $W = \{-13; -10; -2{,}5; -0{,}7; 5\}$

10. a) Jeder Zahl wird das Dreifache zugeordnet. Die Zuordnung ist eine Funktion.
$D = \{3; 5; 10{,}1\}$; $W = \{9; 15; 30{,}3\}$

b) Jede Zahl wird halbiert und dann 5 addiert. Die Zuordnung ist eine Funktion.
$D = \{-4; -1; 0; 1; 1{,}5\}$; $W = \{3; 4{,}5; 5; 5{,}5; 5{,}75\}$

c) Jeder Zahl werden die beiden Zahlen zugeordnet, deren Quadrat gleich der ursprünglichen Zahl ist. Die Zuordnung ist keine Funktion.

d) Jeder Zahl wird ihr um 1 vermehrtes Quadrat zugeordnet. Die Zuordnung ist eine Funktion. $D = \{-2; -1; 0; 1; 2\}$; $W = \{1; 2; 5\}$

11. a)

t in min	10	20	30	40	50	60	70	80	90	100	110
s in km	2	4	6	6	7	9	11	13	14	14	16

b) 10 Minuten

c) 30. bis 45. Minute und 85. bis 100. Minute

12. Die mittlere Zuordnung ist eine Funktion, die beiden anderen Zuordnungen nicht.

13. $\text{ABS}(X) = |X|$; $D = \mathbb{Q}$; $W = \mathbb{Q}^+$

$$\text{SGN}(X) = \begin{cases} -1 & \text{für } X < 0 \\ 0 & \text{für } X = 0 \\ +1 & \text{für } X > 0 \end{cases}; \quad D = \mathbb{Q}; \quad W = \{-1; 0; 1\}$$

RND(X) liefert den auf eine ganze Zahl gerundeten Wert von X. $D = \mathbb{Q}$; $W = \mathbb{Z}$
Bei allen drei Befehlen handelt es sich um eindeutige Zuordnungen, also um Funktionen.

14.a/b)

Ergebnis	WW	WZ	ZW	ZZ
X	2	1	1	0

Die Zuordnung Ergebnis $\to X$ ist eine Funktion, da jedem Ergebnis genau eine eindeutig bestimmte Wappenanzahl zugeordnet wird.

c)

X	0	1	2
$P(X)$	$\frac{1}{4}$	$\frac{1}{2}$	$\frac{1}{4}$

Die Zuordnung $X \to P(X)$ ist ebenfalls eine Funktion, denn jedem Wert von X wird genau eine reelle Zahl aus dem Intervall [0; 1] als Wahrscheinlichkeit zugeordnet.

Erläuterungen und Anregungen

In dieser Lerneinheit wird der Funktionsbegriff als eindeutige Zuordnung eingeführt. Der Einstieg erfolgt über eine Reihe von Zuordnungen, die bei der Planung und Durchführung von Klassenfahrten auftreten können. Die Schülerinnen und Schüler werden angeregt, weitere diesbezügliche Überlegungen anzuschließen. Ziel ist dabei, die Schüler erleben zu lassen, dass Zuordnungen in ihrer Lebensumwelt durchaus relevant sind, sich deren nähere Betrachtung also als lohnend erweist.

Funktionen werden als eindeutige Zuordnungen eingeführt. Dabei bleibt der Begriff Zuordnung selbst undefiniert, wird vielmehr nur an Beispielen verdeutlicht. Diese Vorgehensweise erscheint durchaus geeignet, bei den Lernenden eine adäquate Vorstellung von Funktionen zu entwickeln. Für eine vollständige Charakterisierung einer Funktion wird die Angabe einer Zuordnungsvorschrift und des Definitionsbereiches gefordert.

Nach erfolgter Begriffsbildung wird übergegangen zu Zahl-Zahl-Funktionen. Dabei werden gewisse Zuordnungen als nicht eindeutig aufgezeigt, die allerdings auch als eindeutige Abbildungen $\mathbb{Q} \to \mathbb{Q} \times \mathbb{Q}$ betrachtet werden könnten. Würde man dies ausschließen wollen, bliebe konsequenterweise nur die Definition von Funktionen als Menge geordneter Paare $(x \mid y)$, für die aus $x_1 = x_2$ folgen würde $y_1 = y_2$. Dies wäre allerdings verbunden mit einem deutlichen Verlust an Anschaulichkeit und Fasslichkeit für die Lernenden.

Denkbar wäre auch eine Einbeziehung der aus vorangegangenen Schuljahren bekannten geometrischen Abbildungen.

Darstellen von Funktionen

Lösungen der Aufgaben auf den Seiten 108 bis 116

1. a), b) siehe Abbildung

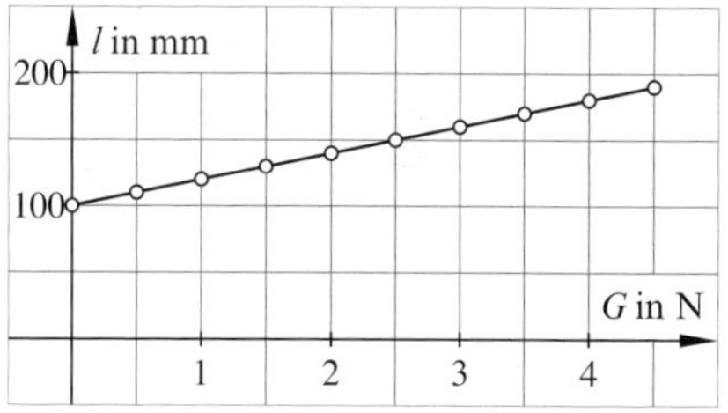

c) 124 mm; 152 mm; 174 mm

d) 0,9 N; 2,2 N; 3,75 N

e) Jedem Gewicht wird genau eine Federlänge zugeordnet.
(0 N | 100 mm); (1,5 N | 130 mm); (3 N | 160 mm); (4,5 N | 190 mm)

f) (1) und (3) sind richtig.

2. a) siehe Abbildung
b) Jedem Volumen wird genau eine Masse zugeordnet. Argumente sind die Volumina, Funktionswerte sind die Massen.
c) Masse und Volumen sind zueinander proportional. Der Proportionalitätsfaktor beträgt $11{,}375\ \frac{g}{cm^3}$.

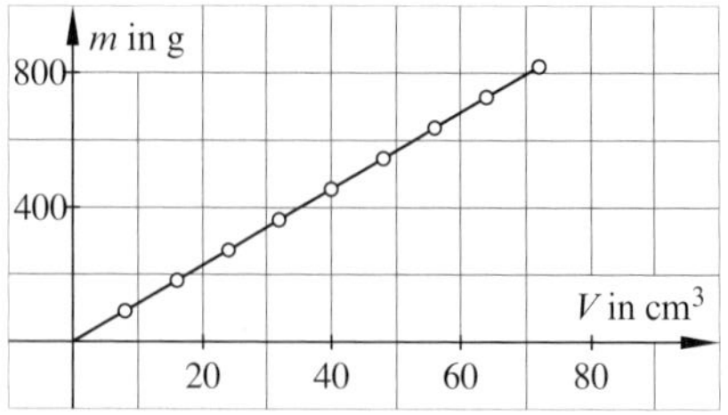

NACHGEDACHT (Randspalte S. 108):

Aus den Werten kann die Dichte berechnet werden: $\varrho = 11{,}375\ \frac{g}{cm^3}$.

Es könnte sich um Blei handeln.

3.

x	−2	−1	0	1	2	3	4	6	8	10	12
y	−5	−4,5	−4	−3,5	−3	−2,5	−2	−1	0	1	2

Grafische Darstellung: siehe Bild.
Wortvorschrift: Die Hälfte jeder Zahl wird um 4 verringert.
Geordnete Paare: z. B. $(-4\,|\,-6)$; $(-2\,|\,-5)$; $(0\,|\,-4)$; $(2\,|\,-3)$; $(4\,|\,-2)$; $(6\,|\,-1)$; $(8\,|\,0)$; $(10\,|\,1)$; $(12\,|\,2)$

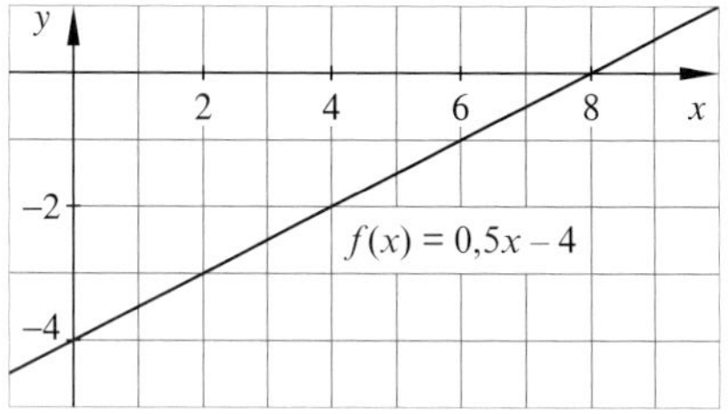

4. a) Funktion b) Funktion
c) keine Funktion

NACHGEDACHT (Randspalte S. 109): Eine als Pfeildarstellung gegebene Zuordnung ist genau dann eine Funktion, wenn von jedem Element des Definitionsbereichs genau ein Pfeil zu einem Element des Wertebereichs ausgeht.

5. a) Nach 3 Minuten ist Sina etwa 700 m gefahren.
b) Sina steht auf der Stelle (z. B. vor einer Ampel).
c) 6. Minute: Sina fährt schnell. (Sie will vielleicht die Wartezeit an der Ampel wieder herausholen.)
7. Minute: Sina fährt mit „normaler“ Geschwindigkeit weiter.

6. $f(2) = 2{,}5$; $f(1) = 1$; $f(0) = -0{,}5$; $f(-1) = -2$

7. a) A und B liegen auf dem Graphen, C nicht.
b) A und B liegen auf dem Graphen, C nicht.
c) A, B und C liegen auf dem Graphen.
d) A liegt auf dem Graphen, B und C nicht.

8. a) Zuordnung Zeit → Temperatur

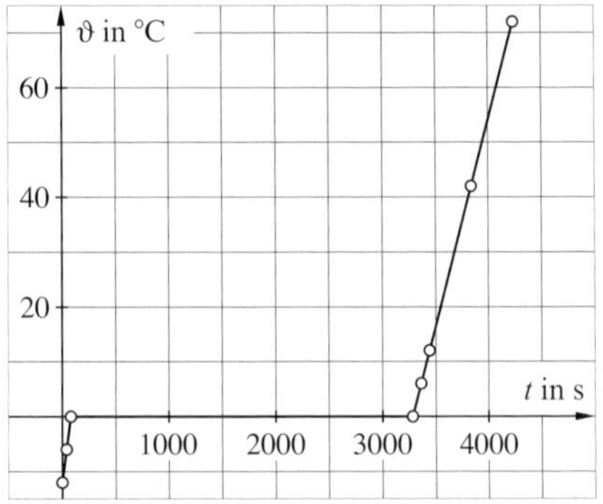

Zuordnung Temperatur → Zeit

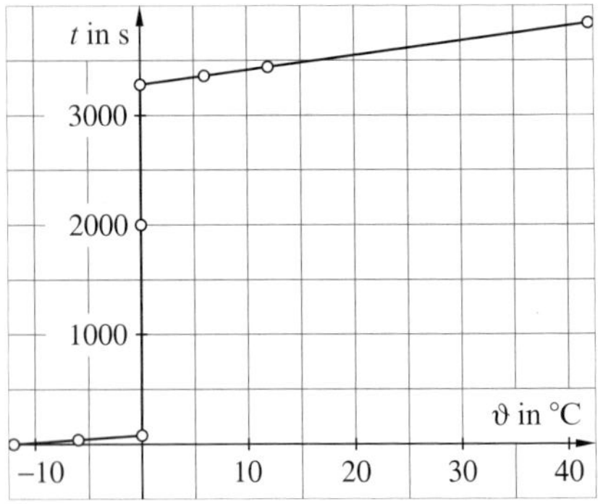

b) Die Zuordnung Zeit → Temperatur ist eine Funktion.

NACHGEDACHT (Randspalte S. 111): Zwischen der 80. und der 3280. Sekunde geschah das Schmelzen des Eises ohne Temperaturänderung, aber mit Aufnahme von Wärmeenergie (der Schmelzwärme).

9. a) keine Funktion b) Funktion c) Funktion

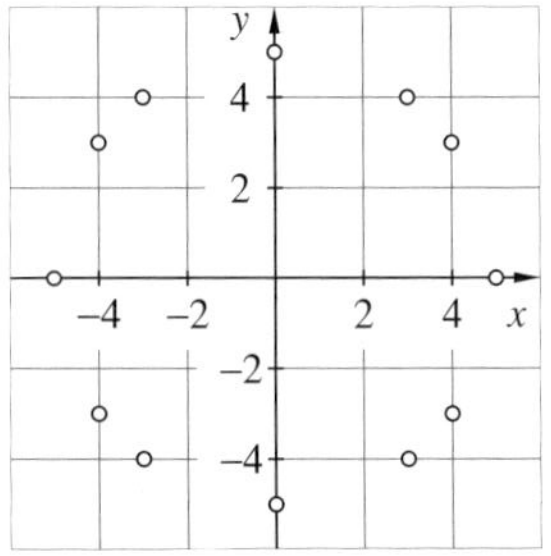

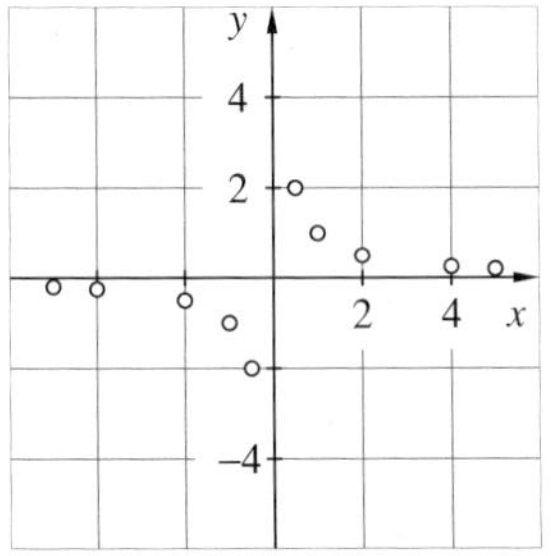

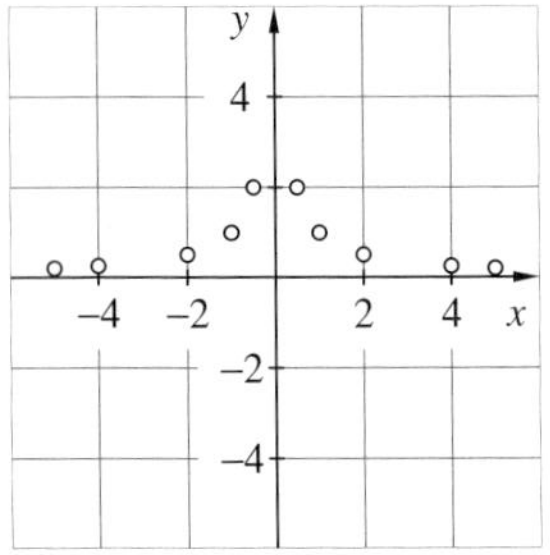

10. a) (1) Funktion; (2) keine Funktion; (3) Funktion
b) Die obere Zuordnung wird in der rechten Abbildung dargestellt, die mittlere Zuordnung in der linken und die untere Zuordnung in der mittleren Abbildung.
c) Eine Zuordnung ist dann keine Funktion, wenn es zwei Paare gibt, bei denen die erste Stelle übereinstimmt, die zweite aber nicht.

11. Funktionen: a), c), e), g); keine Funktionen: b), d), f), h), i)

NACHGEDACHT (Randspalte S. 112): Eine als grafische Darstellung gegebene Zuordnung ist genau dann eine Funktion, wenn jede zur y-Achse parallele Gerade höchstens einen gemeinsamen Punkt mit dem Graphen hat.

12. Maschine A: $y = 3x + 10$; Maschine B: $y = |x| + 4$

13. Jeder Zahl wird das um 3 vermehrte Doppelte zugeordnet: $y = 2x + 3$; $(1 \mid 5)$
Die Zahl wird zunächst quadriert. Dann wird 8 subtrahiert: $y = x^2 - 8$; $(3 \mid 1)$
Die zu der Zahl entgegengesetzte Zahl wird um 5 vermindert: $y = -x - 5$; $(-3 \mid -2)$
Das Reziproke der Zahl wird zu 1 addiert: $y = \frac{1}{x} + 1$; $(0{,}5 \mid 3)$
Der Betrag einer Zahl wird mit 2 multipliziert: $y = 2\,|x|$; $(-10 \mid 20)$

14. a) Das Dreifache einer Zahl wird um 4 vermindert.
b) Die Zahl wird zunächst quadriert. Dann wird 3 subtrahiert.
c) Der Betrag der Zahl wird verdoppelt und anschließend 1,5 addiert.
d) Vom Doppelten der dritten Potenz der Zahl wird 6 subtrahiert.

15. a) $f(x) = 3x$; $f(6) = 18$ b) $f(x) = x^2 - 10$; $f(6) = 26$
c) $f(x) = x$; $f(6) = 6$ d) $f(x) = \frac{1}{3}x - 4$; $f(6) = -2$

16. a) Sei jeweils N die Menge aller Nullstellen der Funktion f.
$f(x) = 3x$: $N = \{0\}$; $f(x) = x^2 - 10$: $N = \{-\sqrt{10};\ \sqrt{10}\}$;
$f(x) = x$: $N = \{0\}$; $f(x) = \frac{1}{3}x - 4$: $N = \{12\}$
b) $f(x) = x^2 + 1$ c) $f(x) = |x|$ d) $f(x) = x^2 - 1$

17.

x	−4	−2	0	1	2	4	5	6	7
y	−3	−2	−1	−0,5	0	1	1,5	2	2,5

Jede Zahl wird zunächst halbiert und anschließend wird 1 subtrahiert.
$y = 0{,}5x - 1$

19. a) $A(2 \mid 1)$; $B(5 \mid -5)$;
$C\left(\frac{1}{4} \,\middle|\, \frac{9}{2}\right)$; $D\left(-\frac{5}{2} \,\middle|\, 10\right)$
b) Die Punkte A und D liegen auf dem Graphen von f_2, die Punkte B und C nicht.
c)

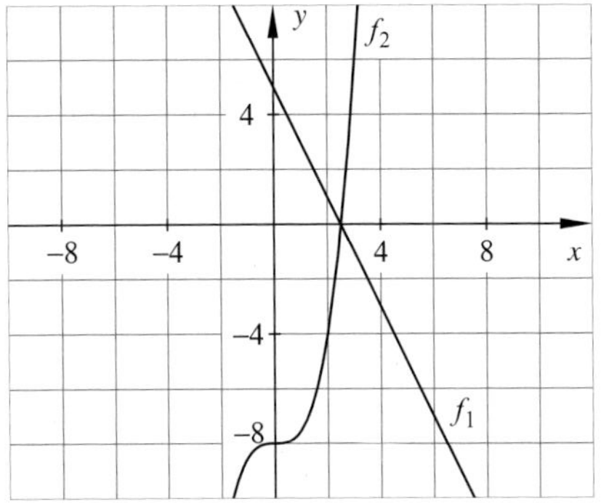

20. b) Der Graph ist eine nach oben geöffnete Parabel.
Der kleinste Funktionswert ist 0, der größte 8.
c) Der Graph besteht aus 9 Punkten, die auf der Parabel aus a) liegen.

21.

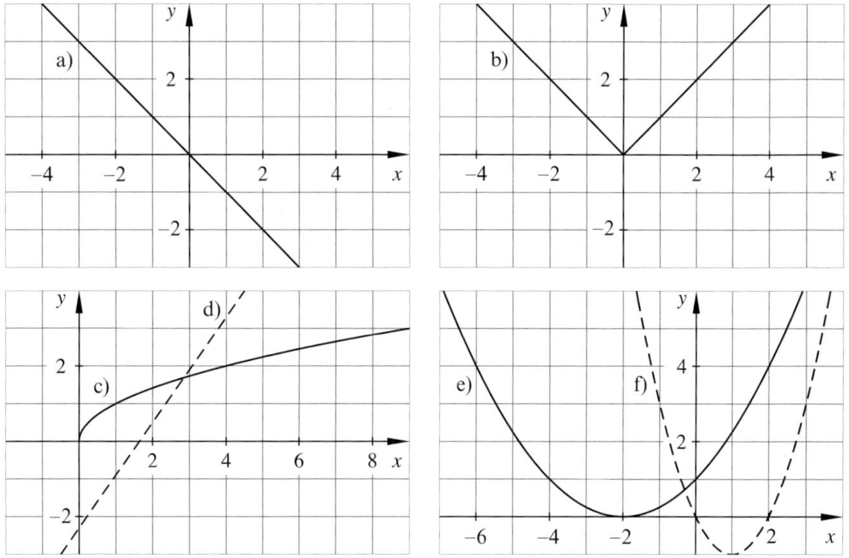

22. a) Wenn sich die Kantenlänge verdoppelt, verdreifacht bzw. vervierfacht, so steigt die Oberfläche auf das Vierfache, Neunfache bzw. 16-fache.
b) Wenn sich die Kantenlänge verdoppelt, verdreifacht bzw. vervierfacht, so steigt das Volumen auf das Achtfache, 27-fache bzw. 64-fache.

23. a) siehe nebenstehende Abbildung
$f(-1{,}1) = -1{,}845$
$f(-1) = -2$
$f(1) = -3$
$f(2) = -2$
b) siehe nebenstehende Abbildung

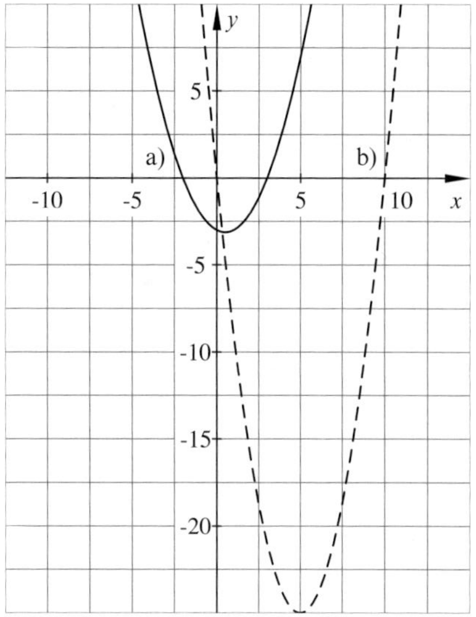

24. a) (1)

Zeit nach 1. Niedrigwasser	1 h	3 h	7 h
Höhe über/unter NN	– 1,10 m	– 0,20 m	+ 1,05 m

b) (2) 4 h und 9 h nach dem 1. Niedrigwasser

Entfernung	30 km	60 km	90 km	120 km	150 km
Höhe über NN	160 m	70 m	200 m	300 m	300 m

Erläuterungen und Anregungen

Gegenstand dieser Lerneinheit sind die Darstellungsarten von Funktionen, einschließlich der Überführung ineinander und das Untersuchen einer Zuordnung auf Eindeutigkeit in der gewählten Darstellungsart.

Die Einführung in diesen Abschnitt erfolgt über die Auswertung eines Schülerexperimentes zum Hookeschen Gesetz. Dabei können die Schülerinnen und Schüler an entsprechende Kenntnisse zur Auswertung von Messreihen aus dem Physikunterricht anknüpfen. Wertetabellen, grafische Darstellungen in Diagrammen und eine verbale Auswertung, die letztendlich der Wortvorschrift entspricht, sind ihnen dabei schon bekannt.

Denkbar wäre darüber hinaus ein Verbinden mit den Überlegungen aus dem vorangegangenen Abschnitt bezüglich der Planung und Durchführung einer Klassenfahrt.

Proportionale und antiproportionale Zuordnungen

Lösungen der Aufgaben auf den Seiten 117 bis 120

1.

t in min	15	30	60	120	150	165	180
s in km	1	2	4	8	10	11	12

2. a) keine direkte Proportionalität
   b) annähernd direkt proportional; $m \approx 40\ \frac{\text{km}}{\text{h}}$; $s = 40\ \frac{\text{km}}{\text{h}} \cdot t$
   c) annähernd direkt proportional; $m \approx 85\ \frac{\text{mA}}{\text{V}}$; $I = 85\ \frac{\text{mA}}{\text{V}} \cdot U$
3. • Alle Graphen sind Geraden, die durch den Koordinatenursprung verlaufen.
   • Für $m > 0$ erhält man steigende Geraden, für $m < 0$ fallende Geraden.
   • Für $m = 0$ fällt der Graph mit der x-Achse zusammen.
   • Der Graph verläuft immer durch die Punkte $(1 \mid m)$ und $(-1 \mid -m)$.
   • Für $m = 1$ ist der Steigungswinkel gleich 45°, für $0 < m < 1$ kleiner als 45°, für $m > 1$ größer als 45°.
   • Der Steigungswinkel ist nicht zur Steigung m proportional.
4. a) $f(0) = m \cdot 0 = 0 \quad \Rightarrow P(0 \mid 0)$ b) $f(1) = m \cdot 1 = m \quad \Rightarrow P(1 \mid m)$
   c) $f(x + c) = m \cdot (x + c) = m \cdot x + m \cdot c = f(x) + m \cdot c$

5. Die Behauptung folgt aus der Eigenschaft c) der Aufgabe 4: Wenn x um gleiche Werte zunimmt, so nimmt auch y um gleiche Werte zu. Außerdem sind alle eingezeichneten Dreiecke nach Kongruenzsatz wsw zueinander kongruent.
6. a) $f(x) = 5x$ b) $f(x) = -3x$ c) $f(x) = 4x$ d) $f(x) = 1{,}5x$
   e) $f(x) = -4x$ f) $f(x) = 2x$
7. Außer durch den Punkt $O(0 \mid 0)$ verlaufen die Graphen z. B. durch
   f: $P(2 \mid 4)$; g: $P(4 \mid 1)$; h: $P(5 \mid 3)$.
8. Geeignete Punkte: f: $P(7 \mid 4)$; g: $P(8 \mid -3)$; h: $P(4 \mid 13)$.
9. a) Ja, die Punkte A, B und C liegen auf der Geraden $y = 4x$.
   b) Nein, die Punkte P, Q und R liegen nicht auf einer Geraden.

10. a)

Celsius-Temperatur	30 °C	25 °C	60 °C	– 15 °C
Réaumur-Temperatur	24 °R	20 °R	48 °R	– 12 °R

b)

Réaumur-Temperatur	20 °R	12 °R	100 °R	– 8 °R
Celsius-Temperatur	25 °C	15 °C	125 °C	– 10 °C

c) $t_C = \frac{5}{4} t_R$ (t_C: Zahlenwert der Celsius-Temperatur;
t_R: Zahlenwert der Réaumur-Temperatur)

11. a) näherungsweise direkt proportional; $V = m \cdot s$
    b) Bei konstanter Fluggeschwindigkeit v gilt $t = m \cdot s$ mit $m = \frac{1}{v}$.
    c) keine direkte Proportionalität   d) direkt proportional; $P = m \cdot t$
    e) keine direkte Proportionalität

AUFGABE (Randspalte S. 119, oben): $f_1(x) = x$; $f_2(x) = 3x$; $f_3(x) = -3x$; $f_4(x) = -\frac{2}{3}x$

12. a)

Wert x der Münze	1 ct	2 ct	5 ct	10 ct	20 ct	50 ct	1 €	2 €
Anzahl y der Münzen	400	200	80	40	20	8	4	2

b) Es gibt keinen konstanten Quotienten $\frac{y}{x} = m$.
c) Das Produkt $x \cdot y$ muss immer 4 € = 400 ct ergeben.

13. a) $A = f(m) = \frac{1}{2} \cdot z \cdot mz = \frac{1}{2} z^2 \cdot m$
    b) $m = f_A(z) = \frac{2A}{z^2}$
    Grafische Darstellung für $A = 2$: siehe nebenstehende Abbildung.

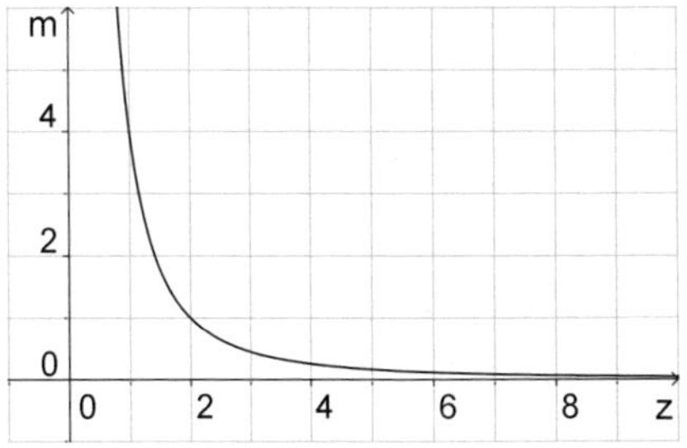

Lineare Funktionen

Lösungen der Aufgaben auf den Seiten 121 bis 124

1. Der Gesamtbetrag setzt sich jeweils aus einem größeren Anteil, der proportional zum Verbrauch ist, und einem kleineren Anteil, der proportional zur Zeit ist, zusammen.

2. a)

zurückgelegte Strecke in km	50	100	150	200	250
Preis in €	85	110	135	160	185

b) $8 \cdot 25$ km = 200 km; Kosten: 160 €

3. a) Terrasse:
$15 \cdot 9{,}95\ € + 35{,}00\ € = 184{,}25\ €$
Terrasse und Weg:
$27 \cdot 9{,}95\ € + 35{,}00\ € = 303{,}65\ €$
b) $y = 9{,}95x + 35$
(x: Fläche in m^2; y: Kosten in €)

4. a) jetzt: 24,17 m; in 20 s: 22,5 m
b) 24,58 m
c) in 4 min 50 s
d) siehe nebenstehende Abbildung

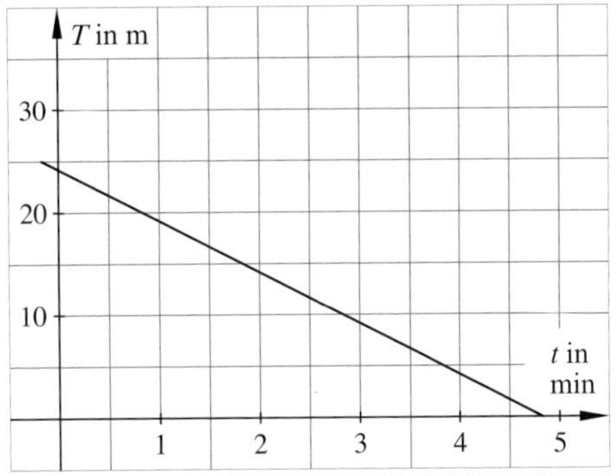

5. a)

Zeit in h	0	1	2	3	4	5	6	7	8
Temperatur in °C	−3	−2,5	−2	−1,5	−1	−0,5	0	0,5	1

b) nach 13.00 Uhr
c) $T = 0{,}5t - 3$

6. (1) $K = 0{,}14 \cdot E + 29{,}20$ (vor MWSt.)
(2) $P = 0{,}50 \cdot s + 60$
(3) $P = 9{,}95 \cdot A + 35$
(4) $T = 24{,}17 - 5t$ (t in min) oder $T = 24{,}17 - \frac{1}{6}t$ (t in s)
(5) $T = 0{,}5t - 3$

7. a) $y = 3x + 4$ b) $y = x^2 + 5$ c) $y = 2x - 8$
d) $y = 5x$ e) $y = -3$ f) $y = 2|x|$

8. lineare Funktionen: a), c), e), f), g), i), j), l), n), o)

NACHGEDACHT (Randspalte S. 123):
Der Wertebereich einer linearen Funktion mit nicht eingeschränktem Definitionsbereich umfasst alle rationalen Zahlen.

11. Funktionen: a), b), c); lineare Funktion: a) $y = 2x - 1$
12. Funktionen: a), c), d), e); lineare Funktionen: a) $y = -x + 4$; c) $y = 0{,}5x$
13. lineare Funktionen: a) $y = 2x + 1$; c) $y = \frac{1}{3}x + 3$
14. a) lineare Fkt.: $y = 0{,}15x + 2{,}50$ b) lineare Fkt.: $y = 0{,}60x + 1{,}50$
c) keine lineare Funktion d) keine lineare Funktion

Eigenschaften linearer Funktionen

Lösungen der Aufgaben auf den Seiten 125 bis 134

1. a) $y = 4x + \frac{1}{2}$ b) $y = 2x - \frac{5}{2}$ c) $y = 2x + \frac{1}{2}$
d) keine lineare Fkt. e) keine lineare Fkt. f) keine lineare Fkt.
g) $y = 9x - \frac{14}{3}$ h) keine lineare Fkt. i) $y = \frac{1}{2}x + \frac{1}{4}$

2.

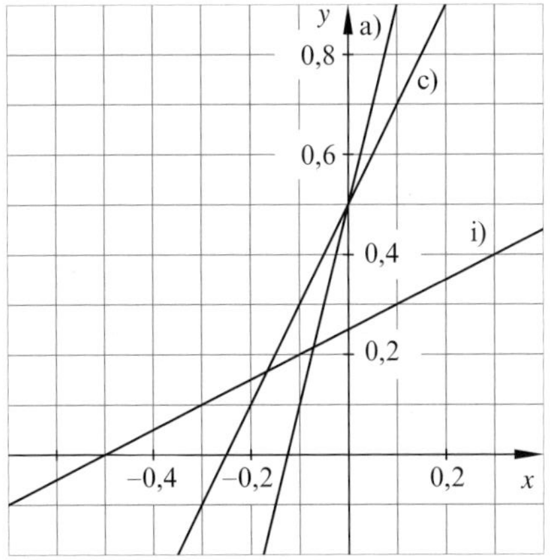

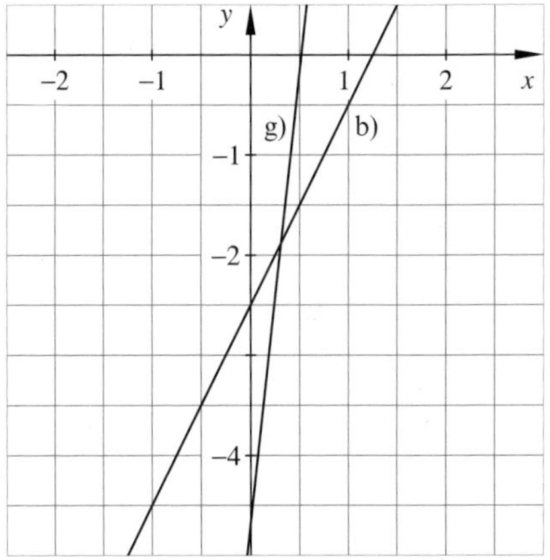

3.

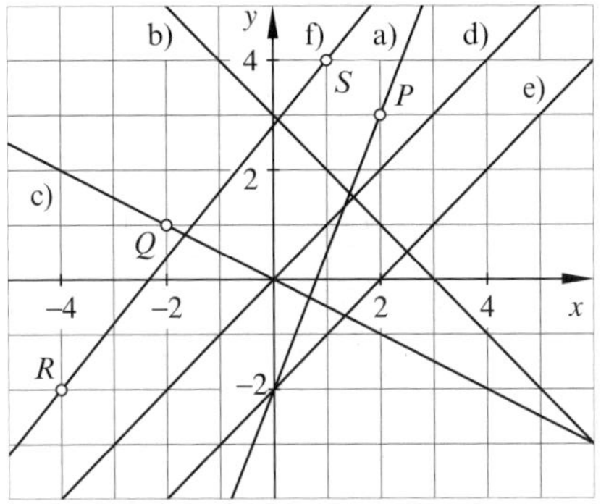

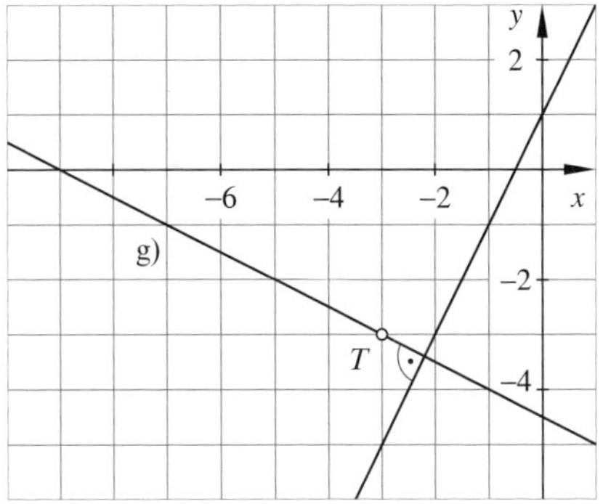

4. a) $W = \{-2; -1; 0; 1; 2\}$ b) $W = \{y \in \mathbb{Q} \mid y > 1\}$
c) $W = \{y \in \mathbb{Q} \mid -9 \leq y \leq -1\}$ d) $W = \{y \in \mathbb{Q} \mid -19 \leq y \leq -9\}$

5. Gemeinsamkeit: Beide Funktionen haben jeweils gleiche Wertebereiche und ihre Graphen verlaufen jeweils durch den Koordinatenursprung.
   a) $W = \{y \in \mathbb{Q} \mid -8 \le y \le 8\}$ b) $W = \{y \in \mathbb{Q} \mid -2 \le y \le 2\}$
   c) $W = \{y \in \mathbb{Q} \mid -4 \le y \le 4\}$
6. f: $D = \{x \in \mathbb{Q} \mid 0 \le x \le 1{,}5\}$; $W = \{y \in \mathbb{Q} \mid -1 \le y \le 2\}$
   g: $D = \{x \in \mathbb{Q} \mid -3{,}5 \le x \le 1\}$; $W = \{y \in \mathbb{Q} \mid -1{,}5 \le y \le 3\}$
   h: $D = \{x \in \mathbb{Q} \mid -0{,}75 \le x \le 1{,}75\}$; $W = \{y \in \mathbb{Q} \mid -1{,}5 \le y \le 3{,}5\}$
7. $W = \{y \in \mathbb{Q} \mid 0 \le y \le 2\}$; Quadrat; Flächeninhalt: 8 Flächeneinheiten
8. a) Es entsteht ein Geradenbüschel; Büschelpunkt ist $B(0 \mid 1)$.
   b) Es ensteht eine Schar paralleler Geraden, die die y-Achse jeweils an der Stelle n schneiden.
9. Die gesuchten Geraden verlaufen z. B. durch folgende Punkte:
   f_1: $P_1(0 \mid 0)$; $P_2(2 \mid 1)$ f_2: $P_1(0 \mid 1)$; $P_2(2 \mid 2)$
   f_3: $P_1(0 \mid -1{,}5)$; $P_2(3 \mid 1)$ f_4: $P_1(0 \mid 3{,}5)$; $P_2(2 \mid 4{,}5)$
10. a) Der Graph verläuft durch die Punkte $P(0 \mid -3)$ und $Q(1 \mid -1)$.
    b) $f(-1) = 5$
11. a) $f(x) = 3x + 4$ b) $f(x) = 2{,}1x + 6{,}2$ c) $f(x) = -0{,}9x + 3{,}5$
    d) $f(x) = 8x - 5$ e) $f(x) = 4{,}3x - 1{,}4$ f) $f(x) = -4{,}1x - 0{,}7$
12. Die gesuchten Geraden verlaufen z. B. durch folgende Punkte:
    a) $A(0 \mid -5)$; $B(1 \mid -3)$ b) $A(0 \mid 1)$; $B(1 \mid -1)$ c) $A(0 \mid 2{,}5)$; $B(3 \mid 3{,}5)$
13. $f_1(x) = \frac{1}{5}x + 3$; $f_2(x) = \frac{1}{5}x + 1$;
    $f_3(x) = \frac{1}{5}x$; $f_4(x) = \frac{1}{5}x - 3$
14. a) Ein Steigungsdreieck ist ein rechtwinkliges Dreieck, dessen Hypotenuse auf dem Graphen der linearen Funktion liegt.
    b) Der Betrag der Steigung ist gleich dem Quotienten aus den Längen der vertikalen und der horizontalen Kathete des Steigungsdreiecks.
    c) $y = 0{,}5x + 0{,}5$

15.
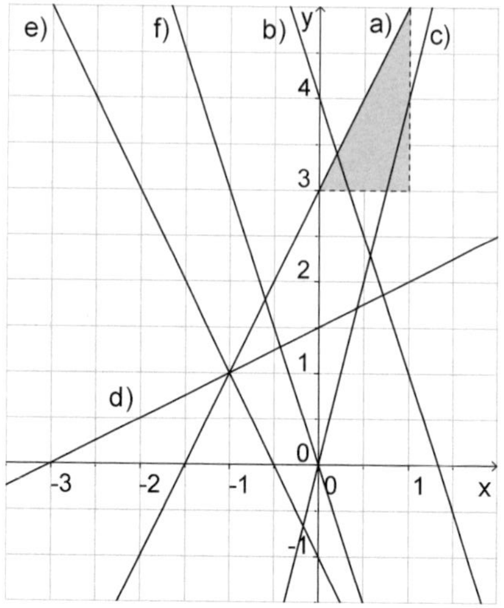

16.
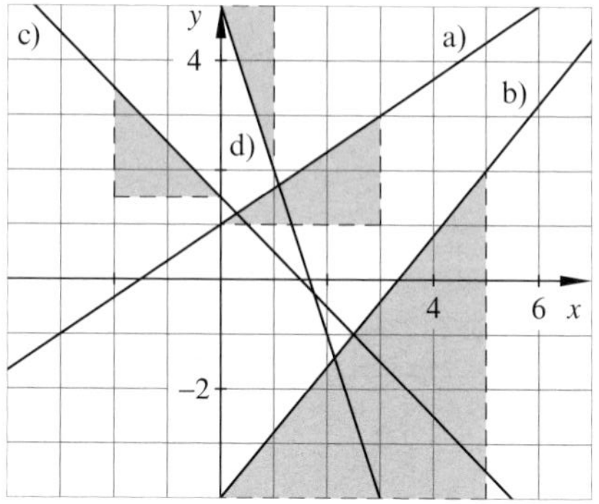

17.
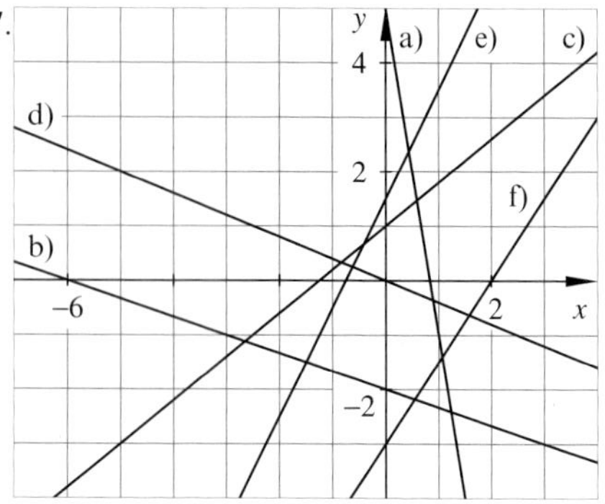

18. a) $f(x) = 4x + 3$ b) $f(x) = \frac{2}{3}x - 3$ c) $f(x) = 0{,}3x + 5{,}6$
    d) $f(x) = -2x + 11$ e) $f(x) = -3x + 13$ f) $f(x) = -1{,}4x - 5{,}2$
19. a) $f(x) = 2x - 7$; Q liegt nicht auf der Geraden.
    b) $f(x) = -x + 2$; Q liegt nicht auf der Geraden.
    c) $f(x) = 0{,}4x - 2{,}94$; Q liegt auf der Geraden.
    d) $f(x) = -0{,}3x - 4$; Q liegt nicht auf der Geraden.
20. a) $f(x) = x + 2$; $P(-5 \mid -3)$
    b) $f(x) = 0{,}5x + 2$; $P(-5 \mid -0{,}5)$
    c) $f(x) = -\frac{1}{8}x + 2$; $P(-5 \mid \frac{21}{8})$
    d) $f(x) = -2x + 2$; $P(-5 \mid 12)$
21. $f(x) = 0{,}5x + 2$
22. a) $f(x) = 5x - 1$ b) $f(x) = -2x + 11$ c) $f(x) = 3x - 11$
    d) $f(x) = 1{,}5x + 3{,}5$ e) $f(x) = -2{,}8x - 2{,}4$ f) $f(x) = 0{,}175x - 0{,}61$
23.

$P_1(x_1 \mid y_1)$	$P_2(x_2 \mid y_2)$	$x_2 - x_1$	$y_2 - y_1$	m	b	$f(x)$
$P_1(4 \mid 1)$	$P_2(9 \mid 3)$	5	2	0,4	−0,6	$f(x) = 0{,}4x - 0{,}6$
$P_1(5 \mid 2)$	$P_2(9 \mid 14)$	4	12	3	−13	$f(x) = 3x - 13$
$P_1(-3 \mid 6)$	$P_2(2 \mid 1)$	5	−5	−1	3	$f(x) = -x + 3$
$P_1(1 \mid -4)$	$P_2(6 \mid -1)$	5	3	0,6	−4,6	$f(x) = 0{,}6x - 4{,}6$
$P_1(2 \mid 5)$ *	$P_2(8 \mid 8)$ *	6	3	0,5	4	$f(x) = 0{,}5x + 4$
$P_1(-5 \mid -3)$	$P_2(0 \mid 4{,}5)$ *	5 *	7,5 *	1,5	4,5	$f(x) = 1{,}5x + 4{,}5$
$P_1(3{,}5 \mid 0)$	$P_2(6{,}2 \mid 6{,}75)$	2,7	6,75	2,5	−8,75	$f(x) = 2{,}5x - 8{,}75$
$P_1(3 \mid 2)$	$P_2(-2 \mid 11{,}4)$	−5	9,4	−1,88	7,64	$f(x) = -1{,}88x + 7{,}64$

* = unterschiedliche Lösungen möglich

24. $f_1(x) = 0{,}8x - 1{,}4$; $f_2(x) = \frac{1}{7}x + \frac{19}{7}$; $f_3(x) = -\frac{1}{2}x + \frac{5}{2}$; $f_4(x) = -\frac{1}{3}x - \frac{4}{3}$;

$f_5(x) = 1{,}5x + 8$

25. Parallelen zur y-Achse haben keine Gleichung der Form $y = mx + b$.

Eine Parallele zur y-Achse ist kein Graph einer Funktion. Einem festen x-Wert werden unendlich viele y-Werte zugeordnet, denn alle Punkte einer solchen Geraden haben dieselbe x-Koordinate, während die y-Koordinaten variieren.

Gleichungen der Form $y = mx + b$ ordnen einem festen x-Wert nur genau einen y-Wert und nicht unendlich viele y-Werte zu.

Die Gleichungen von Parallelen zur y-Achse sind von der Art $x = x_0$. Dabei ist x_0 die Schnittstelle der Parallelen mit der x-Achse.

26. a) $m_{AB} = 1{,}5 \neq m_{BC} = \frac{11}{7}$; A, B, C liegen nicht auf einer Geraden.

b) $m_{AB} = -\frac{1}{3} = m_{BC} = -\frac{1}{3}$; A, B, C liegen auf einer Geraden.

c) $m_{AB} = \frac{2}{3} = m_{BC} = \frac{2}{3}$; A, B, C liegen auf einer Geraden.

d) $m_{AB} = -0{,}6 = m_{BC} = -0{,}6$; A, B, C liegen auf einer Geraden.

e) $m_{AB} = 0{,}5 \neq m_{BC} = \frac{13}{24}$; $m_{AB} = 0{,}5 = m_{BD} = 0{,}5$;

A, B, D liegen auf einer Geraden, der Punkt C liegt nicht auf dieser Geraden.

27. a) z. B. (0 N; 9 cm); (1 N; 11 cm); (2 N; 13 cm); (3 N; 15 cm); (4 N; 17 cm)

b) $m = 2\ \frac{\text{cm}}{\text{N}}$

m ist eine Konstante, die ausdrückt, dass bei einer Zunahme der Kraft um 1 N eine Verlängerung der Feder um 1 cm erfolgt.

c) $l_0 = 9$ cm

d) $l = 2\ \frac{\text{cm}}{\text{N}} \cdot G + 9$ cm

28. a) g_4 b) g_3 c) g_1 d) g_2

29. a) siehe nebenstehende Abbildung

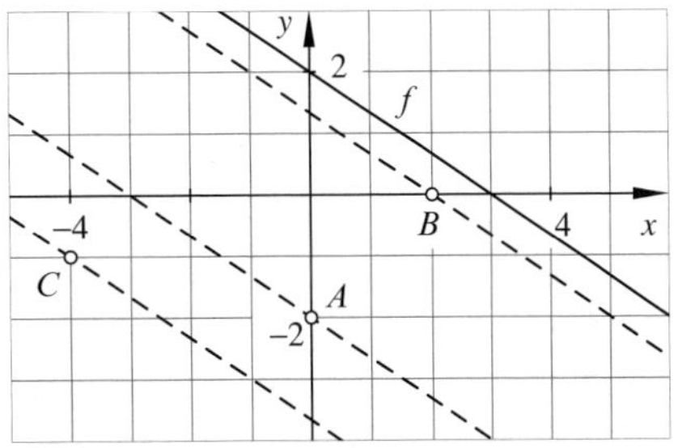

b) $A(0\,|-2)$: $y = -\frac{2}{3}x - 2$

$B(2\,|\,0)$: $y = -\frac{2}{3}x + \frac{4}{3}$

$C(-4\,|-1)$: $y = -\frac{2}{3}x - \frac{11}{3}$

c) Gemeinsamkeit: gleiche Steigungen

30. a) $f(x) = 2x - 1$; $g(x) = -0{,}5x - 1$

b) $m_2 = -\frac{1}{m_1}$

d) z. B. $g(x) = 3x + 2$

31. c) $g(x) = -2x - 3$; $h(x) = -2x + 3$; $i(x) = 2x - 3$

d) Rhombus; $A = 9\ \text{cm}^2$

e) z. B. $f^*(x) = x + 3$

32. a) monoton fallend: Aufgaben 14 b), e), f), 15 c), d), 16 a), b), d), 27 b), c)

monoton steigend: Aufgaben 14 a), c), d), 15 a), b), 16 c), e), f), 27 a), d)

b) Monoton fallende Funktionen:

Aufgabe	14 b)	e)	f)	15 c)	d)	16 a)	b)	d)	27 b)	c)
$f(2)$	−2	−5	−6	−0,5	−1	−7	$-\frac{8}{3}$	−0,8	−1	−1,5
$f(4)$	−8	−9	−12	−2,5	−7	−19	$-\frac{10}{3}$	−1,6	−4	−2

Monoton steigende Funktionen:

Aufgabe	14 a)	c)	d)	15 a)	b)	16 c)	e)	f)	27 a)	d)
$f(2)$	7	8	2,5	$\frac{7}{3}$	−1,6	2,6	5,5	0	$\frac{17}{6}$	0,5
$f(4)$	11	16	3,5	$\frac{11}{3}$	0,8	4,2	9,5	3	$\frac{25}{6}$	2,5

c) Wenn $f(x_1) < f(x_2)$ für $x_1 < x_2$ gilt, so ist die Funktion monoton steigend. Gilt $f(x_1) > f(x_2)$ für $x_1 < x_2$, so ist die Funktion monoton fallend.

33. Linkes Bild:

$$f_1(x) = \begin{cases} -3 & \text{für } x \leq -3 \\ x & \text{für } x \in \{-2;\ -1;\ 0;\ 1;\ 2\} \\ 3 & \text{für } x \geq 3 \end{cases}$$

Rechtes Bild, roter Graph:

$$f_2(x) = \begin{cases} 3 & \text{für } x \leq 0 \\ -3 & \text{für } x > 0 \end{cases}$$

Rechtes Bild, blauer Graph:

$$f_3(x) = \begin{cases} -2x+2 & \text{für } 0 \leq x < 1 \\ x-1 & \text{für } 1 \leq x < 2 \\ -x+3 & \text{für } 2 \leq x < 3 \\ 2x-6 & \text{für } 3 \leq x \leq 4 \end{cases}$$

34.

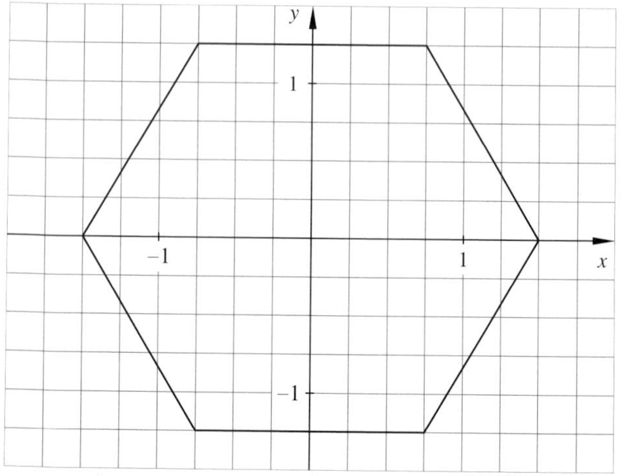

Die beiden Graphen bilden ein Sechseck, das achsensymmetrisch, aber nicht regelmäßig ist.

35. Die Buchstaben i und V lassen sich als Graphen stückweise definierter linearer Funktionen auffassen, z. B.

$f_1(x) = \begin{cases} 1 \text{ für } 0 \le x \le 3 \\ 1 \text{ für } x = 4 \end{cases}$; $f_2(x) = \begin{cases} -2x \text{ für } -1 \le x \le 0 \\ 2x \text{ für } 0 \le x \le 1 \end{cases}$

36.

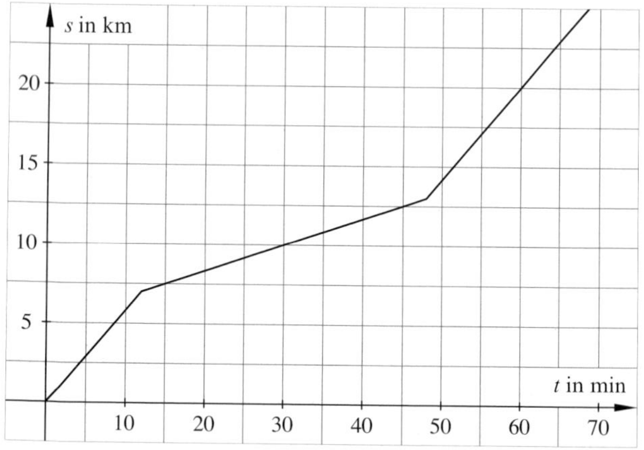

37. a) Vorzeichentaste (–):
f_2, f_3
Rechenzeichentaste –:
f_2, f_4
c) siehe nebenstehende Abbildung
d) unregelmäßiges Viereck; die Steigungen sind paarweise verschieden

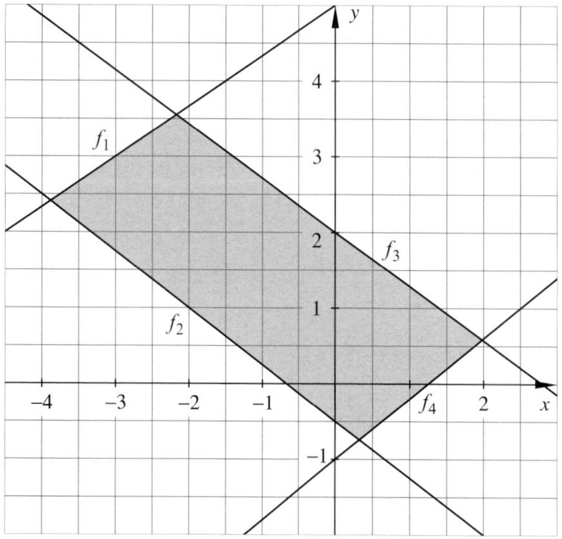

38. $S_x(0{,}447 \mid 0)$; $S_y(0 \mid -1{,}23)$
39. a) y_1: $x_0 \approx 1{,}87$
y_2: $x_0 \approx 2188$
b) y_1: $x_0 = \frac{234}{125} = 1{,}872$
y_2: $x_0 = \frac{54\,700}{25} = 2188$

Die Betragsfunktion

Lösungen der Aufgaben auf Seite 135

1. a) Die Abstände betragen: 2; 0,5; 0; 0,5; 1; 4; 7.
b) Die Zuordnung ist eine Funktion, da zu jedem Punkt genau ein Abstand gehört.
c) $y = |x|$ d) nein
2. b) Für $x \le 0$ sind die Graphen der Funktionen $y = -x$ und $y = |x|$ identisch.
Für $x \ge 0$ sind die Graphen der Funktionen $y = x$ und $y = |x|$ identisch.
c) Für $x < 0$ ist der Funktionswert gleich der entgegengesetzten Zahl zu x.
Für $x \ge 0$ ist der Funktionswert gleich der Zahl x selbst.
3. a) $y = -|x| = \begin{cases} x \text{ für } x < 0 \\ -x \text{ für } x \ge 0 \end{cases}$
b) $y = |x-1| = \begin{cases} -x+1 \text{ für } x < 1 \\ x-1 \text{ für } x \ge 1 \end{cases}$
c) $y = |x| - 1 = \begin{cases} -x-1 \text{ für } x < 0 \\ x-1 \text{ für } x \ge 0 \end{cases}$

4. a) $y = -|x|$
   b) $y = |x| + 1$
   c) $y = |x + 1|$
   Graphen: siehe nebenstehende Abbildung

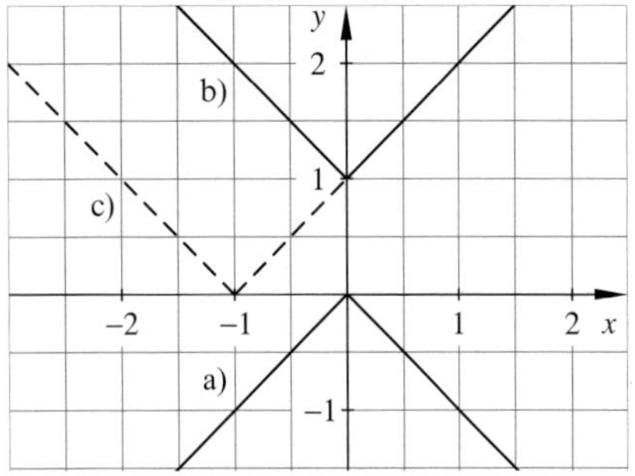

5. a) $S(2 \mid 2)$

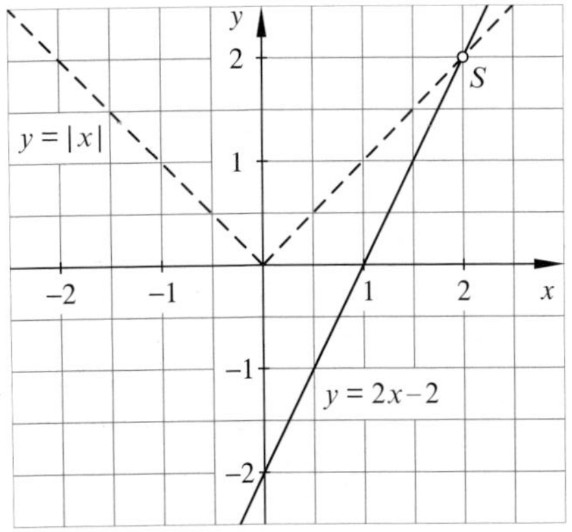

b) $S(-0{,}5 \mid 0{,}5)$

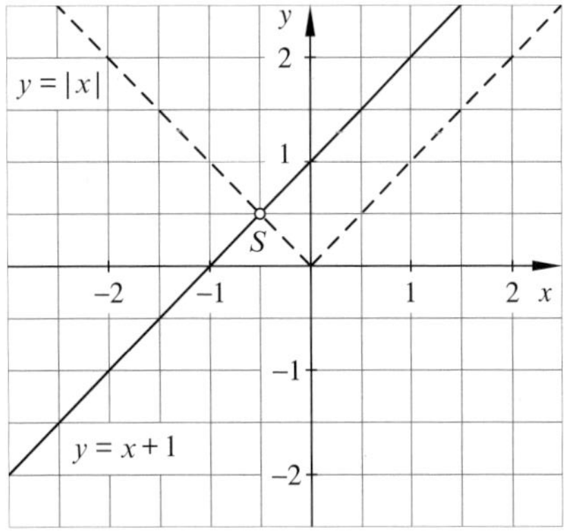

c) kein Schnittpunkt

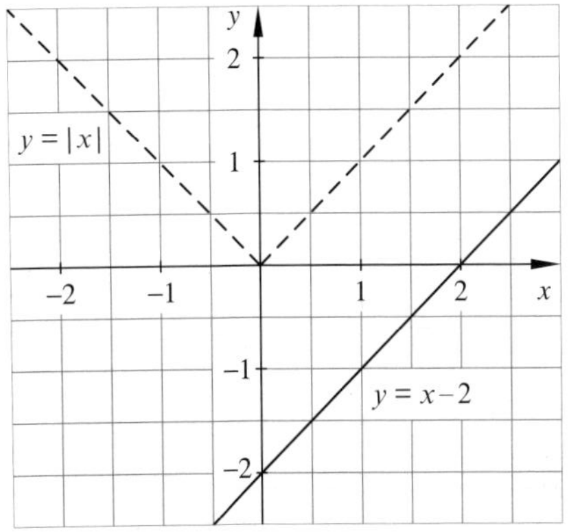

d) $S_1(2 \mid 2)$; $S_2(-\frac{2}{3} \mid \frac{2}{3})$

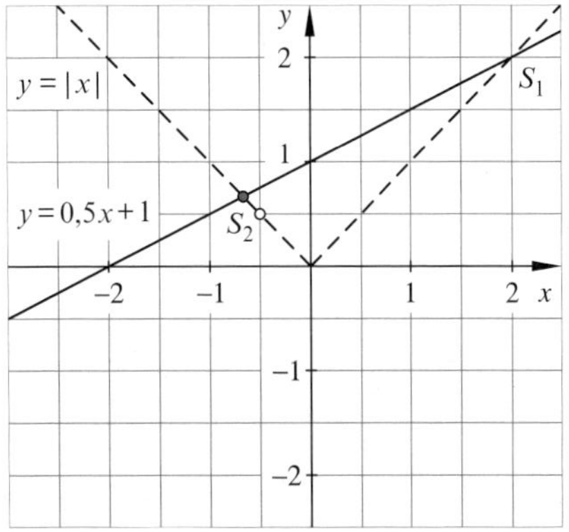

Monotonie und Nullstellen

Lösungen der Aufgaben auf den Seiten 136 bis 137

1. In der ersten Grafik steigen die Werte von Jahr zu Jahr an, die Funktion ist monoton wachsend. In der dritten Grafik fallen die Werte von Jahr zu Jahr, die Funktion ist monoton fallend. Die Werte in der zweiten Grafik verhalten sich ungleichmäßig, die Funktion ist weder monoton wachsend noch monoton fallend.
2. a) Alle Funktionen sind streng monoton steigend. Die Steigung von f ist konstant, während sie für h mit wachsendem x immer mehr abnimmt. Die Steigung von g nimmt zunächst immer stärker bis Null ab und wächst dann immer stärker.
   b) Alle Funktionen sind streng monoton fallend. Die Steigung von f ist konstant. Die Steigung von g wächst zunächst immer stärker bis Null und nimmt dann immer stärker ab. Die Steigung von h nimmt für $x < 0$ immer stärker ab; für $x > 0$ wird sie zunehmend langsamer kleiner.
   c) Die Messwerte werden mit wachsendem x kleiner, dabei wird die Abnahme allmählich geringer. Eine Funktion, die diesen Werteverlauf beschreibt, muss im Intervall [1; 9] streng monoton fallend sein, wobei die Steigung laufend abnimmt.
3. a) Proportionale Funktionen $y = mx$ sind für $m > 0$ streng monoton steigend und für $m < 0$ streng monoton fallend.

   Antiproportionale Funktionen $y = \frac{a}{x}$ mit $a > 0$ sind für $x < 0$ streng monoton fallend und für $x > 0$ streng monoton fallend.

   Antiproportionale Funktionen $y = \frac{a}{x}$ mit $a < 0$ sind für $x < 0$ streng monoton steigend und für $x > 0$ streng monoton steigend.

   b) Die Funktion ist für $x \leq 0$ streng monoton fallend und für $x \geq 0$ streng monoton steigend.
4. a), c) streng monoton steigend für $x \in \mathbb{Q}$
   b), d) streng monoton fallend für $x \in \mathbb{Q}$
   e), f), h) streng monoton fallend für $x \leq 0$, streng monoton steigend für $x \geq 0$
   g) streng monoton fallend für $x \leq 1$, streng monoton steigend für $x \geq 1$
5. a) $f(x) = \frac{4}{3}x - 2$; $g(x) = -\frac{1}{2}x + 1$ b) f: $(1{,}5 \mid 0)$, $(0 \mid -2)$; g: $(2 \mid 0)$, $(0 \mid 1)$
   c) $y = mx + n$. Schnittpunkt mit der y-Achse: $x = 0 \Rightarrow y = n$; $S_y(0 \mid n)$.

   Schnittpunkt mit der x-Achse: $y = 0 \Rightarrow mx + n = 0 \Rightarrow x = -\frac{n}{m}$; $S_x\left(-\frac{n}{m} \middle| 0\right)$.

6. a) $x_0 = 0{,}25$ b) keine Nullstelle in $\mathbb{N}$ c) $x_0 = 2$
d) $x_0 = -8$ e) keine Nullstelle in $\mathbb{Q}$ f) $x_0 = -0{,}375$

7. a) $x_0 = -1$ b) keine Nullstelle in $\mathbb{Z}$ c) keine Nullstelle in $\mathbb{Q}$
d) $x_0 = 1$ e) keine Nullstelle f) $x_0 = 0$

8. a) Die Aussage trifft für die meisten bekannten Funktionstypen zu, jedoch nicht für die konstante Funktion $f(x) = 0$.
b) Die Aussage ist falsch. Gegenbeispiele: $f(x) = x^2$; $g(x) = x^2 + 1$; $h(x) = \frac{1}{x}$

NACHGEDACHT (Randspalte S. 137):
- achsensymmetrisch zur y-Achse: nicht möglich
- punktsymmetrisch zum Koordinatenursprung: möglich, z. B. $y = 2x$; $y = x^3$

Teste dich!

Lösungen der Aufgaben auf den Seiten 138 bis 139

1. a) Da das Doppelte einer gegebenen rationalen Zahl eindeutig bestimmt ist, ist die genannte Zuordnung eindeutig, also eine Funktion.
b) Da der Umfang eines gegebenen Vielecks eindeutig bestimmt ist, ist die genannte Zuordnung eindeutig, also eine Funktion.
c) Zu einer gegebenen positiven Zahl a kann es immer mehrere Vielecke mit dem Umfang a cm geben, z. B. ein gleichseitiges Dreieck mit der Seitenlänge $\frac{a}{3}$ cm und ein Quadrat mit der Seitenlänge $\frac{a}{4}$ cm. Deshalb ist die genannte Zuordnung nicht eindeutig, also keine Funktion.

2. a) Nullstelle: $x_0 = 10$; Steigung: $m = 3$; y-Achsenabschnitt: $n = -30$; streng monoton steigend.
b) Nullstelle: $x_0 = -\frac{5}{3}$; Steigung: $m = -1{,}5$; y-Achsenabschnitt: $n = -2{,}5$; streng monoton fallend.
Zu beachten ist beim y-Achsenabschnitt, dass aufgrund des Definitionsbereichs $\{x \in \mathbb{Q} \mid x < 0\}$ der Punkt $P(0 \mid -2{,}5)$ nicht mit zum Graphen gehört; der Graph hat keinen gemeinsamen Punkt mit der y-Achse. Man kann aber Punkte auf dem Graphen finden, die dem Punkt $P(0 \mid -2{,}5)$ beliebig nahe kommen.
c) Nullstelle: $x_0 = 0$; Steigung: $m = \frac{3}{7}$; y-Achsenabschnitt: $n = 0$; streng monoton steigend.

d) Nullstelle: existiert nicht; Steigung: $m = 0{,}4$; y-Achsenabschnitt: $n = -0{,}2$; streng monoton steigend.
Der Graph besteht aus isolierten Punkten für $x = 0, 1, 2, 3, \ldots$, die auf einer ansteigenden Geraden liegen.

3. Abb. oben links: $f(x) = x + 1$;
Abb. oben rechts: $f(x) = 0{,}5x$;
Abb. unten links: $f(x) = -x + 3{,}5$;
Abb. unten rechts: $f(x) = 2x - 2$

4. $f(x) = mx + n$; $f(0) = m \cdot 0 + n = 1 \Rightarrow n = 1$; $f(2) = m \cdot 2 + 1 = 5 \Rightarrow m = 2$
Funktionsgleichung: $f(x) = 2x + 1$

5. z. B. jede Funktion $f(x) = x^2 + a$ und jede Funktion $g(x) = -x^2 - a$ mit $a > 0$.

6. a)

m	$\frac{1}{4}$	$\frac{1}{2}$	1	$\frac{3}{2}$	2	5
α	14°	27°	45°	56°	63°	79°

b) m und α sind nicht direkt proportional.
c) gelb: $m < -1$; rot: $-1 < m < 0$; grün: $0 < m < 1$; blau: $m > 1$

7. z. B. $f(x) = \begin{cases} -x & \text{für } x < -3 \\ x + 6 & \text{für } -3 \le x \le -1 \\ 4 - x & \text{für } -1 < x \end{cases}$ (Nullstelle: $x_0 = 4$)

8. Die Funktion g ist für jede Funktion $f(x) = \frac{a}{x}$ mit $a \neq 0$ auf dem Bereich $x < 0$ streng monoton steigend und auf dem Bereich $x > 0$ streng monoton fallend. Der Graph besteht aus zwei Hyperbelästen, die beide oberhalb der x-Achse verlaufen, egal ob $a > 0$ oder $a < 0$ ist.

9. a) $y = f(x) = \frac{a}{x}$ $(a \neq 0)$; $D = \mathbb{Q} \setminus \{0\}$; der Graph ist eine Hyperbel.
b) Aus $xy = 2x + 1$ folgt $y = g(x) = 2 + \frac{1}{x}$ $(x \neq 0)$; $D = \mathbb{Q} \setminus \{0\}$; der Graph ist die um 2 Einheiten nach oben verschobene Hyperbel der Funktion $y = \frac{1}{x}$.

10. a) Abweichungen entstehen durch Messfehler.
b) Es liegt näherungsweise Proportionalität vor.
$\frac{U}{I} \approx 18\ \Omega$ ist der elektrische Widerstand.
c) 660 mA
d) 750 mA entsprechen der Spannung 13,6 V. Man darf höchstens 13,5 V anlegen.

Flächensätze am Dreieck: Die Satzgruppe des Pythagoras

„Studieren mit Kind: Balanceakt zwischen Pampers und Pythagoras“ betitelte eine große Tageszeitung einen Artikel über studierende Mütter. Mal abgesehen davon, dass der „Pythagoras“ nicht auf der Universität gelehrt wird: fragt man zufällig ausgewählte, berufstätige Menschen danach, was sie von der Schulmathematik behalten haben, so wird an erster Stelle der Satz des Pythagoras genannt. Dass der Satz so populär ist, liegt nicht zuletzt daran, dass er wie kein zweiter geometrische und algebraische Sachverhalte einprägsam verknüpft.

Seine zentrale Stellung im Mathematikunterricht der Mittelstufe verdankt der Satz wohl dem Umstand, dass er, in Verbindung mit Katheten- und Höhensatz, einerseits unzählige praktische Anwendungen erlaubt und andererseits unmittelbaren Zugang zu tieferliegenden theoretischen Fragen bietet – man denke z. B. an die Irrationalität von $\sqrt{2}$, pythagoräische Zahlentripel oder gar den Satz von Fermat!

Rechtwinklige Dreiecke

Lösungen der Aufgaben auf Seite 142

1. Die Balken auf der anderen Seite müssen 8,25 m lang sein. Die Stützbalken müssen 1,44 m von der Seite entfernt aufgesetzt werden, auf der sich die 3,60 m langen Balken befinden.
2. Die kleine Straße ist 1,44 km lang. Herr Müller benötigt für den Umweg 2 min 24 s und für die Abkürzung 2 min 53 s. Er spart also durch die Abkürzung keine Zeit.
3. Die Pyramide ist etwa 148 m hoch.
4. Bei diesem Problem sind zwei Fälle zu unterscheiden:
   Fall 1: Die beiden Katheten sind gegeben. Das dritte gegebene Stück ist der rechte Winkel, damit ist das Dreieck eindeutig konstruierbar nach Kongruenzsatz sws.
   Fall 2: Eine Kathete und die Hypotenuse sind gegeben. Das dritte gegebene Stück ist der rechte Winkel. Das Dreieck ist eindeutig konstruierbar nach Kongruenzsatz SsW, falls die Hypotenuse länger ist als die Kathete. Andernfalls existiert es nicht, da der rechte Winkel der größte Innenwinkel ist und diesem die längste Seite gegenüberliegen muss.
   Weitere Fälle gibt es nicht, deshalb kann es auch mehrdeutige Lösungen nicht geben.

Der Kathetensatz

Lösungen der Aufgaben auf den Seiten 143 bis 145

1. a) Quadrat mit der Seitenlänge a b) Rechteck mit den Seitenlängen p und c
   c) Quadrat und Rechteck sind flächengleich.
   d) $\overline{BC} = \overline{BD} = a$; $\sphericalangle FCB = \sphericalangle HBD = 90° - \sphericalangle CBF$; $\sphericalangle BFC = \sphericalangle DHB = 90° \Rightarrow$ $\triangle FCB \cong \triangle FCB$ (nach Kongruenzsatz wsw) $\Rightarrow \overline{FB} = p$
2.

a	c	p	a^2	$p \cdot c$
3	5	**1,8**	**9**	**9**
4	**8**	2	**16**	**16**
2	4	**1**	4	**4**

3. a) 1. und 3. Umwandlung: Parallelogramme mit gleich langen Grundseiten und gleich langen zugehörigen Höhen sind flächengleich. Ein Quadrat oder Rechteck ist auch ein Parallelogramm. 2. Umwandlung: Die 90°-Drehung des Parallelogramms ist eine Kongruenzbewegung.
4. Strecke a mit den Endpunkten B und C zeichnen; Senkrechte zu a in C errichten; der Kreis um B mit Radius c liefert A; C mit A verbinden; das Lot von C auf c liefert p; Rechteck aus p und c konstruieren. Man erhält $p = 2{,}5$ cm.
5. $p = 3{,}125$ cm
6. Seitenlänge des Quadrats: $a \approx 3{,}16$ cm
7. Zweite Rechtecksseite: a) 4,5 cm b) 3,2 cm c) 10 cm
8. Seitenlänge des Quadrats: a) 2,45 cm b) 3,74 cm c) 4,24 cm
9. a) $18\ cm^2 = 3\ cm \cdot 6\ cm = 2\ cm \cdot 9\ cm \Rightarrow$ rechtwinkliges Dreieck mit $p = 3$ cm und $c = 6$ cm oder mit $p = 2$ cm und $c = 9$ cm konstruieren (Zerlegung ist nicht eindeutig, Platzbedarf der Konstruktion berücksichtigen); die zu p gehörige Kathete sei a; Quadrat mit der Seitenlänge a konstruieren. Man erhält $a \approx 4{,}24$ cm.
   b) $a \approx 4{,}47$ cm c) $a \approx 4{,}90$ cm
   d) $a \approx 3{,}61$ cm e) $a \approx 2{,}90$ cm f) $a \approx 2{,}28$ cm
11. $a = 8$ cm; $b \approx 7{,}06$ cm; $c \approx 10{,}67$ cm (oder $a \approx 7{,}06$ cm; $b = 8$ cm; $c \approx 10{,}67$ cm)
12.

a	**4,38 m**	6 cm	8 dm	**n. l.**	**2 km**	**30,98 cm**	**3 cm**	4 cm
b	2,8 m	**5,29 cm**	**8,94 dm**	32 mm	**3,46 km**	**36,66 cm**	**4 cm**	3 cm
c	5,2 m	**8 cm**	12 dm	**n. l.**	4 km	48 cm	**5 cm**	**5 cm**
p	**3,69 m**	4,5 cm	**5,33 dm**	**n. l.**	**1 km**	20 cm	1,8 cm	**3,2 cm**
q	**1,51 m**	**3,5 cm**	**6,67 dm**	96 mm	3 km	**28 cm**	3,2 cm	**1,8 cm**

13. Dreieck links unten: $b^2 = d \cdot a$; $c^2 = e \cdot a$; Dreieck rechts oben: $x^2 = u \cdot z$; $y^2 = v \cdot z$

AUFGABE (Randspalte S. 145, oben): $a = 7{,}75$ m; $b = 6{,}32$ m; $A = (a+b) \cdot 12\ m = 168{,}8\ m^2$

Erläuterungen und Anregungen

Inzwischen ist ja unbestritten, dass selbst Berufsmathematiker neue Erkenntnisse zunächst anschaulich induktiv erfassen, bevor sie sie systematisch deduktiv einordnen. Dies muss man Schülerinnen und Schülern natürlich erst recht zugestehen und darf sie nicht verfrüht mit überlieferten perfekten Beweisen traktieren!

Aufgabe 1 bietet deshalb einen **handlungsorientierten** Einstieg. Erst in der letzten Teilaufgabe ist von „beweisen" die Rede; das dort zu beweisende Detail stellt einen Zusammenhang mit der ersten Figur auf der Randspalte von Schulbucheite 26 her. Die Aufgaben 2 und 3 erlauben alternativ einen empirischen bzw. bewegungsgeometrischen Zugang zum Kathetensatz. Wenn die Lernenden dann nach etlichen Anwendungen mit dem Satz vertraut sind, wird zum Abschluss ein herkömmlich-exakter Beweis angeboten.

Dieses Vorgehen, das Beweisniveau mit wachsender Erfahrung des Schülers behutsam anzuheben, wird später auch beim Satz des Pythagoras und beim Höhensatz durch Auswahl und Anordnung der Aufgaben vorgeschlagen.

Der Satz des Pythagoras

Lösungen der Aufgaben auf den Seiten 146 bis 148

1. $a^2 + b^2 = pc + qc = (p+q) \cdot c = c \cdot c = c^2$
2. $a^2 + b^2 = c^2$. Zum äußeren Quadrat fehlen jeweils dieselben 4 kongruenten Dreiecke.
3. $b^2 + c^2 = a^2$; $x^2 + y^2 = z^2$
4. a) zwischen b und c b) zwischen x und z
   c) zwischen u und w d) zwischen r und s
5. a) $13 = 4 + 9$ b) Kathetenlängen: $a = 2$ cm, $b = 3$ cm; Quadratseite: $c \approx 3{,}61$ cm
6. wie in Aufgabe 5: a) $20 = 2^2 + 4^2$ b) $45 = 3^2 + 6^2$
   c) $40 = 2^2 + 6^2$ d) $10 = 1^2 + 3^2$ e) $32 = 4^2 + 4^2$
7. $b^2 = a^2 + c^2$; $a^2 = b^2 - c^2$; $c^2 = b^2 - a^2$;
   $a = \sqrt{b^2 - c^2}$; $b = \sqrt{a^2 + c^2}$; $c = \sqrt{b^2 - a^2}$
8. a) $c \approx 9{,}85$ cm b) $a \approx 8{,}60$ cm c) $c \approx 5{,}20$ cm
   d) $c \approx 11{,}53$ cm e) $a \approx 9{,}18$ cm f) $c \approx 3{,}94$ cm
   g) $a \approx 8{,}05$ cm h) $c \approx 5{,}05$ cm i) $c \approx 5{,}34$ cm
9. a) $c \approx 7{,}21$ cm b) $b \approx 6{,}32$ cm c) $a \approx 4{,}58$ cm
10. a) $d \approx 4{,}24$ cm b) $d = a\sqrt{2}$ c) $a \approx 4{,}24$ cm
11. a) $a \approx 3{,}54$ cm b) $a \approx 4{,}95$ m c) $a \approx 0{,}707$ km
    d) $a \approx 9{,}90$ dm e) $a \approx 5{,}66$ mm f) $a \approx 25{,}5$ cm

12. a) $A = 16{,}82\ \text{cm}^2$ b) $A = 7688\ \text{mm}^2$ c) $A = 8\ \text{km}^2$
    d) $A \approx 292{,}8\ \text{m}^2$ e) $A = 84{,}5\ \text{dm}^2$ f) $A = 800\ \text{cm}^2$
13. a) $d \approx 6{,}40$ cm b) $d \approx 4{,}55$ m c) $d = 1{,}7$ km
14. a) $d \approx 7{,}21$ b) $d \approx 5{,}39$ c) $b \approx 6{,}32$ d) $a \approx 4{,}38$
15. a) $h_c = 2{,}22$ cm b) $h_c \approx 1{,}41$ cm
    c) Hypotenuse: $c \approx 4{,}03$ cm; Hypotenusenabschnitte: $p \approx 3{,}04$ cm, $q \approx 0{,}99$ cm; Höhe: $h_c \approx 1{,}74$ cm
16. a) $z = \sqrt{u^2 - v^2} \approx 5{,}66$ cm b) $s = \frac{a}{\sqrt{2}} \approx 3{,}54$ dm
    c) $\overline{PR} = \overline{PT} + \overline{TR} = 2\text{ m} + 6\text{ m} = 8\text{ m}$
    $\overline{PS} = \overline{PQ} = \sqrt{\overline{PT} \cdot \overline{PR}} = \sqrt{2\text{ m} \cdot 8\text{ m}} = 4\text{ m}$
    $\overline{SR} = \overline{SQ} = \sqrt{\overline{TR} \cdot \overline{PR}} = \sqrt{6\text{ m} \cdot 8\text{ m}} = \sqrt{48}\text{ m} \approx 6{,}93\text{ m}$
    $\overline{ST} = \overline{QT} = \sqrt{\overline{PS}^2 - \overline{PT}^2} = \sqrt{16\text{ m}^2 - 4\text{ m}^2} = \sqrt{12}\text{ m} \approx 3{,}46\text{ m}$
    $\overline{ST} = \overline{QT} = \sqrt{\overline{SR}^2 - \overline{TR}^2} = \sqrt{48\text{ m}^2 - 36\text{ m}^2} = \sqrt{12}\text{ m} \approx 3{,}46\text{ m}$
17. $h \approx 3{,}5$ m; $b \approx 25{,}7$ m
18. Satz des Pythagoras

AUFGABE (Randspalte S. 148): $x = 2$; $y = \sqrt{5}$; $\sqrt{6}$; $\sqrt{7}$; $\sqrt{8}$; $\sqrt{9} = 3$; $\sqrt{10}$; …

Umkehrung des Satzes des Pythagoras

Lösungen der Aufgaben auf den Seiten 149 bis 150

1. a) $\gamma > 90°$; $a^2 + b^2 < c^2$ b) $\gamma = 90°$; $a^2 + b^2 = c^2$ c) $\gamma < 90°$; $a^2 + b^2 > c^2$
2. $(1{,}20\text{ m})^2 + (1{,}60\text{ m})^2 = (2\text{ m})^2 \Rightarrow$ Der Winkel ist 90°.
3. $12 = 3 + 4 + 5$; $3^2 + 4^2 = 5^2$
5. a) $x^2 + y^2 = z^2$ (Satz des Pythagoras)
   b) Aus $a^2 + b^2 = c^2$, $a^2 + b^2 = x^2 + y^2 = z^2$, $c > 0$ und $z > 0$ folgt $z = c$.
   c) nach Kongruenzsatz sss
   d) Gleich liegende Winkel in kongruenten Dreiecken sind gleich groß.
6. a) zwischen x und y b) zwischen p und r
   c) zwischen u und v d) zwischen a und c
7. a) rechter Winkel zwischen a und c b) kein rechtwinkliges Dreieck
   c) rechter Winkel zwischen p und q
   d) kein Dreieck (Dreiecksungleichung nicht erfüllt, Maßeinheiten beachten)

8. Es genügen 12 Hölzchen: $3^2 + 4^2 = 5^2$
9. a) stumpfwinklig b) spitzwinklig c) stumpfwinklig d) stumpfwinklig
10. a) Wenn die Erde nass wird, dann regnet es (falsch, Gegenbeispiel: Rohrbruch).
b) Wenn ein Dreieck gleichseitig ist, dann sind alle Winkel gleich groß (wahr).
c) Wenn ein Dreieck gleichschenklig ist, dann ist es auch gleichseitig (falsch).
d) Wenn in einem Viereck die Diagonalen einander halbieren, dann ist es ein Rhombus (falsch, Gegenbeispiel: Parallelogramm mit verschieden langen Seiten).
11. a) Wenn eine Zahl durch 2 teilbar ist, dann ist sie auch durch 6 teilbar (falsch).
b) Wenn eine Quadratzahl ungerade ist, dann ist auch die ursprüngliche Zahl ungerade (wahr).
c) Wenn $a^2 = b^2$, dann ist $a = b$ (falsch).
d) Wenn $a = 0$ oder $b = 0$, dann ist $a \cdot b = 0$ (wahr).
e) Wenn $a + b = 0$, dann ist $a = 0$ oder $b = 0$ (falsch).
12. a) Wenn-dann-Form: Wenn Quadrate kongruent sind, dann sind sie flächengleich. Umkehrung: Wenn Quadrate flächengleich sind, dann sind sie kongruent (wahr).
b) Wenn-dann-Form: Wenn Dreiecke kongruent sind, dann sind sie flächengleich. Umkehrung: Wenn Dreiecke flächengleich sind, dann sind sie kongruent (falsch).
c) Wenn-dann-Form: Wenn Vierecke Rechtecke sind, dann besitzen sie stets gleich lange Diagonalen. Umkehrung: Wenn Vierecke gleich lange Diagonalen besitzen, dann sind sie Rechtecke (falsch, Gegenbeispiel: gleichschenkliges Trapez).
d) Wenn-dann-Form: Wenn (natürliche bzw. ganze) Zahlen gerade sind, dann sind die zugehörigen Quadratzahlen auch gerade. Umkehrung: Wenn Quadratzahlen gerade sind, dann sind die ursprünglichen Zahlen auch gerade (wahr).
e) Wenn-dann-Form: Wenn Primzahlen zweistellig sind, dann sind sie ungerade. Umkehrung: Wenn Primzahlen ungerade sind, dann sind sie zweistellig (falsch).

Der Höhensatz

Lösungen der Aufgaben auf den Seiten 151 bis 153

1. a) Rechteck mit den Seitenlängen p und q; $A_R = p \cdot q$
b) Quadrat mit der Seitenlänge h; $A_Q = h^2 = A_R$
2. a) $a^2 = p \cdot c$ b) $a^2 = h^2 + p^2$ c) $h^2 = a^2 - p^2 = p \cdot (p + q) - p^2 = p \cdot q$
3. a) $z^2 = x \cdot y$ b) $j^2 = i^2$ c) $r^2 = s \cdot t$ d) $\overline{QS}^2 = \overline{PS} \cdot \overline{ST}$
4. a) $h_a^2 = \left(\frac{a}{2}\right)^2$ b) $h_c^2 = \left(\frac{c}{2}\right)^2$

5. a) $q \approx 1{,}33$ cm; $A \approx 4{,}33$ cm²
b) $p \approx 6{,}01$ cm; $A \approx 27{,}32$ cm²
c) $h \approx 3{,}74$ cm; $A \approx 16{,}84$ cm²

6.

a	**4,47**	4	**5,83**	7	**46,48**	6	**5,66**	3	**3,75**	**5,27**	**6,93**
b	**8,94**	**8,06**	**9,72**	**4,87**	12	**6,71**	**5,66**	4	5	**5,34**	4
c	**10**	9	**11,33**	**8,53**	**48**	**9**	8	**5**	**6,25**	7,5	**8**
p	2	**1,78**	3	**5,74**	**45**	4	**4**	**1,8**	**2,25**	**3,7**	6
q	8	**7,22**	**8,33**	**2,79**	3	**5**	**4**	**3,2**	**4**	3,8	**2**
h	**4**	**3,58**	5	4	**11,62**	**4,47**	4	**2,4**	3	**3,75**	**3,46**

7. b) $h \approx 2{,}83$ cm
8. Konstruktion analog dem Beispiel auf Schulbuchseite 152. Seitenlänge des Quadrats: $h \approx 3{,}46$ cm.
9. Seitenlängen für Rechtecke mit entsprechenden Flächeninhalten vorgeben, weiter wie im Beispiel auf Schulbuchseite 152.
10. siehe Beispiel in der Randspalte
11. Rechtwinkliges Dreieck mit der Höhe $h = 3$ cm (Seitenlänge des Quadrats) zeichnen und die Hypotenusenabschnitte p und q als Rechtecksseiten verwenden. Es gibt bei dieser Aufgabe unendlich viele verschiedene Lösungen.
12.

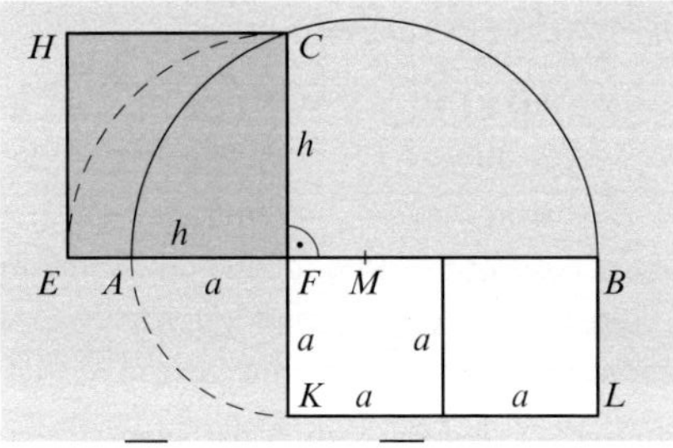

13. a) $a = \overline{FA} = 2$ cm; $b = \overline{FB} = 5$ cm.
Die Senkrechte zu $\overline{AB}$ in F und der Thaleskreis über $\overline{AB}$ schneiden sich in C. Der Punkt B_2 wird $x = 3$ cm von F entfernt eingezeichnet. Die Senkrechte zu $\overline{CB_2}$ in C liefert A_2.
Die gesuchte zweite Rechtecksseite ist $y = \overline{A_2F} \approx 3{,}33$ cm.

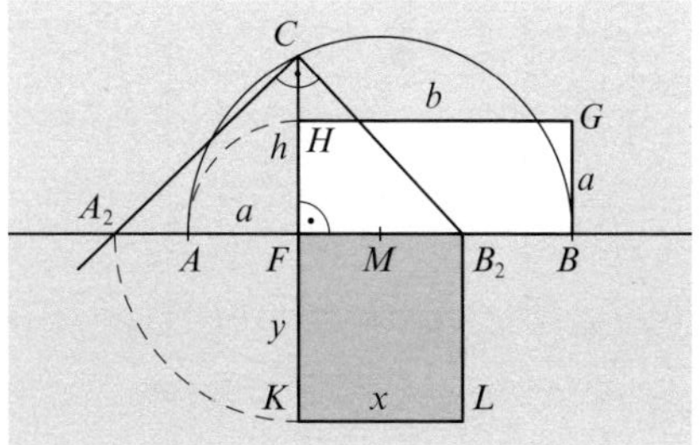

b) $y = 3$ cm c) $y \approx 2{,}83$ cm d) $y \approx 22{,}3$ cm

14. a) $\sphericalangle\, QPS = 180° - (\alpha + \beta) = 180° - 90° = 90°$. Im Viereck $PQRS$ sind also 3 bzw. 4 rechte Winkel (Innenwinkelsumme). Somit ist das Viereck $PQRS$ ein Rechteck.
b) Der Winkel bei P ist $180° - (\gamma_1 + \gamma_2) = 180° - 90° = 90°$. Im Viereck sind somit 3 rechte Winkel bzw. 4 rechte Winkel (Innenwinkelsumme im Viereck). Weil außerdem noch zwei Seiten die gleiche Länge h besitzen, ist das Viereck ein Quadrat.
c) Die Hypotenusen sind gleich lang. Ferner gilt $\beta = \gamma_1$ und $\alpha = \gamma_2$ (Stufenwinkel an geschnittenen Parallelen oder aus $\alpha + \gamma_1 = 180°$, $\gamma_1 + \gamma_2 = 90°$ und $\beta + \gamma_2 = 90°$ zu folgern). Dies bedeutet Kongruenz nach Kongruenzsatz wsw.
d) Rechteck und Quadrat ergänzen sich jeweils mit denselben beiden Dreiecken zum gleich großen Dreieck. Daher gilt $p \cdot q = h^2$.

Anwendungen in der ebenen Geometrie

Lösungen der Aufgaben auf den Seiten 154 bis 155

1. $r \approx 2{,}92$ cm
2. $a \approx 2{,}65$ cm
3. a) $A = 18\ \text{cm}^2$ b) $A = 2r^2$
4. a) $h = 7{,}60$ cm b) $h = 1{,}94$ cm c) $h \approx 6{,}47$ cm

AUFGABE (Randspalte S. 154): $s^2 = h^2 + \left(\frac{b}{2}\right)^2 \Rightarrow h^2 = s^2 - \frac{b^2}{4} \Rightarrow h = \sqrt{s^2 - \frac{b^2}{4}}$

5. a) $h \approx 3{,}46$ cm b) $h = \sqrt{s^2 - \left(\frac{s}{2}\right)^2} = \frac{\sqrt{3}}{2}s$ c) $s = \frac{2}{\sqrt{3}}h$
6. a) $A = 18\ \text{cm}^2$ b) $A = \frac{1}{2}s \cdot h = \frac{1}{2}s \cdot \frac{\sqrt{3}}{2}s = \frac{\sqrt{3}}{4}s^2$ c) $A = \frac{1}{2} \cdot \frac{2}{\sqrt{3}}h \cdot h = \frac{h^2}{\sqrt{3}}$
7. b) $A = 6 \cdot \frac{\sqrt{3}}{4}s^2 = \frac{3}{2}\sqrt{3} \cdot s^2 \approx 23{,}4\ \text{cm}^2$ c) $s^2 = \frac{2A}{3\sqrt{3}} \Rightarrow s = \sqrt{\frac{2A}{3\sqrt{3}}} \approx 6{,}80$ cm
8. a) Alle Seiten sind gleich lang. Gegenüberliegende Seiten sind parallel, gegenüberliegende Winkel gleich groß. Die Diagonalen halbieren sich gegenseitig und stehen senkrecht aufeinander. Flächeninhalt: $A = \frac{1}{2}e \cdot f$.

b)

s	**3,20 cm**	6 cm	5 cm	**4,47 cm**	4 cm
e	4 cm	3,2 cm	**7,33 cm**	8 cm	**5,66 cm**
f	5 cm	**11,57 cm**	6,8 cm	**4 cm**	**5,66 cm**
A	**10 cm²**	**18,50 cm²**	**24,93 cm²**	16 cm²	16 cm²

9. Längen der restlichen Seiten: 4 cm; 6,14 cm; 6,14 cm
10. $u \approx 32{,}6$ cm; $A = 60\ \text{cm}^2$
11. a) *Konstruktionsbeschreibung:*
[1] Man konstruiert ein gleichschenkliges Dreieck ABM mit $\overline{AB} = a$ und $\overline{AM} = \overline{BM} = r$.
[2] Kreis um M mit Radius r zeichnen.
[3] Man konstruiert die beiden Parallelen zur Symmetrieachse des Dreiecks ABM im Abstand $\frac{c}{2}$. Dadurch erhält man zwei Lösungstrapeze ABC_1D_1 und ABC_2D_2 (siehe Bild).

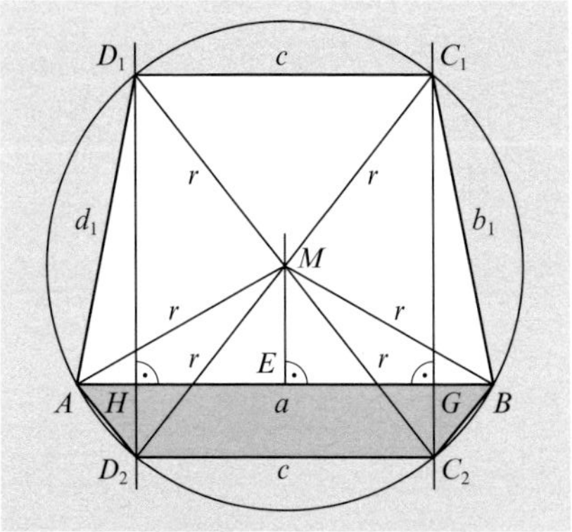

b) $h_1 \approx 5{,}06$ cm; $b_1 = d_1 \approx 5{,}16$ cm;
$h_2 = 1{,}19$ cm; $b_2 = d_2 \approx 1{,}55$ cm

12.

a	8 cm	**5 cm**	7 cm	**10 cm**	7 cm
b	**4,12 cm**	**4,12 cm**	**3,16 cm**	5 cm	4 cm
c	6 cm	3 cm	5 cm	2 cm	3 cm
h	4 cm	4 cm	**3 cm**	3 cm	**3,46 cm**
A	**28 cm²**	16 cm²	18 cm²	**18 cm²**	**17,32 cm²**

Körperberechnungen

Lösungen der Aufgaben auf den Seiten 156 bis 160

Oberflächeninhalt und Volumen von Pyramiden

1. b) $A_M = 2ah_a \approx 2 \cdot 6\ \text{m} \cdot 7{,}4\ \text{m} \approx 89\ \text{m}^2$ (a: Grundkantenlänge; h_a: Seitenflächenhöhe)
2. b) $A_O = a \cdot b + a \cdot h_1 + a \cdot h_2 \approx 6\ \text{cm} \cdot 4\ \text{cm} + 6\ \text{cm} \cdot 5{,}4\ \text{cm} + 4\ \text{cm} \cdot 5{,}8\ \text{cm} \approx 79{,}6\ \text{cm}^2$
c) Der Anteil des Mantels an der Oberfläche einer Pyramide ist immer größer als 50 % und kleiner als 100 %. In diesem Falle beträgt er etwa 70 %.
3. b) (1) $A_O = 55{,}7\ \text{cm}^2$ (2) $A_O = 46{,}6\ \text{cm}^2$ (3) $A_O = 64\ \text{cm}^2$
4. a) $A_O = a^2 + a \cdot \sqrt{4s^2 - a^2} \approx 112\ \text{m}^2$
b) $A_O = a \cdot b + a \cdot \sqrt{s^2 - \frac{a^2}{4}} + b \cdot \sqrt{s^2 - \frac{b^2}{4}} \approx 83{,}7\ \text{cm}^2$ c) $A_O = a^2 \cdot \sqrt{3} \approx 35{,}1\ \text{cm}^2$
d) $A_O = \frac{3}{2}\sqrt{3} \cdot a^2 + 3a \cdot \sqrt{s^2 - \frac{a^2}{4}} = \frac{3}{2}\sqrt{3} \cdot a^2 + 3a \cdot \sqrt{h^2 + \frac{3}{4}a^2} \approx 61{,}8\ \text{cm}^2$

5. a) 3 : 1 c) $V = \frac{1}{3}a^2h$

6. b) $V = \frac{1}{6}a^3$

7. a) $V = 35\ \text{cm}^3$ b) $V = 21{,}6\ \text{cm}^3$ c) $V \approx 10{,}1\ \text{cm}^3$ d) $V \approx 69{,}3\ \text{cm}^3$

8. a) $V \approx 14{,}7\ \text{cm}^3$ ($h \approx 4{,}08$ cm)
   b) (1) $V \approx 1239\ \text{cm}^3$ (2) $V \approx 118\ \text{cm}^3$ (3) nicht lösbar

Berechnungen an Pyramidenstümpfen

9. a) $b : a = (h - 4\ \text{cm}) : h \Rightarrow b : (4{,}2\ \text{cm}) = 1 : 3 \Rightarrow b = 1{,}4\ \text{cm}$
   Die Kantenlänge der Deckfläche beträgt 1,4 cm.
   c) Ursprüngliche Pyramide: $h = 6$ cm; $A_G = 17{,}64\ \text{cm}^2$; $V = 35{,}28\ \text{cm}^3$
   Ergänzungspyramide: $h_E = 2$ cm; $A_{GE} = 1{,}96\ \text{cm}^2$; $V_E \approx 1{,}307\ \text{cm}^3$
   Verhältnisse: $h : h_E = 3 : 1$; $A_G : A_{GE} = 9 : 1$; $V : V_E = 27 : 1$
   $h : h_E = 3 : 1$; $A_G : A_{GE} = 3^2 : 1$; $V : V_E = 3^3 : 1$

10. $A_O = a^2 + b^2 + 2(a+b)h_T = 92{,}36\ \text{cm}^2$

11. a) Nach dem Satz des Pythagoras gilt: $h_T^2 = (a-b)^2 + h^2 \Rightarrow h_T = \sqrt{(a-b)^2 + h^2}$.
   b) $h_T = \sqrt{(4{,}2\ \text{cm} - 1{,}4\ \text{cm})^2 + (4\ \text{cm})^2} = \sqrt{7{,}84\ \text{cm}^2 + 16\ \text{cm}^2} = \sqrt{23{,}84}\ \text{cm} \approx 4{,}88\ \text{cm}$
   c) $A_O = a^2 + b^2 + 2(a+b)h_T \approx (4{,}2\ \text{cm})^2 + (1{,}4\ \text{cm})^2 + 2 \cdot 5{,}6\ \text{cm} \cdot 4{,}88\ \text{cm} \approx 74{,}29\ \text{cm}^2$
   d) Volumen des Kartons: $V_K = a^2 \cdot h = (4{,}2\ \text{cm})^2 \cdot 4\ \text{cm} = 70{,}56\ \text{cm}^3$

12. a) $V \approx 33{,}97\ \text{cm}^3$ b) $V \approx 51{,}32\ \text{cm}^3$

13. a) $A_O = \frac{\sqrt{3}}{4}a^2 + 3 \cdot \left(\frac{\sqrt{3}}{4}a^2 - \frac{\sqrt{3}}{4}\left(\frac{a}{2}\right)^2\right) + \frac{\sqrt{3}}{4}\left(\frac{a}{2}\right)^2 = \frac{7}{8}\sqrt{3}\,a^2 \approx 34{,}92\ \text{cm}^3$

   b) Oberflächeninhalt des Tetraeders: $A_{OT} = 4 \cdot \frac{\sqrt{3}}{4}a^2 = \sqrt{3}\,a^2 \Rightarrow A_O : A_{OT} = 7 : 8$

   Anderer Lösungsweg: Eine Seitenfläche des Tetraeders kann man in vier gleichseitige Dreiecke einteilen. Die gesamte Oberfläche des Tetraeders kann man mit 16 dieser kleinen Dreiecke bedecken. Beim Abtrennen des kleinen Tetraeders gehen drei dieser Dreiecke verloren, jedoch kommt in der Schnittebene ein Dreieck dieser Form hinzu. Es sind somit 14 kleine Dreiecke. Der Oberflächeninhalt des Pyramidenstumpfes beträgt also $\frac{14}{16} = \frac{7}{8}$ des ursprünglichen Oberflächeninhaltes.

   c) Der abgetrennte Tetraeder ist zu dem Ausgangskörper ähnlich. Der Ähnlichkeitsfaktor beträgt $k = \frac{1}{2}$ und für die Volumina gilt deshalb $V' = \frac{1}{8}V_T$.

14. a) $V \approx 3151\ \text{cm}^3$; $A_O \approx 1301\ \text{cm}^2$ b) $V \approx 730\ \text{dm}^3$; $A_O \approx 510\ \text{dm}^2$
   c) $V \approx 5{,}15\ \text{m}^3$; $A_O \approx 19{,}6\ \text{m}^2$ d) $V \approx 214\ \text{cm}^3$; $A_O \approx 229\ \text{cm}^2$

Weitere Körperberechnungen

15. a) $d_1 \approx 9{,}43$ cm; $d_2 \approx 8{,}94$ cm; $d_3 \approx 6{,}40$ cm
   b) $d \approx 10{,}25$ cm
   c) $d = \sqrt{a^2 + b^2 + c^2}$

16. a) $d \approx 10{,}05$ m b) $c \approx 8{,}29$ cm c) $a \approx 2{,}80$ dm d) $b \approx 9{,}46$ mm

17. a) $d \approx 5{,}20$ cm b) $d = a \cdot \sqrt{3}$ (a: Kantenlänge des Würfels)

18. $A_O = s^2 + 4 \cdot \frac{1}{2}s \cdot h_s$; $h_s = \sqrt{h^2 + \left(\frac{s}{2}\right)^2} \Rightarrow A_O = s^2 + 2s \cdot \sqrt{h^2 + \frac{s^2}{4}}$

19. a) $d \approx 7{,}07$ cm; $h \approx 8{,}28$ cm b) $d \approx 11{,}31$ cm; $k \approx 8{,}25$ cm
   c) $d \approx 14{,}28$ cm; $s \approx 10{,}10$ cm d) $s \approx 7{,}07$ cm; $k \approx 5{,}83$ cm
   e) $s \approx 5{,}66$ m; $h = 3$ m f) $d \approx 14{,}14$ cm; $k \approx 7{,}14$ cm

20. a) $h_F = \sqrt{s^2 - \left(\frac{s}{2}\right)^2} = \frac{\sqrt{3}}{2} \cdot s \approx 2{,}60$ cm; $h = \sqrt{s^2 - \left(\frac{2}{3}h_F\right)^2} \approx 2{,}45$ cm
   b) $h = \sqrt{s^2 - \left(\frac{2}{3}h_F\right)^2} = \sqrt{s^2 - \left(\frac{2}{3} \cdot \frac{\sqrt{3}}{2} \cdot s\right)^2} = \sqrt{s^2 - \frac{1}{3}s^2} = \sqrt{\frac{2}{3}s^2} = \frac{\sqrt{2} \cdot \sqrt{3}}{\sqrt{3} \cdot \sqrt{3}} \cdot s = \frac{\sqrt{6}}{3} \cdot s$

21. a) $s = \frac{3}{\sqrt{6}} \cdot h = \frac{\sqrt{6}}{2} \cdot h \approx 6{,}12$ cm b) $A_O = 4 \cdot \frac{\sqrt{3}}{4} \cdot s^2 = \sqrt{3} \cdot s^2 \approx 64{,}95\ \text{cm}^2$

AUFGABEN ZUR WIEDERHOLUNG

1. a)

x	5	7	9,5	11,2	27,4
y	15	21	28,5	33,6	82,2

$y = 3x$

b)

x	$\frac{1}{2}$	$\frac{5}{6}$	$\frac{1}{2}$	$\frac{4}{7}$	$\frac{8}{9}$
y	$\frac{3}{8}$	$\frac{5}{8}$	$\frac{9}{24}$	$\frac{3}{7}$	$\frac{2}{3}$

$y = \frac{3}{4}x$

c)

x	4	25	2,5	80	0,16
y	5	0,8	8	0,25	125

$y = \frac{20}{x}$

d)

x	$\frac{3}{2}$	$\frac{1}{5}$	$\frac{5}{8}$	$\frac{5}{7}$	6
y	$\frac{1}{2}$	$\frac{15}{4}$	$\frac{6}{5}$	$\frac{21}{20}$	$\frac{1}{8}$

$y = \frac{3}{4x}$

2.

	Material	Aluminium	Eisen	Kupfer	Silber	Gold
a)	m in g	21,6	62,9	71,4	84,0	154
b)	V in cm^3	18,5	6,36	5,61	4,76	2,59
	a in cm	2,65	1,85	1,78	1,68	1,37
c)	ϱ in $\frac{g}{cm^3}$	2,70	7,86	8,92	10,5	19,3

Gleichungen für die Zuordnungen:

zu a): $m = \varrho \cdot 2\,\text{cm}$; Proportionalitätsfaktor: ϱ;

zu b): $V = \frac{50\text{ g}}{\varrho}$ (indirekte Proportionalität); $a = \sqrt[3]{\frac{50\text{ g}}{\varrho}}$

Erläuterungen und Anregungen

Die Berechnung des Prismenvolumens ist bekannt. Man könnte zeigen, wie durch einen ebenen Schnitt durch ein dreiseitiges Prisma eine Pyramide mit gleicher Grundfläche und gleicher Höhe abgespalten werden kann. Schätzungen und Volumenvergleiche sind lehrreich. Durch Herstellen zweier Hohlkörper der oben angegebenen Form kann durch Umfüllen von Sand die Volumenformel für Pyramiden empirisch gefunden werden.

Ein dreiseitiges Prisma kann durch zwei ebene Schnitte in 3 dreiseitige Pyramiden zerlegt werden. Es ist leicht nachzuweisen, dass sie gleiche Grundflächen und Höhen haben. Nach dem Satz des Cavalieri sind sie volumengleich. Damit ist die Volumenformel für dreiseitige Pyramiden hergeleitet. Durch Veranschaulichung und übersichtliche zeichnerische Darstellungen dieses Zusammenhangs kann das Raumvorstellungsvermögen unterstützt und geschult werden. Die Übertragung auf beliebige Pyramiden ist durch die stets mögliche Zerlegung in dreiseitige Pyramiden von den Schülern leicht selbst zu vollziehen.

Durch die Aufgaben 9 bis 14 wird das Finden von Formeln zur Berechnung von Pyramidenstümpfen vorbereitet. Die Herleitung einer Formel für das Volumen eines quadratischen Pyramidenstumpfes kann dann evtl. in selbständiger Schülertätigkeit erfolgen. Notwendige Voraussetzung ist die Reaktivierung von Kenntnissen zur Ähnlichkeit bzw. zur zentrischen Streckung.

Berechnungen von Pyramiden und Pyramidenstümpfen sollten häufig mit Aufgabenteilen zur Körperdarstellung verbunden werden. Das Anfertigen von Modellen kann ebenfalls die Entwicklung eines räumlichen Vorstellungsvermögens unterstützen.

Anwendungen aus Alltag und Naturwissenschaft

Lösungen der Aufgaben auf den Seiten 161 bis 163

1. Es ist möglich, weil die Raumdiagonale der Truhe etwa 1,69 m lang ist:
   $d = \sqrt{(1{,}5\text{ m})^2 + (0{,}6\text{ m})^2 + (0{,}5\text{ m})^2} = \sqrt{2{,}86\text{ m}^2} \approx 1{,}69\text{ m}$
2. a) 1. Methode: $d = 1{,}8\text{ m} + \frac{5}{12} \cdot 1{,}8\text{ m} = 2{,}55\text{ m}$
   2. Methode: $d = (18\text{ m} - 0{,}18\text{ m}) : 7 = 17{,}82\text{ m} : 7 = 2{,}545\,714\text{ m} \approx 2{,}546\text{ m}$
   Exakter Wert: $d = 1{,}8\text{ m} \cdot \sqrt{2} = 2{,}545\,584\text{ m} \approx 2{,}546\text{ m}$
   b) 1. Methode: $d = 4{,}5\text{ m} + \frac{5}{12} \cdot 4{,}5\text{ m} = 6{,}375\text{ m}$
   2. Methode: $d = (45\text{ m} - 0{,}45\text{ m}) : 7 = 44{,}55\text{ m} : 7 = 6{,}364\,286\text{ m} \approx 6{,}364\text{ m}$
   Exakter Wert: $d = 4{,}5\text{ m} \cdot \sqrt{2} = 6{,}363\,961\text{ m} \approx 6{,}364\text{ m}$
3. siehe nebenstehende Abbildung:
   $x^2 = (r + h)^2 - r^2$
   $= (6371\text{ km} + 0{,}08\text{ km})^2 - (6371\text{ km})^2$
   $= 2 \cdot 6371\text{ km} \cdot 0{,}08\text{ km} + (0{,}08\text{ km})^2$
   $x^2 \approx 1019{,}37\text{ km}^2$
   $x \approx 31{,}9\text{ km}$
   Bei klarer Sicht kann man rund 32 km weit sehen.

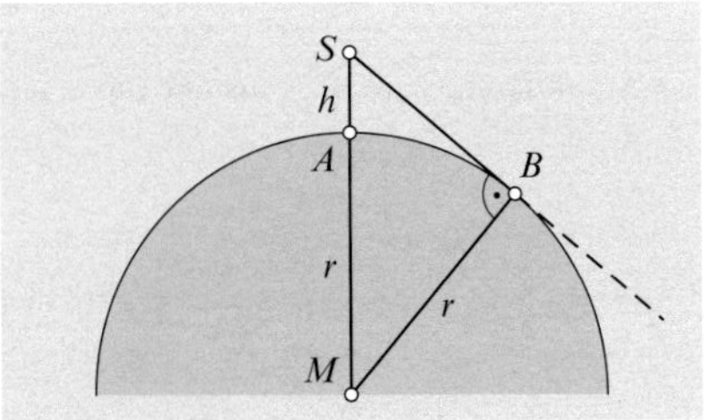

4. Dem Maßstab entnimmt man: 3 cm auf der Karte ≙ 200 m in der Natur.
   a) Die waagerechte Projektion von $\overline{AB}$ ist $\overline{AB'} = 39\text{ mm} ≙ 260\text{ m}$.
   $\overline{BB'} = 130\text{ m}$; $\overline{AB} = \sqrt{(\overline{AB'})^2 + (\overline{BB'})^2} = \sqrt{84500\text{ m}^2} \approx 291\text{ m}$.
   b) Entfernung in Luftlinie: 57 mm ≙ 380 m
   c) Von der Burg-Ruine zum Punkt B ca. 235 m (235,5 m mit Berücksichtigung der Höhendifferenz). Von B zur Kaiserburg ca. 335 m (340 m).
   Gesamtstrecke: 570 m (575,5 m).

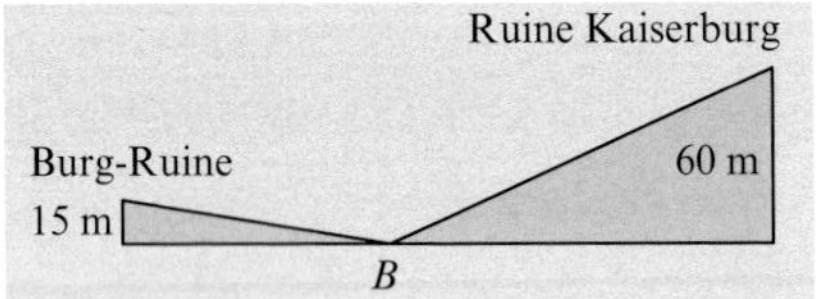

   Fazit: Geringe Höhendifferenzen wirken sich kaum auf die Entfernung aus. Gegenüber der Luftlinie jedoch vergrößert sich die Entfernung um rund 50 %.
5. Die Flächendiagonale des Regalquerschnitts ist $d = \sqrt{(2\text{ m})^2 + (0{,}25\text{ m})^2} \approx 2{,}02\text{ m}$ und damit nur wenig größer als die Höhe des Türrahmens von 1,96 m. Die Frage bleibt, ob der Türrahmen auch breit genug ist, um bei der nötigen Schrägstellung des Regals auch die vierte Ecke zu umfassen. Die Antwort lautet nein, wie man leicht durch eine Zeichnung z. B. im Maßstab von 1 : 20 herausfinden kann.

Ergänzungen aus Mathematik und Physik

6. Geometrisches Mittel: a) 4 b) $\sqrt{21} \approx 4{,}583$ c) $\sqrt{3} \approx 1{,}732$ d) $\sqrt{13{,}16} \approx 3{,}628$
   Arithmetisches Mittel: a) 5 b) 5 c) 2 d) 3,75
7. $0 \le (a-b)^2 \Leftrightarrow 0 \le a^2 - 2ab + b^2 \Leftrightarrow 4ab \le a^2 + 2ab + b^2 \Leftrightarrow 4ab \le (a+b)^2$
   $\Leftrightarrow 2\sqrt{ab} \le a + b \Leftrightarrow \sqrt{ab} \le \frac{a+b}{2}$
8. a) $x^2 + y^2 = z^2$; $a^2 + j^2 = x^2$; $b^2 + j^2 = y^2$; $x^2 = az$; $y^2 = bz$; $j^2 = ab$
   b) $d^2 + e^2 = r^2$; $s^2 + w^2 = d^2$; $t^2 + w^2 = e^2$; $k^2 + u^2 = s^2$; $k^2 + v^2 = w^2$;
   $d^2 = rs$; $e^2 = rt$; $s^2 = du$; $w^2 = dv$; $w^2 = st$; $k^2 = uv$
9. $h^2 = a^2 - p^2 = b^2 - q^2 \Leftrightarrow a^2 - b^2 = p^2 - q^2 \Leftrightarrow a^2 - b^2 = p^2 - (c-p)^2$
   $\Leftrightarrow a^2 - b^2 = p^2 - c^2 + 2cp - p^2 \Leftrightarrow a^2 - b^2 + c^2 = 2cp \Leftrightarrow p \cdot c = \frac{1}{2} \cdot (a^2 + c^2 - b^2)$;
   $h^2 = a^2 - p^2 = b^2 - q^2 \Leftrightarrow b^2 - a^2 = q^2 - p^2 \Leftrightarrow b^2 - a^2 = q^2 - (c-q)^2$
   $\Leftrightarrow b^2 - a^2 = q^2 - c^2 + 2cq - q^2 \Leftrightarrow b^2 - a^2 + c^2 = 2cq \Leftrightarrow q \cdot c = \frac{1}{2} \cdot (b^2 + c^2 - a^2)$
10. Beispiele wie $3 = 2^2 - 1^2$; $5 = 3^2 - 2^2$; $7 = 4^2 - 3^2$ lassen vermuten, dass für alle $k \in \mathbb{N}$ die Gleichung $2k + 1 = (k+1)^2 - k^2$ gilt. Beweis: $(k+1)^2 - k^2 = k^2 + 2k + 1 - k^2 = 2k + 1$.
11. $h = 2\text{ m} - \sqrt{(2\text{ m})^2 - (1{,}2\text{ m})^2} = 0{,}4\text{ m}$
12. a) $\overline{PQ} = \sqrt{12^2 + 5^2} = 13$ b) $\overline{PQ} = \sqrt{8^2 + 6^2} = 10$
13. $d = \sqrt{(x_2 - x_1)^2 + (y_2 - y_1)^2}$
14. a) siehe nebenstehende Abbildung
    b) Die Strecke $\overline{CQ} = \frac{1}{2}c$ liegt auf der Parallelen zu c im Abstand h_c; der Kreis um Q mit dem Radius h_c liefert P; die Verlängerung von $\overline{FC}$ über C hinaus schneidet den Thaleskreis zu $\overline{PQ}$ in R. Das Quadrat über $\overline{RQ} = s$ ist die Lösung.
    $A_D = \frac{1}{2}\, c \cdot h_c = 15\text{ cm}^2$; $s \approx 3{,}87\text{ cm}$

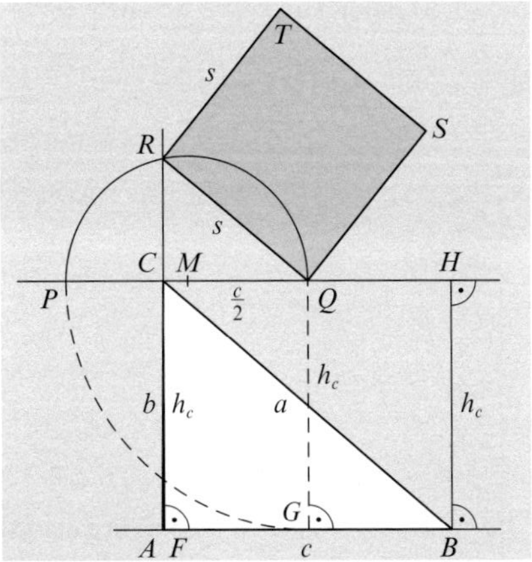

15. a) $0{,}8\text{ m/s} \cdot 300\text{ s} = 240\text{ m}$
    b) $\sqrt{(240\text{ m})^2 + (180\text{ m})^2} = 300\text{ m}$
    c) $v_S = 0{,}6\text{ m/s}$; $v = 1\text{ m/s}$
16. Länge eines Stahlseiles: $\sqrt{(9\text{ m})^2 + (3\text{ m})^2} \approx 9{,}49\text{ m}$
17. Längenzunahme: $2 \cdot \sqrt{(40\text{ cm})^2 + (3\text{ cm})^2} - 80\text{ cm} \approx 2{,}2\text{ mm}$

Teste dich!

Lösungen der Aufgaben auf den Seiten 164 bis 165

1. Satz des Pythagoras: $a^2 + c^2 = b^2$, $h^2 + s^2 = c^2$, $h^2 + t^2 = a^2$;
   Höhensatz: $h^2 = s \cdot t$; Kathetensatz: $a^2 = t \cdot b$, $c^2 = s \cdot b$
2. Nach dem Höhensatz gilt: $h^2 = p \cdot q = 36\text{ cm}^2$, also $h = 6\text{ cm}$.
   Nach dem Satz des Pythagoras gilt: $a^2 = h^2 + p^2 = (36 + 16)\text{ cm}^2$,
   also $a = \sqrt{52}\text{ cm} \approx 7{,}2\text{ cm}$.
   Analog: $b^2 = h^2 + q^2 = (36 + 81)\text{ cm}^2$, also $a = \sqrt{117}\text{ cm} \approx 10{,}8\text{ cm}$.
   Der Flächeninhalt des Dreiecks beträgt:
   $A = 0{,}5\, ab = 0{,}5 \cdot \sqrt{117 \cdot 52}\text{ cm}^2 = 0{,}5 \cdot \sqrt{6084}\text{ cm}^2 = 39\text{ cm}^2$.
3. Für die Raumdiagonale d eines Quaders mit den Seiten a, b und c gilt: $d = \sqrt{a^2 + b^2 + c^2}$.
   a) $d = 43{,}25\text{ cm}$ b) $d = 11{,}5625\text{ cm}$
4. Alle drei Dreiecke sind nach der Umkehrung des Satzes des Pythagoras rechtwinklig, denn ihre Seitenlängen bilden pythagoreische Zahlentripel.
   a) $a^2 + b^2 = 64 + 225 = 289 = 17^2 = c^2$ $\Rightarrow$ Der rechte Winkel liegt zwischen a und b.
   b) $s^2 + t^2 = 49 + 576 = 625 = 25^2 = r^2$ $\Rightarrow$ Der rechte Winkel liegt zwischen s und t.
   c) $k^2 + m^2 = 10{,}89 + 19{,}36 = 30{,}25 = l^2$ $\Rightarrow$ Der rechte Winkel liegt zwischen k und m.
5. Der Abstand beträgt $\sqrt{2^2 + 4^2} = \sqrt{20} \approx 4{,}472$.
6. Für die Höhe h einer solchen Pyramide gilt $h = \sqrt{s^2 - a^2}$.
   Für $a = 6\text{ cm}$ und $s = 7\text{ cm}$ ergibt sich $h = \sqrt{49 - 36}\text{ cm} = \sqrt{13}\text{ cm} \approx 3{,}61\text{ cm}$.
7. Die Basis des Fensters ist 3,5 m lang. Die Höhe h des Fensters ist also die Höhe eines gleichschenkligen Dreiecks mit der Basis 3,5 m und der Schenkellänge 2,25 m.
   Es gilt $h = \sqrt{2{,}25^2 - 1{,}75^2}\text{ m} = \sqrt{2}\text{ m} \approx 1{,}41\text{ m}$.
   Die Fensterfläche beträgt $A \approx 0{,}5 \cdot 3{,}5 \cdot 1{,}41\text{ m}^2 \approx 2{,}47\text{ m}^2$.
8. Gegeben: $a = 4\text{ m}$; $h = 3\text{ m}$
   a) $h_S = \sqrt{(\frac{a}{2})^2 + h^2} \approx 3{,}61\text{ m}$
   $s = \sqrt{(\frac{a}{2})^2 + h_S^2} \approx 4{,}12\text{ m}$
   Die seitlichen Zeltstangen sind rund 4,12 m lang.
   b) $A_M = 4 \cdot \frac{1}{2}\, a\, h_S = 2\, a\, h_S \approx 28{,}84\text{ m}^2$
   Die Mantelfläche des Zeltes beträgt etwa $28{,}84\text{ m}^2$.

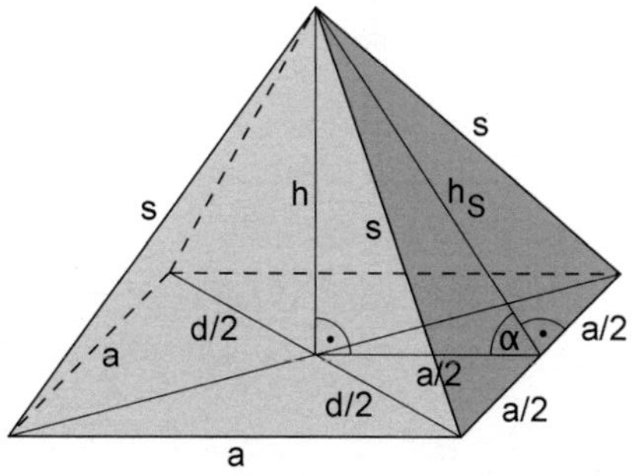

9. $h = l - \sqrt{l^2 - d^2} = 0{,}1$ (mit $l = 1{,}3$ m und $d = 0{,}5$ m).
   Die Kugel befindet sich 10 cm höher.
10. Sei l die Leiterlänge ($l = 5$ m), r der Radius der Tonne ($r = 0{,}6$ m), x der gesuchte Abstand in m und h die Höhe der Leiter in m.
   Dann gilt nach dem Satz des Pythagoras:
   $x^2 + h^2 = 25$ (∗).
   Außerdem gilt (siehe Abbildung):
   $x + h = u + v + 2r = l + 2r = 6{,}2$ (∗∗).
   Aus (∗) und (∗∗) folgt: $x^2 + (6{,}2 - x)^2 = 25$.
   Die Lösungen dieser Gleichung sind $x_1 = 1{,}4$ m und $x_2 = 4{,}8$ m.
   Sinnvoll ist nur die Lösung x_1.
   Der Abstand des Leiterfußpunktes von der Wand beträgt also 1,4 m.

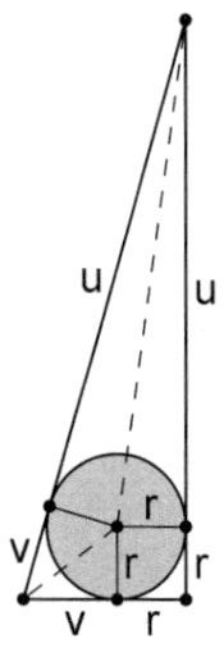

11. Der Flächeninhalte der drei gleichseitigen Dreiecke sind:
   $A_1 = \frac{\sqrt{3}}{4}a^2;\ A_2 = \frac{\sqrt{3}}{4}b^2;\ A_3 = \frac{\sqrt{3}}{4}c^2.$
   Aus der Forderung $A_1 = A_2 + A_3$ (bzw. $A_2 = A_1 + A_3$ bzw. $A_3 = A_1 + A_2$) folgt:
   $a^2 = b^2 + c^2$ (bzw. $b^2 = a^2 + c^2$ bzw. $c^2 = a^2 + b^2$).
   Nach der Umkehrung des Satzes von Pythagoras ist das Dreieck mit den Seitenlängen a, b und c also in jedem Falle rechtwinklig.

Auswerten von Daten

Vieles in diesem Kapitel ist für die Schülerinnen und Schüler nicht neu: Lesen und Deuten von Diagrammen verschiedener Arten, aussagekräftiges Darstellen von Daten mithilfe geeigneter Diagramme oder Ermitteln solcher Kenngrößen wie arithmetisches Mittel, Zentralwert oder Spannweite. Die bereits erworbenen Sach- und Methodenkompetenzen bezüglich des Umgangs mit Daten sollen im Unterricht genutzt und deutlich weiter entwickelt werden. Diese Weiterentwicklung der Kompetenzen sollte sich sowohl in der Bewältigung zunehmend höherer Anforderungen zeigen als auch in einem sicheren Umgang mit einem erweiterten Instrumentarium beim Auswerten von Daten: Aufbereiten und Darstellen von Datenmengen mittels Klasseneinteilung und Histogramm oder mithilfe von Boxplots; Charakterisieren von Häufigkeitsverteilungen durch geeignete Mittelwerte und Streuungsmaße.

Lesen und Darstellen statistischer Daten

Lösungen der Aufgaben auf den Seiten 168 bis 172

1. b) Kreisdiagramme sind besonders zur Darstellung von Anteilen geeignet.
   Liniendiagramme sind besonders zur Darstellung von Entwicklungen geeignet.
   100 %-Balken- bzw. 100 %-Säulendiagramme sind besonders geeignet, Anteile in verschiedenen Sachverhalten zu vergleichen.
2.

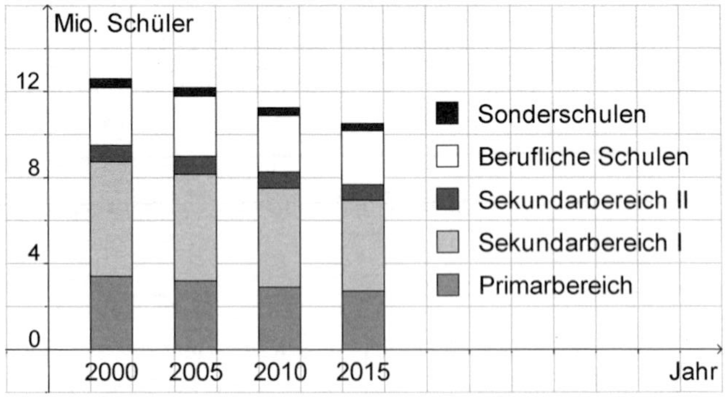

3. a/b)

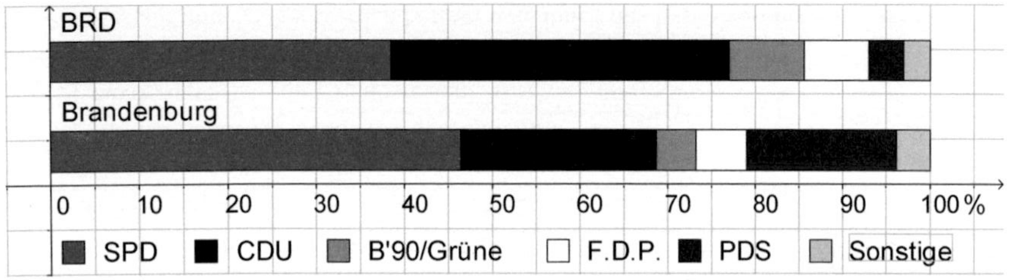

c) Setzt man die 35,1 % Wählerstimmen der CDU/CSU von 1998 gleich 100 %, dann hat diese Partei 2002 ihr Ergebnis mit 38,5 % Wählerstimmen auf rund 109,7 % bzw. um 9,7 % gesteigert.

Der Zuwachs im Wählerstimmenanteil betrug dagegen 38,5 % – 35,1 % = 3,4 %.

d) Unter der Annahme, dass die Zahl der Wähler näherungsweise der Zahl der gültigen Stimmen entspricht, ergibt sich aus den Daten im Lehrbuch eine Wahlbeteiligung von etwa 78,2 %. Nach dem inzwischen vorliegenden endgültigen Wahlergebnis ergibt sich jedoch eine Wahlbeteiligung von 79,1 % (61 432 868 Wahlberechtigte, 48 582 761 Wähler, 47 996 480 gültige Stimmen).

Aus den Daten der Aufgabe wie aus dem amtlichen Endergebnis ergibt sich jeweils, dass 36,8 % der Wahlberechtigten für die Parteien der Koalition aus SPD und Bündnis 90/Grüne gestimmt haben. (Nach endgültigem Wahlergebnis erhielten die SPD 18 488 668 und Bündnis 90/Grüne 4 110 355 Zweitstimmen.)

ANREGUNG (Randspalte S. 169):

Für die Abweichungen zwischen Wahlergebnis und Sitzverteilung (siehe Tabelle) gibt es mehrere Gründe: Die Sitze verteilen sich im Allgemeinen nur unter den Parteien, die mindestens ein Wahlergebnis von 5 % erreicht haben. So ist die PDS als Partei nicht in den Bundestag gekommen; die beiden Kandidatinnen der PDS, die ihren Wahlkreis (Erststimme) gewonnen hatten, erhielten jedoch ein Direktmandat. Weiterhin haben die SPD und die CDU in einigen Ländern mehr Direktmandate gewonnen, als ihnen entsprechend ihren Zweitstimmen Sitze zustehen. Daraus ergaben sich 2002 für die SPD 4 und für die CDU 2 „Überhangmandate“.

Partei	SPD	CDU/CSU	Grüne	F.D.P.	PDS
Sitze absolut	251	248	55	47	2
Sitze relativ	41,6 %	41,1 %	9,1 %	7,8 %	0,3 %
Wahlergebnis	38,5 %	38,5 %	8,6 %	7,4 %	4,0 %

4. c/d)

Jahr	1995	1996	1997	1998	1999	2000	2001
Ausgaben in Mrd. €	39,2	43,8	46,6	44,0	42,7	39,9	38,8
Mindereinnahmen in Mrd. €	32,0	35,8	38,2	36,0	34,9	32,7	31,7
„Kosten je Arbeitsloser“ in €	19700	20100	19400	18700	18900	18700	18300

Bei Erhöhung des Anteils an Langzeitarbeitslosen sinken die durchschnittlichen „Kosten je Arbeitsloser“ etwas, weil einige Langzeitarbeitslose kein Arbeitslosengeld I mehr erhalten, sondern nur noch Arbeitslosenhilfe (im hier betrachteten Zeitraum 1995–2001) bzw. Arbeitslosengeld II (heute) in niedrigerer Höhe.

5. a) 10,4 % mehr Verkehrstote

b) Verkehrstote (jeweils 1. Halbjahr) nach Unfallort

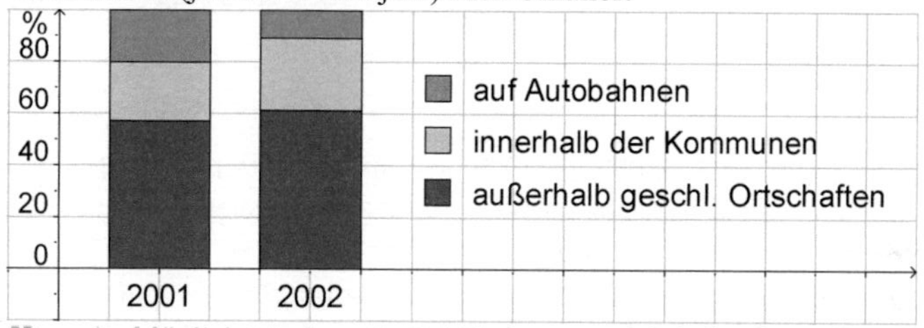

Hinweis: Möglich ist, dass die Schülerinnen und Schuler feststellen, dass die Summe für 2002 mit 183 mehr als die unter a) angegebenen 180 beträgt. Die Werte wurden von der Internetseite aber wie veröffentlicht übernommen.

d) Im ersten Halbjahr 2001:
- 17 Tote durch Alkoholunfälle, 73 Tote durch überhöhte Geschwindigkeit;
- 517 057 Tempoverstöße;
- 26 Verkehrsunfälle unter Drogeneinfluss, 89 Drogenverdachtsfälle;
- 1689 schwere Unfälle durch junge Fahrerinnen und Fahrer mit 2313 Verletzten und 61 Getöteten;
- 498 Kinderunfälle mit 461 verletzten Kindern.

f) z. B. Alkohol und überhöhte Geschwindigkeit

ANREGUNG (Randspalte S. 170):

Beim „begleiteten Fahren ab 17“ handelt es sich um eines von verschiedenen Modellen, um das überproportional hohe Unfallrisiko von jungen Fahranfängern zu senken. Nach diesen Modellvorstellungen dürfen Jugendliche mit 16½ Jahren die Fahrausbildung beginnen und mit 17 die Fahrprüfung ablegen, erhalten aber vorerst nur eine eingeschränkte Fahrerlaubnis. Bevor sie nach frühestens 10 Monaten allein fahren dürfen, sollen sie u. a. über 5000 km in Begleitung einer namentlich benannten und an einer Fahrschule eingewiesenen Person mit ausreichend Fahrpraxis gefahren sein.

6. a)

Gehaltsklasse	0 € bis 499,99 €	500 € bis 999,99 €	1000 € bis 1499,99 €	1500 € bis 1999,99 €	2000 € bis 2499,99 €
Mitarbeiteranzahl	423	836	1432	578	136
Anteil in %	12,4	24,6	42,1	17,0	4,0

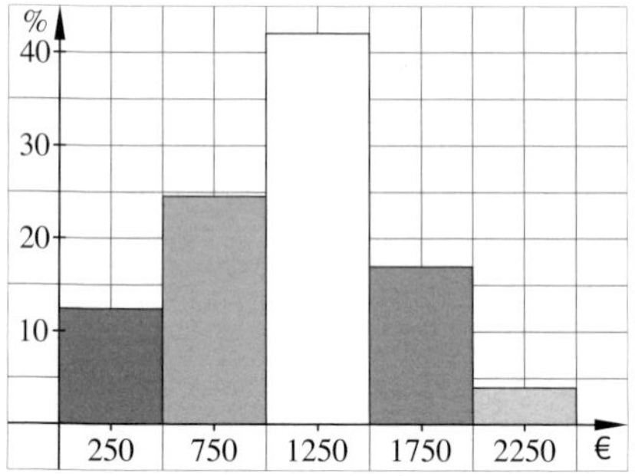

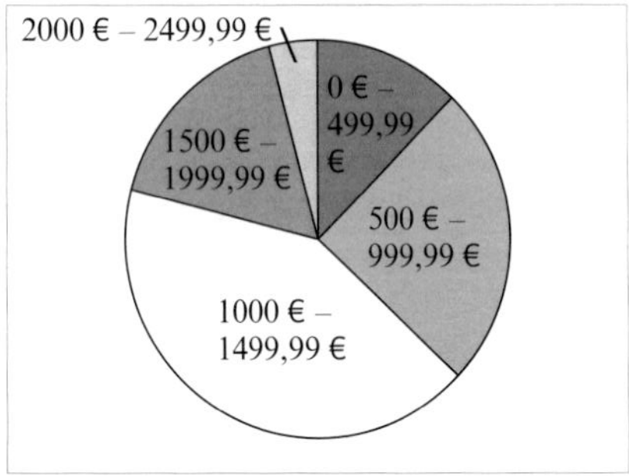

b) Die Klassen müssen so definiert werden, dass jedes mögliche Gehalt genau einer Klasse zugeordnet werden kann.

NACHGEDACHT (Randspalte S. 171):

Der Vorteil einer Klassenbildung besteht darin, dass man sich durch Konzentration auf das Wesentliche und Vernachlässigen unwichtiger Details einen guten Überblick über die Datenmenge verschaffen kann. Der Nachteil besteht darin, dass bei einer zu groben Klasseneinteilung wesentliche Informationen aus den Daten verloren gehen können. Der Vorteil überwiegt, wenn man die Klassenbreite so wählt, dass einerseits nicht zu viel Information verloren geht, aber andererseits die Übersichtlichkeit der Tabellen und Grafiken nicht durch zu viele Detailinformationen beeinträchtigt wird.

7. Klassenbreite: 2; Klassenmitten: 1; 3; 5; 7; 9.
Die Schüler benötigten durchschnittlich 5 h 31 min für die Hausaufgaben.

8. a) $\bar{x} = -0{,}026$

b)

$-3{,}5 < x \le -2{,}5$	$-2{,}5 < x \le -1{,}5$	$-1{,}5 < x \le -0{,}5$	$-0{,}5 < x \le 0{,}5$	$0{,}5 < x \le 1{,}5$	$1{,}5 < x \le 2{,}5$	$2{,}5 < x \le 3{,}5$	$3{,}5 < x \le 4{,}5$
3	6	8	15	11	6	0	1

d) $\frac{(-3)\cdot 3+(-2)\cdot 6+(-1)\cdot 8+0\cdot 15+1\cdot 11+2\cdot 6+4\cdot 1}{50} = \frac{-2}{50} = -0{,}04$

9. a) (1) für den Schulweg benutztes Verkehrsmittel
(2) bevorzugte Art von Urlaubsreisen

b) Beispiele für mit einer Ordinalskala darstellbare Datenmerkmale:
(1) Restaurantbesucher werden befragt, wie ihnen das Essen geschmeckt hat.

(2) Nach einem Vortrag werden die Zuhörer befragt, wie verständlich sie ihn fanden.
Beispiele für mit einer metrischen Skala darstellbare Datenmerkmale:
(1) Dauer des Schulweges; (2) tägliche Regenmenge an einem bestimmten Ort.

10. Es handelt sich jeweils um metrische Skalen.

AUFTRAG (Randspalte S. 172, unten):

Folgende Datenmengen sind in einem Histogramm darstellbar:

- Körpergröße von Jungen der 9. Klasse;
- Ergebnisse des 100-m-Laufes der Schüler einer Schule;
- in einer Klassenarbeit erreichte Punktzahlen (wenn die erreichbare Maximalpunktzahl genügend groß ist, so dass sich eine Klasseneinteilung lohnt).

Blutgruppen und in einer Bibliothek entliehene Literaturgattungen können nicht in einem Histogramm dargestellt werden, da es sich hierbei um qualitative und nicht um quantitative Daten handelt. Die Ergebnisse einer Befragung von Zuschauern, wie ihnen ein Film gefallen hat, können ebenfalls nicht in einem Histogramm dargestellt werden, da die hierbei verwendeten Skalen (z. B. von 1 bis 5 oder von 0 bis 10) meist so kurz sind, dass sich eine Klasseneinteilung nicht lohnt. Die Verwendung längerer Skalen (z. B. von 0 bis 100) ist in diesem Falle nicht sinnvoll.

Erläuterungen und Anregungen

In dieser Lerneinheit sollen die Schülerinnen und Schüler ihre Fähigkeit im Anfertigen und Lesen von Diagrammen weiter vervollkommen. Dabei ist angestrebt, dass auch solche Diagrammarten von den Schülern gefertigt und gelesen werden können, die in den Medien häufig auftreten. Mehrfach wird versucht, die Schülerinnen und Schüler zum kritischen Lesen von Diagrammen anzuregen.

Kenngrößen von Häufigkeitsverteilungen

Lösungen der Aufgaben auf den Seiten 173 bis 177

1. a) „Die Hälfte aller Zuschauer hat unseren Film mit 6 oder mehr Punkten bewertet. Das haben die anderen Filme nicht erreicht.“: Film1, denn 560 Zuschauer bewerteten ihn mit 6 oder besser (Film 2: 490 Zuschauer; Film 3: 460 Zuschauer).
„Der am häufigsten auftretende Wert ist bei unserem Film am höchsten.“: Das trifft am ehesten auf Film 3 zu – häufigster Wert ist die 8. Auf Film 2 mit häufigstem Wert 5 trifft die Aussage keinesfalls zu. Film 1 hat zwar auch 8 als *einen* häufigsten Wert, gleich häufig tritt aber auch die 7 auf.

„Unser Film hat den besten Durchschnitt erreicht.“: Film 2 mit einem Durchschnitt von 6,175 (Film 1: Durchschnitt 5,235; Film 3: Durchschnitt 5,215).

2. a) „Kluger Kopf“ (KK): $\bar{x} = \frac{96}{17} \approx 5{,}65$; „Schlauer Fuchs“ (SF): $\bar{x} = \frac{74}{13} \approx 5{,}69$

b) KK: 6; SF: 7. Der Vergleich spricht für die „Schlauen Füchse“.

c) KK: Die Behauptung ist richtig. 9 von 17 Mitgliedern haben mindestens 6 Punkte erreicht. SF: 8 von 13 Mitgliedern haben die Punktanzahl 4 übertroffen.
Der Vergleich spricht für die Gruppe „Kluge Köpfe“.

3. a) Platzierungen geordnet: 1., 2., 2., 2., 3., 3., 3., 3., 4., 5., 5., 5., 7., 8., 9.

$\bar{x} = \frac{62}{15} \approx 4{,}13$; $m = 3$; $z = 3$

b) Platzierungen geordnet:
1., 2., 2., 2., 3., 3., 3., 3., 4., 4., 5., 5., 5., 7., 7., 7., 7., 8., 9., 10.

$\bar{x} = \frac{97}{20} = 4{,}85$; zwei Modalwerte: $m_1 = 3$; $m_2 = 7$

c) z. B. 6., 7., 6., 7., 6. oder 6., 7., 8., 9., 10.

d) z. B. 5., 5., 5., 5., 5. oder 1., 2., 5., 5., 6.

e) $\bar{x} = 5 = \frac{125}{25} = \frac{97+28}{25}$

Also muss die Summe der weiteren Platzierungen 28 sein:
z. B. 3., 5., 5., 6., 9. oder 1., 6., 6., 7., 8.

f) ja, z. B. 5., 5., 6., 6., 6. oder 1., 5., 5., 8., 9.

g) $\bar{x} = 6 = \frac{150}{25} = \frac{97+53}{25}$

Die Summe der nächsten fünf Platzierungen muss 53 sein. Mindestens eine Platzierung ist daher größer als 10, im Widerspruch zur Bedingung, dass nur Platzierungen unter den 10 besten Springern anzugeben sind.

4. b) Ja, das ist möglich, wenn in irgendeiner Reihenfolge die Augenzahlen 1, 1, 2, 5, 6 gewürfelt werden.

c) 1, 1, 4, 5, 6 mit $m = 1$ und $\bar{x} = 3{,}4$ 1, 2, 3, 6, 6 mit $m = 6$ und $\bar{x} = 3{,}6$
1, 1, 1, 6, 6 mit $z = 1$ und $\bar{x} = 3$ 1, 1, 6, 6, 6 mit $z = 6$ und $\bar{x} = 4$
1, 2, 3, 6, 6 mit $m = 6$ und $z = 3$ 1, 1, 4, 5, 6 mit $m = 3$ und $z = 4$

5. $\bar{x} = \frac{H(x_1)\cdot x_1 + H(x_2)\cdot x_2 + \ldots + H(x_n)\cdot x_n}{n} = \frac{H(x_1)}{n}\cdot x_1 + \frac{H(x_2)}{n}\cdot x_2 + \ldots + \frac{H(x_n)}{n}\cdot x_n$

$\bar{x} = h(x_1)\cdot x_1 + h(x_2)\cdot x_2 + \ldots + h(x_n)\cdot x_n$

6. a) Sebastian: $\bar{x} = \frac{743}{128} \approx 5{,}80$; $m = 7$; $z = 6$; Martin: $\bar{x} = \frac{815}{140} \approx 5{,}82$; $m = 7$; $z = 6$

b) Die ermittelten Werte sind jeweils zumindest fast gleich groß. Dennoch sind die beiden Serien recht unterschiedlich, da Sebastian viele mittlere und Martin viele große bzw. kleine Punktzahlen erreicht hat.

7.

Nr. der Messung	t in s	$t-\bar{t}$ in s	$\lvert t-\bar{t}\rvert$ in s	$(t-\bar{t})^2$ in s^2
1	8,3	0,04	0,04	0,0016
2	7,9	−0,36	0,36	0,1296
3	8,4	0,14	0,14	0,0196
4	8,4	0,14	0,14	0,0196
5	8,5	0,24	0,24	0,0576
6	8,1	−0,16	0,16	0,0256
7	8,1	−0,16	0,16	0,0256
8	8,4	0,14	0,14	0,0196
9	8,2	−0,06	0,06	0,0036
10	8,3	0,04	0,04	0,0016
Mittelwert	8,26	0,00	0,148	0,0304

a) $\bar{t} = 8{,}26$ s

b) Die Summe ist gleich 0. Begründung für jede Messreihe:
$(t_1-\bar{t})+(t_2-\bar{t})+\ldots+(t_n-\bar{t}) = t_1+t_2+\ldots+t_n-n\cdot\bar{t}$

$= t_1+t_2+\ldots+t_n-n\cdot\frac{t_1+t_2+\ldots+t_n}{n} = 0$

c) Arithmetisches Mittel: 0,148 s. Bedeutung: mittlere Abweichung der gemessenen Zeiten vom arithmetischen Mittel.

d) Arithmetisches Mittel: 0,0304 s^2

e) s; s; s^2

f) Zahlenwert: $\sqrt{(t-\bar{t})^2} = \lvert t-\bar{t}\rvert$; Einheit: s

8. a) Aufgabe 2, Kluger Kopf: $\bar{x} \approx 5{,}65$; $d_{\bar{x}} \approx 1{,}67$; $s \approx 2{,}08$
Aufgabe 2, Schlauer Fuchs: $\bar{x} \approx 5{,}69$; $d_{\bar{x}} \approx 2{,}13$; $s \approx 2{,}40$
Aufgabe 6, Sebastian: $\bar{x} \approx 5{,}80$; $d_{\bar{x}} \approx 1{,}74$; $s \approx 2{,}06$
Aufgabe 6, Martin: $\bar{x} \approx 5{,}82$; $d_{\bar{x}} \approx 2{,}50$; $s \approx 2{,}96$

b) Aufgabe 1, Film 2: $\bar{x} \approx 6{,}18$; $d_{\bar{x}} \approx 2{,}26$; $V \approx 6{,}54$; $s \approx 2{,}56$
Aufgabe 1, Film 3: $\bar{x} \approx 5{,}22$; $d_{\bar{x}} \approx 2{,}41$; $V \approx 6{,}87$; $s \approx 2{,}62$

9. a) Die Spannweite ist die Differenz zwischen maximalem und minimalem Wert.

b) Die Spannweite ist nur ein grobes Streuungsmaß.

10. a) In allen Klassen wurden im Mittel 2,5 Fragen richtig beantwortet.

b) Sind $H(x_1)$, $H(x_2)$, … , $H(x_n)$ die absoluten Häufigkeiten des Auftretens der Daten $x_1, x_2, \ldots, x_n$, dann gilt mit $h(x_i) = \frac{H(x_i)}{n}$ $(i = 1, 2, \ldots, n)$:

$$d_{\bar{x}} = \frac{H(x_1)\cdot|x_1-\bar{x}| + H(x_2)\cdot|x_2-\bar{x}| + \ldots + H(x_n)\cdot|x_n-\bar{x}|}{n}$$

$$d_{\bar{x}} = \frac{H(x_1)}{n}\cdot|x_1-\bar{x}| + \frac{H(x_2)}{n}\cdot|x_2-\bar{x}| + \ldots + \frac{H(x_n)}{n}\cdot|x_n-\bar{x}|$$

$$d_{\bar{x}} = h(x_1)\cdot|x_1-\bar{x}| + h(x_2)\cdot|x_2-\bar{x}| + \ldots + h(x_n)\cdot|x_n-\bar{x}|$$

Die Herleitung der Formel für s erfolgt analog.

c) Klasse 9 a: $d_{\bar{x}} = 1{,}5$; $s \approx 1{,}71$;
Klasse 9 b: $d_{\bar{x}} = 0{,}75$; $s \approx 1{,}87$
Klasse 9 c: $d_{\bar{x}} = 1{,}1$; $s \approx 1{,}31$

11. a) A und B jeweils: Einnahmen 50 €; Ausgaben 40 €; Verdienst 10 €.
Arithmetische Mittel des zu erwartenden Gewinns der Spieler und zugehörige Standardabweichungen: $\bar{x}_A = -0{,}10$ €; $s_A = 1{,}31$ €; $\bar{x}_B = -0{,}10$ €; $s_B = 2{,}48$ €.
Bei beiden Losbuden wird ein Spieler im Durchschnitt 10 Cent verlieren. Bei der Losbude B werden allerdings die Verluste bzw. Gewinne einzelner Spieler etwas stärker um einen Verlust von 10 Cent streuen als bei Losbude A.

Erläuterungen und Anregungen

Diese Lerneinheit beschäftigt sich mit Häufigkeitsverteilungen und deren Kenngrößen. Betrachtet werden dabei das arithmetische Mittel (der Mittelwert), der Modal- und der Zentralwert sowie die verschiedenen Streuungsmaße. Im Mittelpunkt stehen dabei die mittlere Abweichung, die mittlere quadratische Abweichung (die Varianz) und die Standardabweichung. Dabei wird

$$s = \sqrt{\frac{(x_1-\bar{x})^2\cdot H_1 + (x_2-\bar{x})^2\cdot H_2 + \ldots + (x_r-\bar{x})^2\cdot H_r}{n}}$$

für die Standardabweichung verwendet, wie es für die Wahrscheinlichkeitsrechnung üblich ist. Dem entgegen wird für die Auswertung von statistischen Daten üblicherweise häufig

$$s_{n-1} = \sqrt{\frac{(x_1-\bar{x})^2\cdot H_1 + (x_2-\bar{x})^2\cdot H_2 + \ldots + (x_r-\bar{x})^2\cdot H_r}{n-1}}$$

verwendet. Auf diese Unterscheidung wurde hier verzichtet. Eine Frage der Schülerinnen und Schüler danach ist höchstens bei Verwendung der Statistiktasten des Taschenrechners zu erwarten, da diese häufig sowohl eine s_n-Taste als auch eine s_{n-1}-Taste haben.

Planung und Durchführung statistischer Erhebungen

Lösungen der Aufgaben auf den Seiten 178 bis 181

3. a) Es sind Personen all derjenigen Altersgruppen zu befragen, die auch tatsächlich ein Schwimmbad nutzen würden. Um ein genaueres Bild hiervon zu bekommen, könnte z. B. das Nutzerprofil des bisherigen alten Schwimmbads oder das eines Bades in einer Nachbarstadt erkundet werden.

b) – Welche Aktivitäten sollen möglich sein? (Spaßbad mit Wasserrutschbahn, Saunabereich, Massage, Cafeteria usw.; sportliches Schwimmen in relativ kühlem Wasser auf möglichst langen Bahnen)
– Wie soll die Preisgestaltung aussehen? (Einzelkarten, Mehrfachkarten, Jahreskarten, Schülerkarten usw.)
– Hallenbad oder Freibad oder Kombination von beidem?
– generelle Öffnungszeiten; reservierte Zeiten für besondere Gruppen (Schulklassen, Schwimmverein, Senioren, Frauen usw.)

4. b)

1) Augenfarbe:	Frage mit Mehrfachauswahl
2) Geschwisterzahl:	Skalenfrage
3) Geschlecht:	Frage mit Einfachauswahl
4) Größe:	Maßzahlfrage
5) Mathematiknote:	Skalenfrage
6) Geburtstagswunsch:	Frage mit freier Antwort
7) letztes Urlaubsziel:	Frage mit freier Antwort
8) Rechtshändigkeit:	Frage mit Einfachauswahl
9) Benotung des Schulleiters:	Skalenfrage
10) Alptraum:	Frage mit freier Antwort

5. a) Frage mit Mehrfachauswahl
b) Name: Frage mit freier Antwort; Geburtsdatum: Maßzahlfrage
c) Skalenfrage d) Maßzahlfrage

6. Diese Zuordnung ist möglich, wenn Antwortmöglichkeiten z. B. wie folgt vorgegeben werden: bis 1 Stunde / 1 bis 2 Stunden / 2 bis 3 Stunden / mehr als 3 Stunden.

13. a) Das Verhältnis der Anteile der verschiedenen Augenfarben an der Gesamtheit wird gut veranschaulicht, ein Kreisdiagramm wäre auch gut geeignet.

b) Ein Ringdiagramm eignet sich für diese Problemstellung sehr gut, die Anschaulichkeit wäre aber besser, wenn sich in beiden Ringen die Grenze zwischen den Bereichen 1 und 5 (statt 4 und 5, was willkürlich erscheint) oben auf gleicher Höhe befinden würde. Zwei Kreisdiagramme nebeneinander wären ebenfalls gut geeignet.

c) Das Balkendiagramm vermag gut zu veranschaulichen, in welchem Verhältnis die Schulweglängen stehen. Eine ebenfalls gute Alternative wäre ein Kreisdiagramm, aber auch ein Säulen- oder Balkendiagramm wäre sinnvoll.

Teste dich!

Lösungen der Aufgaben auf den Seiten 182 bis 183

1. a)

Wert	1	2	3	4	5	6
absolute Häufigkeit $H(x_i)$	4	8	12	8	6	2
relative Häufigkeit $h(x_i)$	0,1	0,2	0,3	0,2	0,15	0,05
$h(x_i)$ in Prozent	10	20	30	20	15	5

b)

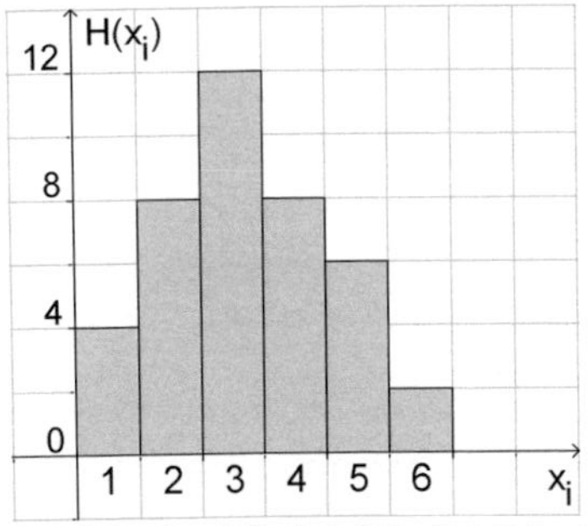

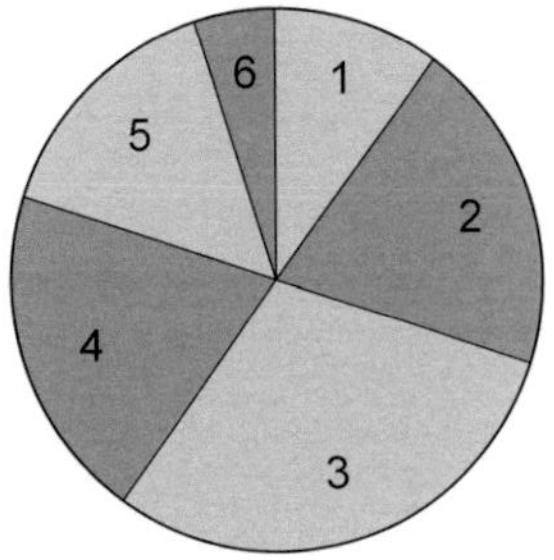

c) $\bar{x} = 0{,}1 \cdot 1 + 0{,}2 \cdot 2 + 0{,}3 \cdot 3 + 0{,}2 \cdot 4 + 0{,}15 \cdot 5 + 0{,}05 \cdot 6 = 3{,}25$

2. Der Durchschnitt liegt in beiden Klassen bei 2,73, in der Klasse 9 a gibt es aber eine viel stärkere Streuung als in der Klasse 9 b, in welcher fast alle vergebenen Noten (Zweien und Dreien) in der Nähe des Durchschnitts liegen. Deswegen liegt der Zentralwert $z = 2$ in der 9 a nicht so nah beim arithmetischen Mittel wie der Zentralwert $z = 3$ in der 9 b.

9 a:

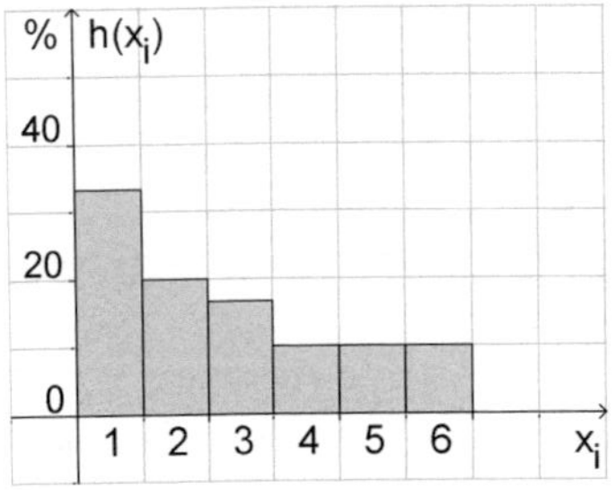

9 b:

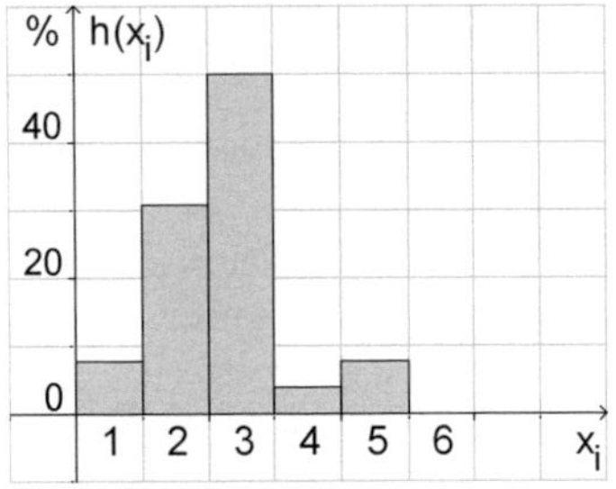

3. a) Klasseneinteilung z. B. so:
80,00 € bis 89,99 €; 90,00 € bis 99,99 €; … ; 170,00 € bis 179,99 €

b) Grafische Darstellung der relativen Häufigkeiten:

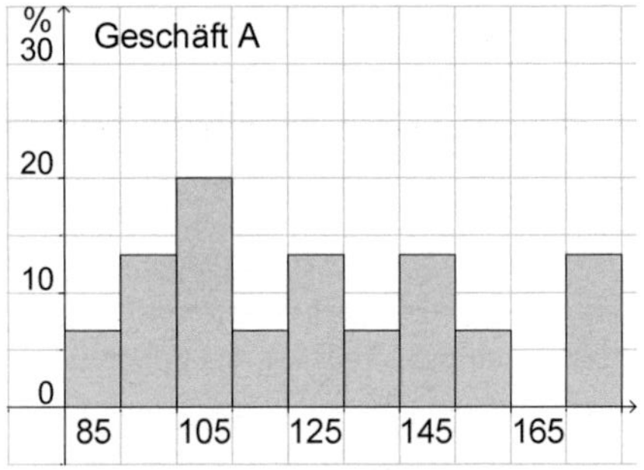

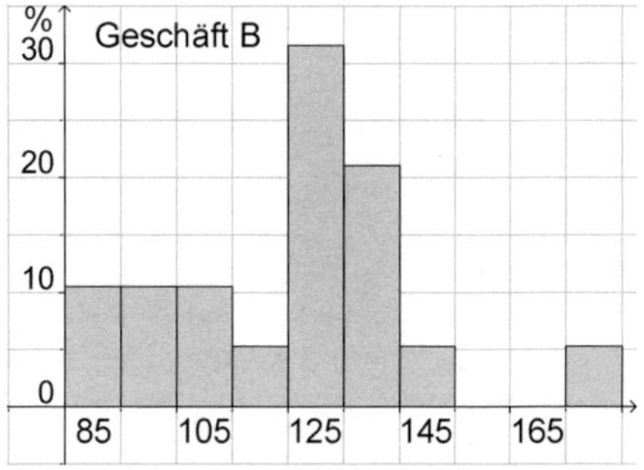

Berechnet man mit den Klassenmitten dieser Klasseneinteilung die Kenngrößen, so erhält man:

Geschäft A: $\bar{x} = 125{,}\bar{6}$; $z = 125$; $d_{\bar{x}} = 23{,}4\bar{6}$

Geschäft B: $\bar{x} = 120{,}8$; $z = 125$; $d_{\bar{x}} = 16{,}90$

4. Aus der Zuordnung *Klassenmitte* → *relative Häufigkeit* ergibt sich das Histogramm der Häufigkeitsverteilung. Bei (1): 0,55 → 0,1; 0,65 → 0,4; 0,75 → 0,3; 0,85 → 0,2.
Bei (2): 0,6 → 0,35; 0,7 → 0,30; 0,8 → 0,25; 0,9 → 0,10.

(1)

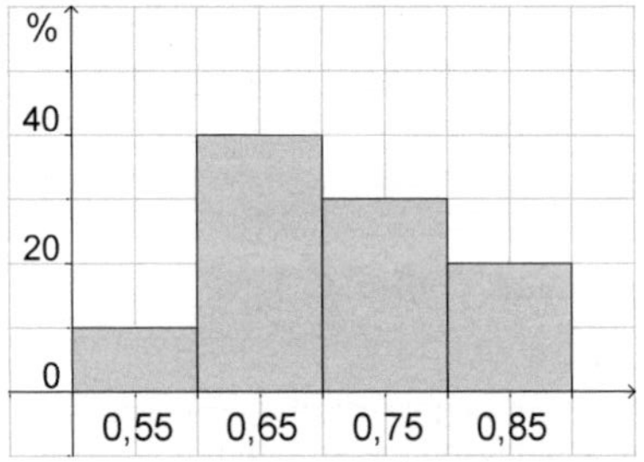

(2)

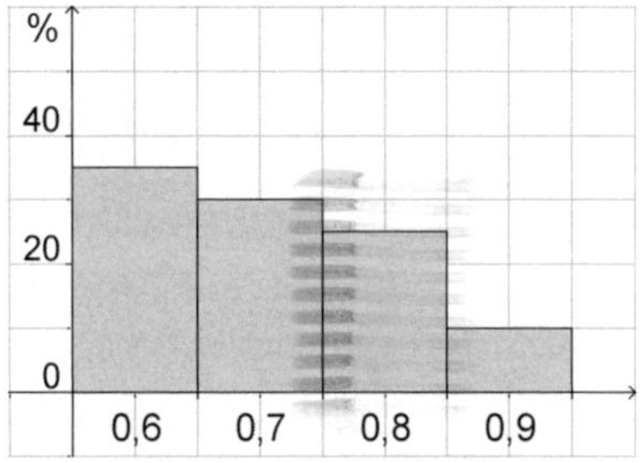

Es ergeben sich sehr verschiedene Histogramme: Das zu (1) erweckt den Eindruck eines starken Ansteigens zu Beginn und einer anschließenden gemäßigten Rückentwicklung, das zu (2) erweckt den Eindruck eines zuerst gemäßigten, dann rapiden Abfallens von hohem Niveau. Daraus ergibt sich zugleich eine Antwort auf Frage b): Der optische Eindruck der grafischen Darstellung kann unter Umständen durch die Klasseneinteilung extrem verändert werden.

5. Die schwerere Seite wird häufiger als die anderen Seiten unten liegen. Die Zahl auf der gegenüberliegenden Seite ergibt sich demnach als Modalwert. Aus dem arithmetischen Mittel oder dem Zentralwert kann nicht auf die gezinkte Seite geschlossen werden.
6. Das linke Diagramm stellt die Entwicklung der Käferpopulation im Zeitraum 1990 bis 2002 dar, das rechte Diagramm erfasst dagegen nur den Ausschnitt von 1996 bis 2002 dieser Entwicklung. 1996 bis 2002 war ein ständiger Anstieg zu verzeichnen (mehr als Verdopplung), ohne die Werte vor 1994 auch nur annähernd zu erreichen.
7. b) Auffallend sind zumindest zwei Entwicklungen:
   - In den neuen Bundesländern ist der Anteil der Studienberechtigten, deren Väter einen Hochschulabschluss haben, rückläufig.
   - In den alten Bundesländern ist der Anteil der Studienberechtigten, deren Väter einen Hauptschulabschluss haben, deutlich gesunken. Dies dürfte darin begründet sein, dass in der Generation der Väter der Anteil der Hauptschulabgänger insgesamt gesunken ist.

Lineare Funktionen und lineare Gleichungssysteme

Die Lösungsverfahren für lineare Gleichungssysteme erhalten mit der zunehmenden Verfügbarkeit von Taschenrechnern und Computern mit Computeralgebrasystemen (CAS) ein verändertes Gewicht. Gegenwärtig enthalten die Richtlinien für den Mathematikunterricht noch die Vorgabe, dass die Schülerinnen und Schüler die üblichen grundlegenden Lösungsverfahren beherrschen sollen; der Einsatz von Taschenrechnern mit algebraischen Fähigkeiten wird als zusätzliche Möglichkeit empfohlen. Für die Zukunft dürfte das Gewicht weiter zugunsten der Taschenrechner verschoben werden. Damit bleibt zu diskutieren, wie viel Wissen und Fertigkeiten zu den Lösungsverfahren weiterhin benötigt werden.
Zu den Inhalten, auf welche auch künftig nicht verzichtet werden kann, zählen Wissen und Einsicht in die Begründungszusammenhänge. In diesem Kapitel wird ein Grundverständnis über das grafische Lösungsverfahren der Schnittpunktbestimmung zweier Geraden entwickelt. Es dient zur Begründung für die rechnerischen Verfahren (Gleichsetzungs-, Einsetzungs- und Additionsverfahren). Mit zahlreichen Aufgaben sollen die Schülerinnen und Schüler ausreichend Sicherheit gewinnen, die Verfahren ohne Taschenrechnerhilfe durchzuführen.
Im Gegensatz dazu steht für den Gauß-Algorithmus das Verständnis der Lösungsstrategie im Vordergrund, ohne dass sicherer Umgang in eigenständiger Ausführung angestrebt wird. Hier bringt der algebrafähige Taschenrechner deutliche Entlastung von fehleranfälligen Rechnungen. Beim Einsatz von Taschenrechnern oder Computeralgebrasystemen werden lineare Gleichungssysteme durch die Matrix ihrer Parameter angegeben. Soweit die Lösung als Vektor ausgegeben wird, liefern Taschenrechner bei nicht eindeutig lösbaren Gleichungssystemen Fehlermeldungen. Hier müssen die Schülerinnen und Schüler befähigt werden, die Situation korrekt zu beurteilen. Entsprechend müssen sie in der Lage sein, die Lösung, die durch ein CAS in Form einer Diagonalmatrix geliefert wird, zu deuten. Damit kommt der Bestimmung der Mächtigkeit der Lösungsmenge ein besonderes Gewicht zu.

Funktionen als mathematische Modelle

Lösungen der Aufgaben auf den Seiten 186 bis 187

1. a) Für eine grobe Näherung eignen sich die Werte 9800 für 1994 und 8000 für 1998. Mit $x = t - 1990$ ergibt sich aus den Wertepaaren (4 | 9800) und (8 | 8000) die Gleichung $f(x) = -450x + 11600$.

b) Aus der in a) bestimmten Funktionsgleichung ergeben sich gerundet die folgenden Abweichungen von den tatsächlichen Werten:
$-150, +70, +300, -10, -100, +140, -100, +10, -220$.
Positive und negative Abweichungen gleichen sich weitgehend aus (Summe: –60). Die Funktion beschreibt den Datenverlauf brauchbar.

2. Für eine Näherung kommen die Werte 1580 für 1993 und 1080 für 1998 in Betracht. Mit $x = t - 1990$ ergibt sich aus den Wertepaaren (3 | 1580) und (8 | 1080) die Gleichung $f(x) = -100x + 1880$. Die Summe der Abweichungen –87, +1, +11, –44, +102, +33, –4, –3 von den realen Werten beträgt +9.

3. Die Beschreibung durch eine Gerade gibt einen Trend im Verlauf der Daten wieder, von dem im Modell angenommen wird, er bestehe in einer gleichmäßigen Veränderung (konstante Steigung m). Selbst wenn der Trend sich ändern würde, so wäre für die unmittelbare Zukunft der Einfluss noch nicht so gravierend, dass die Beschreibung durch eine lineare Funktion abwegig würde. Das kann aber nicht für längerfristige Vorhersagen gelten: Wenn wie im Beispiel der Aufgabe 2 die Abnahme fortlaufend geringer wird, lässt sich der Datenverlauf nicht mehr linear beschreiben.
Der Verlauf der Zahl der Verkehrstoten weist sicher künftig eine solche Verlaufsänderung auf, sonst müsste die Anzahl auf Null zurückgehen und sogar negativ werden. Für eine längerfristige Beschreibung eignet sich daher nur ein Modell, in welchem eine nichtkonstante Steigung berücksichtigt wird (z. B. eine gebrochen-rationale oder Exponentialfunktion).

4. Zu einem Zeitpunkt liegt jeweils ein Messergebnis vor, das diesem eindeutig zugeordnet ist. Das ist auch das Charakteristikum einer Funktion.

5. a) Batterien: $b(t) = 6{,}90 \cdot t$; Akkus: $a(t) = 0{,}50 \cdot t + 43{,}70$

b) $G(t) = b(t) - a(t)$ bei t Stunden Fahrzeit, also pro Stunde $g(t) = \dfrac{G(t)}{t}$

c) In a) ist die Verwendung der Akkus vorteilhafter, sobald der Graph von a unterhalb des Graphen von b verläuft (jenseits des Schnittpunkts der Graphen). Aus den Graphen von G und g erkennt man das, sobald die auftretenden Funktionswerte positiv werden (jenseits der gemeinsamen Nullstelle).
Der Schnittpunkt der Graphen von b und a ist S (6,83 | 47,11). Ab 7 Stunden ist also die Benutzung der Akkus günstiger.

d) Würde Ferdinand sein Auto nur eine halbe Stunde fahren lassen, dann würden ihm dieselben Kosten entstehen wir für eine ganze. Daher lassen sich die Werte der betrachteten Funktionen für nicht-natürliche Zahlen nicht sinnvoll interpretieren.

6. a) $D_G = \mathbb{Q}$, $D_g = \mathbb{Q} \setminus \{0\}$; sinnvolle Einschränkung: $D_G = \mathbb{N}$, $D_g = \mathbb{N} \setminus \{0\}$

b) Die Angaben der verunglückten Personen beziehen sich jeweils auf ein Kalenderjahr. Als Definitionsbereich kommen alle Jahre in Betracht, in denen man von Straßenverkehr sprechen kann (die Existenz von Straßen und von auf diesen verkehrenden Fahrzeugen wird vorausgesetzt). Zwischenwerte lassen sich nicht deuten, denn der Wert z. B. nach einem halben Jahr entspricht nicht den anderen, die sich auf ganze Kalenderjahre beziehen.

7. f stimmt für $x \neq 0$ mit einer linearen Funktion überein, ist aber für $x = 0$ nicht definiert, während die entsprechende lineare Funktion $y = 2x + 1$ dort den Wert 1 besitzt.

Erläuterungen und Anregungen

Bei der Erstellung mathematischer Modelle für reale Vorgänge, deren Daten Jahreszahlen zugeordnet sind, bedarf es der Diskussion, wie ein geeignetes Koordinatensystem gewählt werden kann und welche Genauigkeit der Koeffizienten angebracht ist. Unterschiedliche Antworten hierzu sind möglich, sie hängen zum Teil von der jeweiligen Aufgabe ab.

Als Startzeitpunkt ($x = 0$) lassen sich je nach Auffassung der Daten etwa der Beginn einer Dekade oder eines Jahrhunderts wählen, aber auch das Jahr der ersten Angabe. Entsprechend den Abständen, in welchen die Daten vorliegen, lässt sich auch die Einheit (für die Variable x) unterschiedlich wählen. Vorteilhaft erscheint eine strikte Trennung der Bezeichnungen für die Zeit(punkte) t und für die Variable x zur mathematischen Beschreibung, deren Zusammenhang jeweils explizit angegeben werden sollte.

Auf die Frage der Genauigkeit für die Koeffizienten gibt die Berechnung mithilfe der Regressionsgeraden oft eine andere, theoriebedingte Antwort als unmittelbar durch die grafische Darstellung einsichtig: Warum sollen Steigung bzw. Absolutglied der Näherungsgeraden andere als ganze Zahlen sein, solange die Daten als ganze Zahlen vorliegen? Aber auch für die Schätzung einer geeigneten Näherungsgeraden muss geklärt werden, wie mit einer Steigung $\frac{200}{3}$ umgegangen werden soll, die auf einen unendlichen Dezimalbruch führt.

Die in Zeitungen reichlich vorhandenen Darstellungen von Werteverläufen als stückweise lineare Verbindung der Wertepaare betonen die Veränderung der Werte, ohne dass oft die grafisch entstandenen Zwischenwerte als (mögliche) Messwerte gedeutet werden könnten; im Gegensatz dazu ist das bei Darstellungen physikalischer Zusammenhänge meistens möglich. Die Aufgabe 8 regt die Diskussion hierzu an, sollte jedoch durch weiteres, aktuelles Material ergänzt werden.

Zur Reflexion über die Wahl der Zeit-Koordinate seien kurze historische Hinweise angefügt: Es ist Aristoteles (384 – 322 v. Chr.), der als erster die Zeit als Möglichkeit versteht, Veränderungen zu beschreiben: „Zeit ist die Zahl des Prozesses hinsichtlich des Früher oder Später“ (Aristoteles, Physik IV).

Im hier betrachteten Sinne ist es also seit Aristoteles möglich, den Ursprung des Koordinatensystems bezüglich der Zeit auf einen beliebig gewählten Zeitpunkt zu legen und von hier aus zu messen. Vor ihm wurde die Zeit als kosmologisch angesehen, ein Zeitpunkt wie ein Prozess (Veränderung, Bewegung) in die kosmische Zeit des Werdens und Vergehens eingebettet. „Ein bewegtes Bild der Ewigkeit beschließt er zu machen und bildet … von der beharrenden Ewigkeit ein nach der Vielheit der Zahl sich vorbewegendes dauerndes Abbild, eben das, was wir Zeit genannt haben. Nämlich Tage, Nächte, Monate und Jahre“ (Platon, Timaios 37). Die kreisförmige Bewegung, die das beharrend Ewige abbildet, geht bei Aristoteles über in die Möglichkeit der Zeitmessung, legt durch ihre Wiederholung ein Maß fest, mit welchem man die Dauer von Prozessen vergleichen kann. Die Zeit selber fasst Aristoteles als Beschreibung zielgerichteter, irreversibler Prozesse auf. Erst bei Newton (1642 – 1727) wird sie zu einer absoluten, von allem, was in ihr geschieht, abgelösten Größe: „Die absolute, wahre mathematische Zeit fließt gleichmäßig an sich und ihrer Natur nach, ohne Beziehung auf irgendetwas Äußerliches“ (Newton, Principia).

Anwendungen linearer Funktionen

Lösungen der Aufgaben auf den Seiten 188 bis 191

AUFGABE (Randspalte S. 188): Funktionsgleichung: $V = f(t) = 22 - 2t$ (t: Zeit in h; V: Wasservolumen in m³). $D = \{t \in \mathbb{Q} \mid 0 \leq t \leq 11\}$; $W = \{V \in \mathbb{Q} \mid 0 \leq V \leq 22\}$.
Nach 3 Stunden enthält der Pool noch 16 m³ Wasser.

2. a) $P = p \cdot s + g$

b)

s in km	3	10	20
P in €	4,45	10,40	18,90

c) Für 25 € kann man etwa 27 km weit fahren.
d) Gesamtkosten: 14,65 €; Christina: 5,86 € für 10 km; Doris: 8,79 € für 15 km

3. a) x: Volumen des Heliums in m³; y: Gewicht des Zeppelins in kp; y_0: Gewicht des Gerüstes ohne Helium in kp. Der Proportionalitätsfaktor 1,11 hat die Einheit kp/m³.
c) 1667 m³ e) maximal 2600 kg

4. a) 22 km/h

b)

t in min	5	10	15	20	25	30	35	40	45
s in km	127,6	129,5	131,3	133,1	135,0	136,8	138,6	140,5	142,3

d) $s = \frac{22}{60}t + 125{,}8$ (t in min, s in km) e) nach 38 min 44 s

5. a) $y = 0{,}06 \cdot x + 12{,}30$

b)

x	100	200	300	400	500
y in €	18,30	24,30	30,30	36,30	42,30

d) 1125 Einheiten e) bis zu 229 Einheiten

6. a) Benzin: $y_B = 0{,}10 \cdot x + 196{,}00$;
Diesel: $y_D = 0{,}07 \cdot x + 239{,}50$ (x: Fahrstrecke in km)

b)

x in km	500	1000	1500
y_B in €	246,00	296,00	346,00
y_D in €	274,50	309,50	344,50

c) Schnittpunkt: gleiche Kosten von 341,00 € bei 1450 km d) ab 17 400 km

NACHGEDACHT (Randspalte S. 189): Die Autozeitschrift versteht unter Festkosten eines Fahrzeuges die Summe aus Steuern, Versicherungen, Abschreibungsbetrag, entgangenem Kapitalzins und etwaiger Garagen- oder Parkplatzmiete.

7. a), b) siehe Abbildung

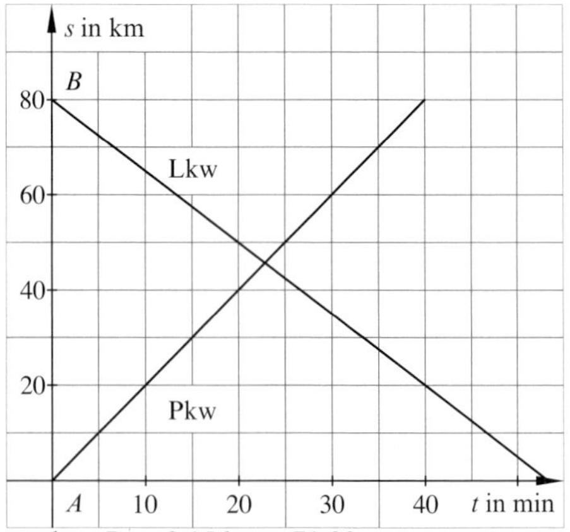

c) Begegnung nach 23 min, also um 7.53 Uhr
PKW: noch 34,3 km
LKW: noch 45,7 km
d) PKW: $s_1 = 120t$ (t in h, s in km)
LKW: $s_2 = -90t + 80$
Das Vorzeichen von v gibt die Fahrtrichtung an.

8. a) Haushalte: $P_H = 0{,}112 \cdot x + 40{,}94$; Gewerbe: $P_G = 0{,}156 \cdot x + 71{,}90$
(x: Anzahl der Kilowattstunden; y: Zahlenwert des Preises in €)
b) 194,38 € c) 1436,90 € d) Familie Schulz: 225,48 €; Autowerkstatt: 1666,80 €

9. a) 1 °C je 33 m Tiefe
b) $y = \frac{1}{33}x + 20$ (x: Tiefe in m; y: Zahlenwert der Celsiustemperatur)
In einem 250 m tiefen Schacht beträgt die Bodentemperatur 27,6 °C.
c) im Vulkangebiet: 45 °C; anderenorts: 22,5 °C
d) Sina hat Unrecht: Im Lexikon ist von verschiedenen Stellen der Erdoberfläche die Rede. Die Linearität meint aber den Temperaturanstieg an ein und demselben Punkt der Erdoberfläche.
e) Bei einem Erdradius von 6378 km am Äquator ergibt sich daraus eine durchschnittliche Temperaturzunahme von etwa 0,94 °C pro Kilometer.

10. a)

t in s	0	1	2	3	4	6	8	10	12	14	15
h in cm	50	46,8	43,6	40,4	37,2	30,8	24,4	18	11,6	5,2	2

b) siehe Abbildung

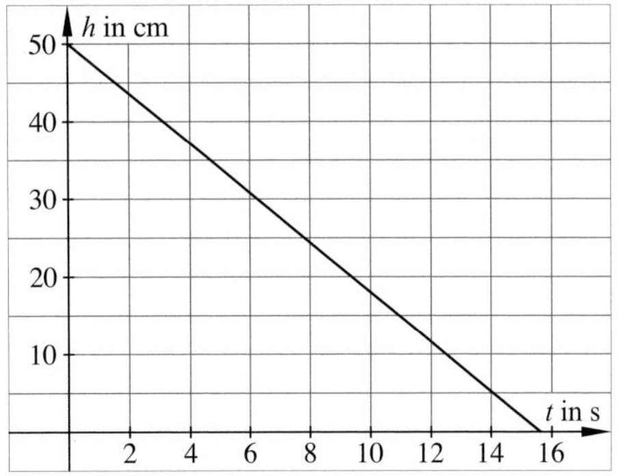

c) nach 15,6 s

d) $h = 50 - 3{,}2t$; $0 \text{ s} \leq t \leq 15{,}6 \text{ s}$

e)

t in s	1,5	2,5	5,5
h in cm	45,2	42	32,4

11. a)

x in °C	−50	0	37,8	100	10	20	30	40	60
y in °F	−58	32	100	212	50	68	86	104	140

c) 77 °F: 25 °C; 50 °F: 10 °C; Abkühlung um 15 Grad

12. b) $y = 0{,}8x + 28$ (x: Volumen in cm^3; y: Masse in g) c) $m = 68$ g

d) Die Steigung entspricht der Dichte: 0,8 g/cm^3.
Die Schnittstelle mit der y-Achse entspricht der Leermasse des Glases: 28 g.

e) etwa 1,2 kg f) ja, weil $V = 2{,}875 \text{ l} < 3 \text{ l}$

Lineare Gleichungen mit zwei Variablen

Lösungen der Aufgaben auf den Seiten 192 bis 196

1. a) Sei c der Preis einer Dose Cola und p der Preis einer Pizza. Dann gilt:
$20c + 3p = 28{,}50$ €. Diese Gleichung hat mehrere Lösungen, z. B.
$c = 0{,}75$ €; $p = 4{,}50$ € oder $c = 0{,}60$ €; $p = 5{,}50$ €.

b) Sei H die Masse eines Hasen und W die Masse des Wolfes. Dann gilt:
$4H = W + H \Rightarrow W = 3H$. Der Wolf ist so schwer wie drei Hasen.

2. x: Anzahl der 5-Cent-Münzen; y: Anzahl der 10-Cent-Münzen

x	1	3	5	7
y	4	3	2	1

3. b) Die Innenmaße des U-Eisens seien b und h. Für den Umfang u des Querschnitts gilt dann: $u = 2b + 4h + 12 \text{ cm} = 90 \text{ cm} \Rightarrow 2b + 4h = 78 \text{ cm} \Rightarrow b + 2h = 39$ cm. Diese Gleichung ist z. B. erfüllt für $b = 25$ cm, $h = 7$ cm und für $b = 15$ cm, $h = 12$ cm.

Einige rechnerisch mögliche Lösungen (z. B. $b = 1$ cm, $h = 19$ cm) sind für das U-Eisen nicht akzeptabel.

4. a) Aufgabe 2: $5x + 10y = 45$ oder $x + 2y = 9$; Aufgabe 3: $2b + 4h = 78$ oder $b + 2h = 39$

b) Aufgabe 1 a: $20c + 3p = 28{,}50$; Aufgabe 1 b: $4H = W + H$ oder $W = 3H$

5. Aufgabe 2: Variablengrundbereich $\mathbb{N}$
Aufgabe 3: Variablengrundbereich für b: $\{b \in \mathbb{Q}^+ \mid 2 \leq b \leq 35\}$;
Variablengrundbereich für h: $\{h \in \mathbb{Q}^+ \mid 2 \leq h \leq 18{,}5\}$
(Abweichende Lösungen sind möglich.)

6. a) $s + 1{,}2k = 14$; $s, k \in \mathbb{N}$
(s: Anzahl der Salzstangenpäckchen; k: Anzahl der Kartoffelchipstüten)

b) $x - y = 10$; $x, y \in \mathbb{Q}$ c) $x + y = 7$; $x \in \{1, 2, 3, ..., 9\}$; $y \in \{0, 1, 2, ..., 9\}$

8. $2x + 2y = 12$ oder $x + y = 6$

x in cm	0,5	1	1,5	2	2,5	3	3,5	4	4,5	1	0,5
y in cm	5,5	5	4,5	4	3,5	3	2,5	2	1,5	5	5,5

Die Punkte $(x \mid y)$ liegen auf einer Geraden.

9. b) Die Punkte auf der Geraden durch $P(2 \mid 7)$ und $Q(5 \mid 5)$ liefern weitere Lösungen.

c) Alle Zahlenpaare, die die Gleichung $x \cdot 0{,}40 + y \cdot 0{,}60 = 5$ erfüllen, liegen auf der genannten Geraden, denn sie erfüllen auch die Geradengleichung $y = -\frac{2}{3}x + \frac{25}{3}$.

10. siehe nebenstehende Abbildung

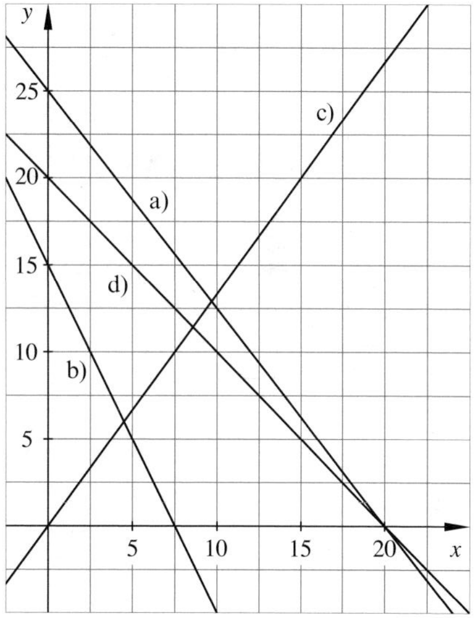

11. $2x + 12 = 4 \cdot (\frac{1}{2}y - 5) \Rightarrow y = x + 16$

x	11	12	13
y	27	28	29

12. a) $7x + 5y = 35$

b) $11b + 8h = 88$

c) $s = 3t$

13. a) $0{,}3x + 0{,}1y = 4{,}5$
(x: Anzahl der Apfelsinen,
y: Anzahl der Mandarinen)
oder $0{,}1x + 0{,}3y = 4{,}5$
(x: Anzahl der Mandarinen,
y: Anzahl der Apfelsinen).

b) Es ergeben sich die Geraden
$y = -3x + 45$ und $y = -\frac{1}{3}x + 15$.

Die beiden Geraden gehen durch Spiegelung an der Geraden $y = x$ auseinander hervor und schneiden sich im Punkt $S\,(11{,}25 \mid 11{,}25)$.

14. $y = 300x + 360$; $x = \frac{y - 360}{300}$ (x: Zeit in Minuten; y: Tankinhalt in Liter)

y in l	1800	2700	4500	5000
x in min	4,8 (4:48)	7,8 (7:48)	13,8 (13:48)	15,5 (15:28)

15. Die Kerze ist anfangs 20 cm lang und wird je Stunde um 0,6 cm kürzer.
Schnittpunkte der Geraden mit den Koordinatenachsen:
$S_1\,(33{,}3 \mid 0)$: Die Kerze hat eine Brenndauer von etwa 33 Stunden.
$S_2\,(0 \mid 20)$: Die Kerze ist vor dem Anzünden 20 cm lang.

AUFGABE (Randspalte S. 194):
$y = mx + n$ ist äquivalent zu $(-m) \cdot x + 1 \cdot y = n$.

16. $y = 0{,}95x + 23{,}50$ (x: getankte Benzinmenge in Liter; y: Gesamtpreis in Euro)
Normalform: $-0{,}95x + y = 23{,}50$

17. a) lineare Gleichung (lässt sich umformen zu $4x - 5y = 19$)
b) keine lineare Gleichung (Auflösen der Klammern ergibt $2xy - 2x = 4$)
c) lineare Gleichung (lässt sich umformen zu $\frac{17}{12}x - \frac{9}{20}y = 0$)
d) lineare Gleichung (lässt sich umformen zu $0{,}5x - y = 0{,}5$)
e) lineare Gleichung (lässt sich umformen zu $6{,}8x - 8y = 12$)
f) keine lineare Gleichung

18. a) $L = \{(x \mid y) \mid x \in \mathbb{Q};\ y = -1{,}5x + 2{,}5\}$
b) $c = 0$: $3x + 2y = 0$; $L = \{(x \mid y) \mid x, y \in \mathbb{Q};\ y = -1{,}5x\}$
Die Gerade verläuft parallel zur Geraden aus a) durch den Koordinatenursprung.
$b = 0$: $3x = 5$; $L = \{(\frac{5}{3} \mid y) \mid y \in \mathbb{Q})$
Die Gerade verläuft senkrecht zur x-Achse durch den Punkt $(\frac{5}{3} \mid 0)$.
$a = 0$: $2y = 5$; $L = \{(x \mid 2{,}5) \mid x \in \mathbb{Q}\}$
Die Gerade verläuft parallel zur x-Achse durch den Punkt $(0 \mid 2{,}5)$.
c) $a = c = 0$: $2y = 0$; $L = \{(x \mid 0) \mid x \in \mathbb{Q}\}$
Die Gerade fällt mit der x-Achse zusammen.
$b = c = 0$: $3x = 0$; $L = \{(0 \mid y) \mid y \in \mathbb{Q}\}$
Die Gerade fällt mit der y-Achse zusammen.
$a = b = 0$: $0 = 5$; $L = \emptyset$
Kein Punkt des Koordinatensystems erfüllt diese Gleichung.
d) Die Gleichung $0x + 0y = 0$ wird von allen Punkten der Koordinatenebene erfüllt.

19. Oberes Bild: rot: $0x + y = 1$; blau: $4x - 5y = 10$; grün: $x + 2y = 12$
Unteres Bild: rot: $-x + 5y = 10$; blau: $x + 3y = 12$; grün: $x + 0y = 10$

20. a) wahr b) falsch (Gegenbeispiel: $x + 0y = 2$)
c) wahr d) falsch (Gegenbeispiel: $3x + 4y = 0$)
e) falsch (Gegenbeispiel: $x - y = 1$ hat unendlich viele Lösungen mit $x, y \in \mathbb{N}$.)
f) wahr

Lineare Ungleichungen mit zwei Variablen

21. a) Wenn x die Anzahl der Vasen und y die Anzahl der Schalen ist, dann beschreibt der Term $3x + 2y$ die Gesamtkosten von deren Herstellung in Euro. Die Ungleichung $3x + 2y < 24$ sagt aus, dass diese Gesamtkosten kleiner als 24 € sein sollen.
b) $(0 \mid 12)$; $(2 \mid 9)$; $(4 \mid 6)$; $(6 \mid 3)$; $(8 \mid 0)$
c) Die den Paaren zugeordneten Punkte liegen auf der Geraden $y = -1{,}5x + 12$.
d) $(0 \mid 0)$, $(0 \mid 1)$, $(0 \mid 2)$, …, $(0 \mid 11)$; $(1 \mid 0)$, $(1 \mid 1)$, $(1 \mid 2)$, …, $(1 \mid 10)$;
$(2 \mid 0)$, $(2 \mid 1)$, $(2 \mid 2)$, …, $(2 \mid 8)$; $(3 \mid 0)$, $(3 \mid 1)$, $(3 \mid 2)$, …, $(3 \mid 7)$;
$(4 \mid 0)$, $(4 \mid 1)$, $(4 \mid 2)$, …, $(4 \mid 5)$; $(5 \mid 0)$, $(5 \mid 1)$, $(5 \mid 2)$, …, $(5 \mid 4)$;
$(6 \mid 0)$, $(6 \mid 1)$, $(6 \mid 2)$; $(7 \mid 0)$, $(7 \mid 1)$

22. Die Geradengleichung lässt sich umformen zu $y = -0{,}6x + 3$.
Steigung der Geraden: $m = -0{,}6$; Schnittstelle mit der y-Achse: $n = 3$.
Der Lösungsmenge der Ungleichung $3x + 5y < 15$ entspricht die Halbebene unterhalb der Geraden $y = -0{,}6x + 3$ ohne die Gerade selbst.
Der Lösungsmenge der Ungleichung $3x + 5y > 15$ entspricht die Halbebene oberhalb der Geraden $y = -0{,}6x + 3$ ohne die Gerade selbst.
Der Lösungsmenge der Ungleichung $3x + 5y \le 15$ entspricht die Halbebene unterhalb der Geraden $y = -0{,}6x + 3$ mit den Punkten der Geraden.

23. Die Geradengleichung lässt sich umformen zu $y = -0{,}6x + 2$.
Steigung der Geraden: $m = -0{,}6$; Schnittstelle mit der y-Achse: $n = 2$.
Eine Änderung des Parameters c bewirkt eine Parallelverschiebung der Geraden.

24. a) Halbebene unterhalb der Geraden $y = -\frac{2}{3}x + 2$ ohne die Gerade selbst
b) Halbebene oberhalb der Geraden $y = 1{,}5x - 3$ ohne die Gerade selbst
c) Halbebene unterhalb der Geraden $y = 3x + 3$ ohne die Gerade selbst
d) Halbebene oberhalb der x-Achse ohne die Achse selbst
e) Halbebene rechts von der y-Achse ohne die Achse selbst
f) Halbebene unterhalb der Geraden $y = -2$ ohne die Gerade selbst
g) Halbebene rechts von der Geraden $x = 6$ ohne die Gerade selbst
h) Halbebene unterhalb der Geraden $y = x$ ohne die Gerade selbst

25. Sei x die Anzahl der in Betrieb befindlichen 2100-W-Geräte und y die Anzahl der in Betrieb befindlichen 600-W-Geräte. Dann gilt: $x \cdot 2100 + y \cdot 600 \le 12\,000 \Rightarrow$
$7x + 2y \le 40 \Rightarrow y \le -3{,}5x + 20$. Folgende Möglichkeiten gibt es:

x	0	1	2	3	4	5
y	0 … 20	0 … 16	0 … 13	0 … 9	0 … 6	0 … 2

Erläuterungen und Anregungen

Dieser Abschnitt entwickelt mithilfe der grafischen Darstellung den Zusammenhang zwischen linearen Funktionen, linearen Gleichungen und ihren Lösungsmengen.

Im Unterschied zu der Sichtweise linearer Funktionen, bei der die zweite Variable als von der ersten abhängig aufgefasst wird, treten bei linearen Gleichungen beide Variablen gleichrangig auf. In der Lösungsmenge einer linearen Gleichung wird die auch hier bestehende Abhängigkeit zwischen den beiden Variablen deutlich: Lösungen können nur Zahlenpaare sein.

Hier besteht die Gelegenheit, an die Darstellung von Funktionen durch Zahlenpaare (Wertetabelle) zu erinnern oder die mengentheoretische Definition von linearen Funktionen in der Form $\mathbb{Q} \to \mathbb{Q}$: $\{(x \mid y) \mid x \in \mathbb{Q} \wedge y \in \mathbb{Q} \wedge y = mx + n\}$ mit $m \neq 0$ einzuführen.

Wenn die Lösungsmenge einer linearen Gleichung mit zwei Variablen grafisch dargestellt wird, zeigt sich einerseits die Gleichrangigkeit der Variablen bei der Wahl der Achsenbezeichnungen im Koordinatensystem (Aufgaben 13, 14). Andererseits legt die Lage der Lösungspaare die Beschreibung durch eine lineare Funktion nahe, beim Einsatz des grafikfähigen Taschenrechners ist die Darstellung der Lösungsmenge sogar nur mithilfe einer Funktionsgleichung möglich. Damit bedarf es der Diskussion, inwieweit sich lineare Gleichungen (in allgemeiner Form) in die Normalform einer linearen Funktion umformen lassen. Dies geschieht durch Schüleraktivitäten (Aufgabe 18); alternativ lässt sich die Untersuchung auch rein algebraisch vornehmen und anschließend geometrisch deuten.

Viele praktische Probleme lassen sich in einem mathematischen Modell mit linearen Gleichungen erfassen. Nicht immer legen diese Gleichungen die Lösung eindeutig fest, sondern beschreiben nur den Rahmen der zulässigen Bedingungen. In diesem Fall wird das Problem durch lineare Ungleichungen beschrieben. Aus der Lösungsmenge eines solchen Ungleichungssystems wird nach problemabhängigen Kriterien eine besonders günstige Lösung ausgewählt. Bei ausreichender Zeit lässt sich das Thema erweitern zu einem Ausblick in die lineare Optimierung: Planungsvielecke lassen sich dazu nutzen, Arbeitsprozesse möglichst günstig zu gestalten, z. B. um den Gewinn zu maximieren oder die Produktionskosten möglichst gering zu halten. Zu dem linearen Ungleichungssystem, das die Prozessbedingungen beschreibt, tritt eine weitere Bedingung hinzu, die einen möglichst großen oder kleinen Wert liefern soll (Zielfunktion). Die Bestimmung dieses Wertes nennt man lineare Optimierung.

Lineare Gleichungssysteme mit zwei Variablen

Lösungen der Aufgaben auf den Seiten 197 bis 200

1. e: Preis einer Karte für Erwachsene; k: Preis einer Karte für Kinder
   $e + 4k = 44$; $3e + k = 44 \Rightarrow e = 12$; $k = 8$
2. c: Preis für ein Glas Cola in €; m: Preis für einen Müsli-Riegel in €
   $5c + 9m = 7{,}20$; $3c + 2m = 2c + 5m$
   Normalform: (1) $m = -\frac{5}{9}c + 0{,}80$; (2) $m = \frac{1}{3}c$
   oder (1a) $c = -1{,}8m + 7{,}20$; (2a) $c = 3m$
   Mögliche Paare $(c \mid m)$ zu (1): z. B. $(0{,}54 \mid 0{,}50)$; $(0{,}72 \mid 0{,}40)$; $(0{,}90 \mid 0{,}30)$
   Mögliche Paare $(c \mid m)$ zu (2): z. B. $(1{,}50 \mid 0{,}50)$; $(1{,}20 \mid 0{,}40)$; $(0{,}90 \mid 0{,}30)$
   Die richtigen Preise müssen (1) und (2) erfüllen.
   Ein Glas Cola kostet 0,90 €, ein Müsli-Riegel 0,30 €.
3. $2a + c = 10$ cm; $a = 3c \Rightarrow 7c = 10$ cm $\Rightarrow c \approx 1{,}43$ cm; $a \approx 4{,}29$ cm
4. m: Anzahl der Milchbrötchen; k: Anzahl der Körnerbrötchen
   $m + k = 25$; $20m + 30k = 660 \Rightarrow m = 9$; $k = 16$
   Jana kaufte 9 Milchbrötchen und 16 Körnerbrötchen.
5. C: Alter von Clara in Jahren; F: Alter von Florian in Jahren
   $F = 3(C-3)$; $F - 2 = 2(C-2) \Rightarrow F = 3C - 9$; $F = 2C - 2 \Rightarrow C = 7$; $F = 12$
   Clara ist 7 Jahre und Florian 12 Jahre alt.
   Die Koordinaten des Schnittpunktes der beiden Geraden bilden die Lösung des Gleichungssystems.

7. a) g_1: $y = -\frac{1}{2}x + 5$; g_2: $y = \frac{5}{4}x - 2$; Lösung: $x = 4$; $y = 3$
   b) g_1: $y = \frac{3}{5}x$; g_2: $y = \frac{5}{7}x - \frac{2}{7}$; Lösung: $x = \frac{5}{2}$; $y = \frac{3}{2}$
   c) g_1: $y = -\frac{2}{3}x + \frac{5}{3}$; g_2: $y = \frac{1}{2}x + 4$; Lösung: $x = -2$; $y = 3$
   d) g_1: $y = -\frac{3}{2}x + 9$; g_2: $y = \frac{7}{4}x - \frac{3}{4}$; Lösung: $x = 3$; $y = \frac{9}{2}$
   e) g_1: $y = \frac{1}{3}x + \frac{2}{3}$; g_2: $y = \frac{11}{19}x - \frac{6}{19}$; Lösung: $x = 4$; $y = 2$
   f) g_1: $y = x - 2$; g_2: $y = -\frac{5}{7}x + \frac{4}{7}$; Lösung: $x = \frac{3}{2}$; $y = -\frac{1}{2}$
8. a) g_1: $y = -\frac{3}{2}x + \frac{9}{2}$; g_2: $y = \frac{1}{2}x + \frac{1}{2}$ b) Schnittpunkt: $S(2 \mid \frac{3}{2})$

11. a) $x + y = 5$; $3x - 2y = 0$ b) $x - 6y = 2$; $2x - 18y = 1$ c) $3x + y = -2$; $-2x + 5y = 41$ d) $4x + 5y = -1$; $-4x + 10y = 7$

12. Geradengleichungen:

g: $y = -\frac{5}{8}x + 5$

g_1: $y = -\frac{1}{8}x + 3$

g_2: $y = -\frac{1}{2}x + 3$

g_3: $y = -\frac{5}{8}x + 3$

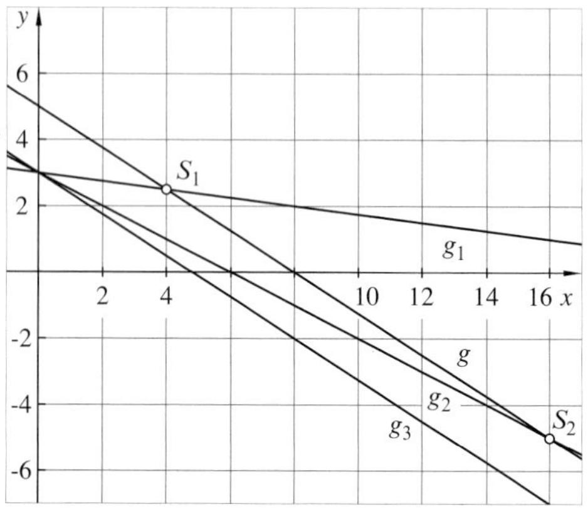

Schnittpunkte:

g und g_1: $S_1(4 \mid 2{,}5)$

g und g_2: $S_2(16 \mid -5)$

g und g_3 sind zueinander parallel.

13. a) $L = \{(1{,}2 \mid 2{,}2)\}$ b) $L = \{(x \mid -1{,}5x + 4) \mid x \in \mathbb{Q}\}$ c) $L = \emptyset$

14. Die Lösung des Gleichungssystems $x + y = 13$; $x - y = 4$ für $x, y \in \mathbb{Q}$ ist $x = 8{,}5 \notin \mathbb{N}$; $y = 4{,}5 \notin \mathbb{N}$. Es ist deshalb nicht möglich, bei diesem Spiel zu gewinnen.

15. Es ist möglich, dass beide Gleichungen dieselbe Gerade beschreiben.

16. a) g_1: $y = -3x - 4$; g_2: $y = -\frac{3}{8}x - \frac{1}{2}$; $L = \{(-\frac{4}{3} \mid 0)\}$
(genau eine Lösung)

b) g_1: $y = \frac{3}{4}x - \frac{5}{4}$; g_2: $y = \frac{3}{4}x - \frac{5}{4}$; $L = \{(x \mid \frac{3}{4}x - \frac{5}{4}) \mid x \in \mathbb{Q}\}$
(unendlich viele Lösungen)

c) g_1: $y = \frac{3}{4}x - \frac{1}{4}$; g_2: $y = \frac{3}{4}x - \frac{1}{2}$; $L = \emptyset$ (keine Lösung)

d) g_1: $y = \frac{1}{3}x - \frac{2}{3}$; g_2: $y = \frac{1}{3}x - \frac{2}{3}$; $L = \{(x \mid \frac{1}{3}x - \frac{2}{3}) \mid x \in \mathbb{Q}\}$
(unendlich viele Lösungen)

17. g_1: $y = m_1x + n_1$; g_2: $y = m_2x + n_2$
Für $m_1 \neq m_2$ besitzt das Gleichungssystem genau eine Lösung.
Für $m_1 = m_2$ und $n_1 \neq n_2$ besitzt das Gleichungssystem keine Lösung.
Für $m_1 = m_2$ und $n_1 = n_2$ besitzt das Gleichungssystem unendlich viele Lösungen.

18. a) keine Lösung b) keine Lösung c) unendlich viele Lösungen
d) genau eine Lösung e) genau eine Lösung f) genau eine Lösung
g) genau eine Lösung h) keine Lösung i) keine Lösung

19. Sei jeweils a die einzusetzende Zahl.
a) genau eine Lösung: nicht möglich, da die zugehörigen Geraden Parallelen sind; keine Lösung für $a \neq 12$; unendlich viele Lösungen für $a = 12$
b) keine Lösung: nicht möglich, da $(0 \mid -2)$ stets Lösung beider Gleichungen ist; genau eine Lösung für $a \neq -4$; unendlich viele Lösungen für $a = -4$
c) keine Lösung: nicht möglich, da $(3 \mid 0)$ stets Lösung beider Gleichungen ist; genau eine Lösung für $a \neq -6$; unendlich viele Lösungen für $a = -6$
d) genau eine Lösung für beliebiges a, da die beiden Geraden sich stets schneiden

ZUM KNOBELN (Randspalte S. 200):
Tim ist viermal so schnell gefahren wie gelaufen.

AUFGABEN ZUR WIEDERHOLUNG

1. a) $x = 9$ b) $x = \frac{128}{7}$ c) $x = 6$ d) $x = -13$
e) $x = \frac{4}{9}$ f) $x = -\frac{1}{3}$ g) $x = 5$ h) $x = 1$

2. a) $x = -1$ b) $y = -3$ c) $x = -\frac{37}{13}$ d) $x = \frac{63}{290}$

3. a) $L = \{x \in \mathbb{Q} \mid x > \frac{1}{3}\}$ b) $L = \{x \in \mathbb{Q} \mid x < 2{,}5\}$
c) $L = \{x \in \mathbb{Q} \mid x > 5\}$ d) $L = \{x \in \mathbb{Q} \mid x < -3\}$
e) $L = \{x \in \mathbb{Q} \mid x > -3\}$ f) $L = \{x \in \mathbb{Q} \mid x > 2{,}5\}$
g) $L = \{x \in \mathbb{Q} \mid x > 5{,}5\}$ h) $L = \{x \in \mathbb{Q} \mid x < \frac{17}{3}\}$

4. Bezeichnungen: D: Definitionsbereich; L: Lösungsmenge.
a) $D = \mathbb{Q} \setminus \{2\}$; $L = \{x \in \mathbb{Q} \mid x < -1 \text{ oder } x > 2\}$
b) $D = \mathbb{Q} \setminus \{-3\}$; $L = \{y \in \mathbb{Q} \mid y < -11 \text{ oder } y > -3\}$
c) $D = \mathbb{Q} \setminus \{-4\}$; $L = \{z \in \mathbb{Q} \mid z > -4\}$

Erläuterungen und Anregungen

Entsprechend der Vorbereitung im vorausgehenden Abschnitt zielt diese Lerneinheit auf das grafische Lösen eines linearen Gleichungssystems ab. Soweit sich aus den beteiligten Gleichungen Funktionsgleichungen bilden lassen – nur diese Situation wird betrachtet, allein Aufgabe 18 bereitet die weiteren Möglichkeiten vor –, wird die Lösungsmenge des Gleichungssystems durch die gemeinsamen Punkte der zugehörigen Geraden dargestellt. Die Mächtigkeit der Lösungsmenge lässt sich mithilfe der Normalform der Funktionsgleichung unmittelbar bestimmen (Aufgaben 13 bis 18).

Im Falle der eindeutigen Lösbarkeit des Gleichungssystems bedingt die Zeichenungenauigkeit, die abgelesene Lösung durch eine Probe zu verifizieren. Aufgaben, deren Lösung nicht präzise durch eine Zeichnung zu ermitteln ist, können zur Motivation rechnerischer Lösungsverfahren dienen.

Empfehlenswert ist ein breiter Einsatz des grafikfähigen Taschenrechners (GTR) in diesem Abschnitt. Die TRACE-Funktion liefert in der Regel nur Näherungswerte für die Koordinaten des Schnittpunktes der Geraden; die Lösung muss „geraten" werden, was eine Probe zwingend notwendig macht. Die grafische Lösung des Gleichungssystems mit dem GTR (ISECT) bietet Möglichkeiten zu üben, in der Dezimaldarstellung Bruchzahlen wiederzuerkennen. Darüber hinaus eignet sich die Arbeit mit dem GTR dazu, bei den Schülerinnen und Schülern die Vorstellung über den Verlauf der Graphen linearer Funktionen zu festigen. Da bei entsprechender Wahl der Parameter die Graphen im Standard-Grafikfenster nicht oder nur sehr unvollständig sichtbar sind, lassen sich Übungen durchführen, aus den Werten der Steigungen die Lage des Schnittpunktes näherungsweise abzuschätzen; damit erhält man Koordinaten für ein geeignetes Grafikfenster, um den Schnittpunkt darzustellen und zu bestimmen.

Die besondere Anschaulichkeit des grafischen Lösungsverfahrens sollte genutzt werden, um ausformulierte Darstellungen mathematischer Zusammenhänge zu üben (Aufgabe 20).

Das Gleichsetzungs- und das Einsetzungsverfahren

Lösungen der Aufgaben auf den Seiten 201 bis 204

1. a) siehe Abbildung
   b) Lösung: $x = 18$; $y = 900$
   Mark und Sebastian treffen sich nach 18 Minuten wieder, und zwar 900 m vom Startpunkt entfernt.
   c) $50x = 60x - 180$
   $180 = 10x \Rightarrow x = 18;\ y = 50x = 900$

AUFGABE (Randspalte S. 201):

$$50\,\frac{\text{m}}{\text{min}} = 3\,\frac{\text{km}}{\text{h}};\quad 60\,\frac{\text{m}}{\text{min}} = 3{,}6\,\frac{\text{km}}{\text{h}}$$

Diese Wandergeschwindigkeiten sind im Gebirge durchaus realistisch.

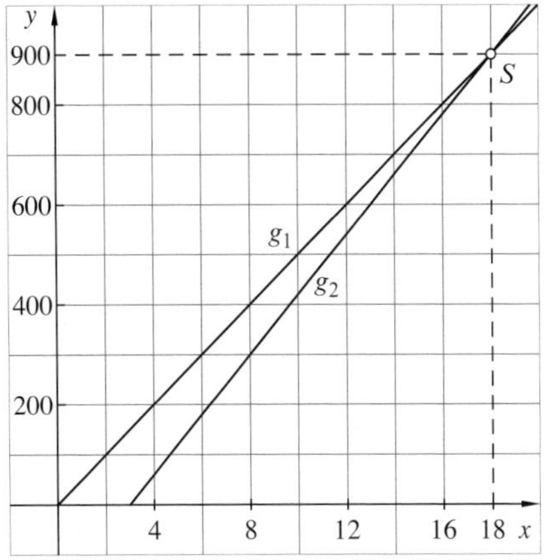

2. a) $S(2\,|\,-1)$ b) $S(31\,|\,119)$

3. a) $x = 2{,}8;\ y = 14{,}6$ b) $x = -\frac{10}{3};\ y = -44$ c) $x = 11;\ y = -3$
   d) $x = 3{,}25;\ y = 3$ e) $x = 3;\ y = -5$ f) $x = \frac{83}{110};\ y = -\frac{13}{55}$
   g) $L = \emptyset$ h) $x = 1{,}25;\ y = 0{,}75$
4. a) $x = -\frac{2}{3};\ y = -\frac{28}{9}$ b) $x = -9;\ y = 23$ c) $x = \frac{96}{7};\ y = \frac{19}{14}$
5. a) r: Anzahl der roten Kugeln; g: Anzahl der grünen Kugeln.
   $r = g + 23;\ r = 2g - 11 \Rightarrow g + 23 = 2g - 11 \Rightarrow g = 34;\ r = 57$
   Es sind 57 rote und 34 grüne Kugeln.
   b) $6 \cdot (x + 5) = 4x + 20 \Rightarrow x = -5$. Die gedachte Zahl ist -5.
6. a) Brandenburg – Raststätte Ziesar: 25 km
   Brandenburg – Magdeburg-Zentrum: 74 km
   b) Sei s die vom Pkw von Brandenburg bis zur Begegnung mit dem Lkw zurückgelegte Strecke in Kilometern und t die hierfür benötigte Zeit in Stunden. Dann gilt:
   $s = 120t;\ s = 80t + 25 \Rightarrow 120t = 80t + 25 \Rightarrow t = 0{,}625;\ s = 75.$
   Nach dieser Rechnung würden sich die Fahrzeuge einen Kilometer nach der Abfahrt Magdeburg-Zentrum treffen, und zwar nach 37,5 Minuten.
   Aufgrund möglicher Mess- und Rundungsfehler und hieraus resultierender unterschiedlicher Angaben in verschiedenen Autoatlanten kann man aber auch zu anderen Ergebnissen kommen. Setzt man beispielsweise die Entfernung Brandenburg – Raststätte Ziesar mit 24,5 km statt 25 km an, dann erhält man $t = 0{,}6125$ und $s = 73{,}5$. Die beiden Fahrzeuge würden sich also schon 500 m vor der Abfahrt Magdeburg-Zentrum treffen. Es lässt sich also nicht eindeutig voraussagen, ob der Pkw den Lkw vor oder nach der Anschlussstelle Magdeburg-Zentrum einholt.
   c) $s = 120t;\ s = 25 - 80t \Rightarrow 120t = 25 - 80t \Rightarrow t = 0{,}125;\ s = 15$. Die Fahrzeuge treffen sich nach etwa 7,5 Minuten und sind dann ca. 15 km von Brandenburg entfernt.
7. Meike hat zwar korrekt gerechnet, aber nicht beachtet, dass das Gleichsetzungsverfahren auf eine Gleichung mit einer Variablen führen soll. Vor dem Gleichsetzen müssen die beiden Gleichungen nach einer der beiden Variablen oder einem Vielfachen davon aufgelöst werden, z. B. so:
   $4x = 6y + 10;\ 4x = -2y + 5 \Rightarrow 6y + 10 = -2y + 5 \Rightarrow 8y = -5 \Rightarrow y = -\frac{5}{8};\ x = \frac{25}{16}$
8. a) Falls ein Schnittpunkt existiert, müssen dessen Koordinaten beide Geradengleichungen erfüllen. Die beiden Gleichungen werden auf Normalform gebracht, also nach y aufgelöst. Anschließend lässt sich das Gleichsetzungsverfahren anwenden, um eine Gleichung zu erhalten, die nur noch die Variable x enthält.

b) Aus der Normalform der Geradengleichungen lassen sich die Steigungen der beiden Geraden leicht ablesen. Sind diese unterschiedlich, dann schneiden sich die beiden Geraden in genau einem Punkt und das Gleichungssystem hat genau eine Lösung. Bei gleicher Steigung und unterschiedlichen Absolutgliedern sind die beiden Geraden zueinander parallel, die Lösunsmenge des Gleichungssystems ist leer. Stimmen Steigung und Absolutglied überein, dann sind die beiden Geraden identisch und das Gleichungssystem besitzt unendlich viele Lösungen.

9. Der Term für y aus (I) kann in (II) eingesetzt werden: $11x + 3(10x - 25) = 48 \Rightarrow$
$41x = 123 \Rightarrow x = 3;\ y = 5$. Oder man wendet das Gleichsetzungsverfahren wie folgt an:
$3y = 30x - 75;\ 3y = 48 - 11x \Rightarrow 30x - 75 = 48 - 11x \Rightarrow 41x = 123 \Rightarrow x = 3;\ y = 5$.

10. a) $x = 2;\ y = -3$ b) $x = -7{,}2;\ y = 2{,}6$ c) $x = 3;\ y = -2$
d) $x = -\frac{6}{7};\ y = -\frac{34}{7}$ e) $x = 3;\ y = -2$ f) $x = \frac{17}{7};\ y = \frac{2}{7}$
g) $x = \frac{14}{29};\ y = -\frac{6}{29}$ h) $L = \{(x \mid -2x + \frac{2}{3}) \mid x \in \mathbb{Q}\}$ i) $x = -\frac{5}{54};\ y = -\frac{55}{36}$

11. a) Sven könnte sich darüber wundern, dass nach dem Einsetzen beide Variablen verschwinden (12 = 12). Das Gleichungssystem besitzt unendlich viele Lösungen.
b) (I) $x + y = 0$; (II) $x + y = 1$; es ergibt sich $0 = 1$.
c) Wenn eine Gleichung in die andere umgeformt werden kann, dann beschreiben beide Gleichungen dieselbe Gerade. Die Koordinatenpaare aller Punkte dieser Geraden sind Lösungen des Gleichungssystems. (Es muss hierbei jedoch vorausgesetzt werden, dass die Koeffizienten der beiden Variablen nicht alle Null sind.)

AUFGABE (Randspalte S. 203): z. B. $(-4 \mid 9)$; $(-1 \mid 5)$; $(2 \mid 1)$; $(5 \mid -3)$; $(8 \mid -7)$

12. E: Alter von Tante Elsa; F: Alter von Ferdinand
$E = 4F;\ E - 4 = 6(F - 5) \Rightarrow 4F - 4 = 6F - 30 \Rightarrow F = 13;\ E = 52$
Tante Elsa ist jetzt 52 Jahre alt, Ferdinand 13 Jahre.

14. a) $x + y = 999;\ x - y = 333 \Rightarrow x = 333;\ y = 666$
b) $x + y = 100;\ x - y = 200 \Rightarrow x = 150;\ y = -50$
c) Sei g die Anzahl der Gewinne und n die Anzahl der Nieten. Dann ergibt sich:
$n = 2g;\ n + g = 10 \Rightarrow 3g = 10 \Rightarrow g = \frac{10}{3} \notin \mathbb{N}$
Wenn es nur Nieten und Gewinne gab, können Dörtes Aussagen nicht stimmen.

15. a) Peter muss nachweisen, dass die Gleichungen im Widerspruch zueinander stehen oder dass sie zwei zueinander parallele, nicht identische Geraden beschreiben.
b) Das Gleichungssystem besitzt unendlich viele Lösungen. Es beschreibt eine Gerade durch die Punkte $P(3 \mid 8)$ und $Q(5 \mid 10)$, also die Gerade $y = x + 5$. Beide Gleichungen des Systems müssen also zu $y = x + 5$ äquivalent sein.

16. a) $x = -\frac{65}{17};\ y = -\frac{107}{17}$ b) $x = \frac{13}{16};\ y = -\frac{9}{8}$ c) $x = \frac{11}{5a};\ y = \frac{1}{5}$
d) $x = \frac{3}{7};\ y = -\frac{51}{7}$ e) $x = 2{,}75;\ y = -4$ f) $x = -a - 10b;\ y = -a - 8b$
g) Aufgabe c): $L = \emptyset$; Aufgabe f): $L = \{(0 \mid 0)\}$

ZUM KNOBELN (Randspalte S. 204):
Da nicht gesagt wird, ob die Differenz der Zahlen x und y durch $x - y$ oder $y - x$ beschrieben werden soll, entstehen zwei verschiedene lineare Gleichungssysteme:
(1) $3x = y - 5;\ x - y = 4$ mit der eindeutigen Lösung $x = -4{,}5;\ y = -8{,}5$;
(2) $3x = y - 5;\ y - x = 4$ mit der eindeutigen Lösung $x = -0{,}5;\ y = 3{,}5$.

AUFGABEN ZUR WIEDERHOLUNG

1. Strecke $\overline{BC} = a$ zeichnen und in B an a den Winkel β antragen. Anschließend um den Punkt C einen Kreisbogen mit dem Radius b zeichnen. Dieser schneidet den zweiten Schenkel von β im Punkt A.

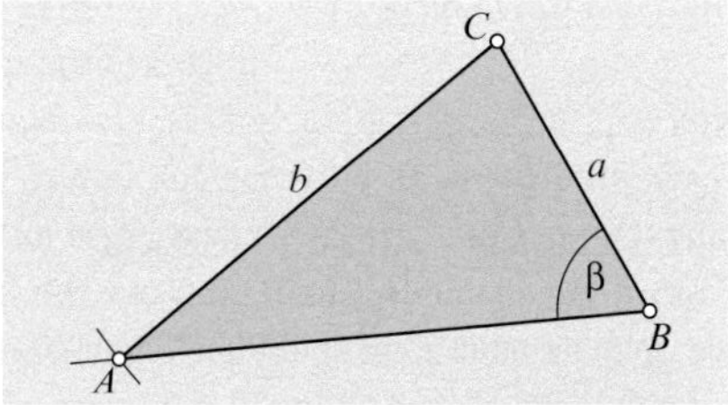

2. Strecke $\overline{AB} = c$ zeichnen und in A an c den Winkel α antragen. Anschließend um B einen Kreisbogen mit dem Radius a zeichnen. Dieser schneidet den zweiten Schenkel von α in den Punkten C_1 und C_2. Die Dreiecke ABC_1 und ABC_2 sind die Lösungen der Aufgabe.

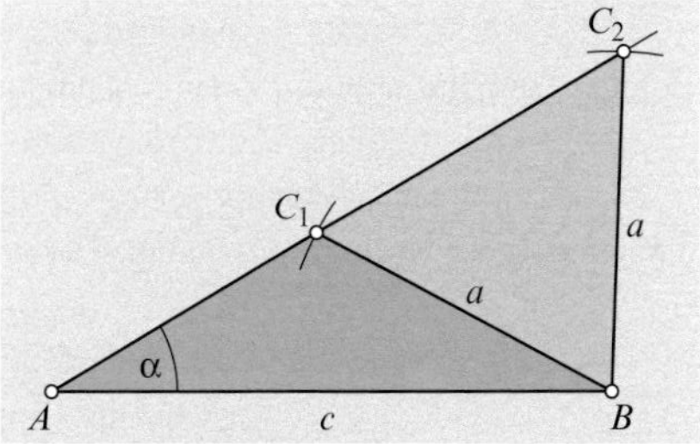

3. a), c) Die Dreiecke existieren, denn die Dreiecksungleichung ist erfüllt.
b) Ein solches Dreieck existiert nicht, denn es ist $a + b < c$.

4. Strecke $\overline{AB} = c$ zeichnen und in A an c den Winkel α antragen. Der zweite Schenkel von α schneidet die zu c parallele Gerade mit dem Abstand h_c im Punkt C.
$a \approx 3{,}86$ cm; $b \approx 4{,}36$ cm;
$\beta \approx 46{,}4°$; $\gamma \approx 93{,}6°$

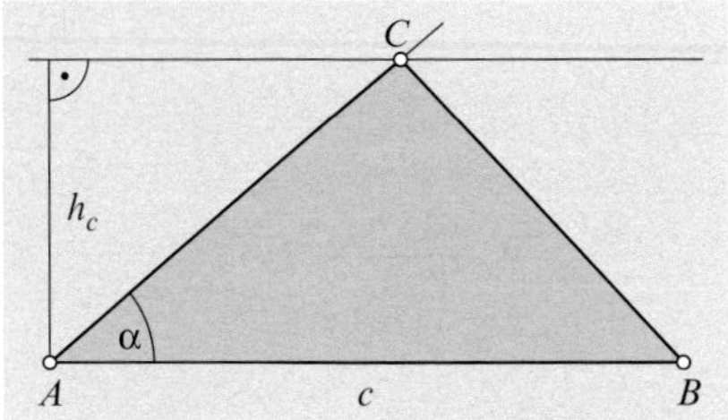

5. Fehler: Verwendung eines nicht gegebenen Winkels von 72°. Richtige Konstruktion:
   a) analog zu den Aufgaben 1, 2 und 4 (mit a und γ beginnend) oder
   b) Anwendung des Thalessatzes: zuerst Seite $\overline{AB} = c$ zeichnen, halbieren, Thaleskreis zeichnen, danach um B einen Kreis mit dem Radius a zeichnen. Dieser schneidet den Thaleskreis in den Punkten C_1 und C_2. Die zueinander kongruenten Dreiecke ABC_1 und ABC_2 sind Lösungen der Aufgabe (siehe Abbildung).

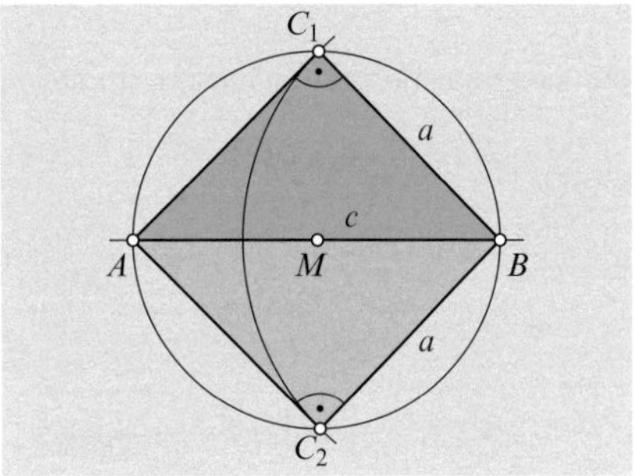

Erläuterungen und Anregungen

Dieser Abschnitt befasst sich nur mit solchen linearen Gleichungen, die auf lineare (nicht konstante) Funktionen führen. Das grafische Lösungsverfahren linearer Gleichungssysteme wird jetzt algebraisch ausgewertet: Die Schnittpunktbestimmung bedeutet nichts anderes als die Bestimmung eines Punktes $P(x \mid y)$, dessen Koordinaten beide Gleichungen erfüllen; seine y-Koordinate lässt sich also gemäß beiden Funktionsgleichungen ermitteln. Diese Deutung liefert zunächst das Gleichsetzungsverfahren, eignet sich aber auch für das Einsetzungsverfahren. Wegen der Gleichrangigkeit beider Variablen in den linearen Gleichungen gelten die Verfahren auch beim Gleich- oder Einsetzen bezüglich x. Durch das Gleichsetzen bzw. Einsetzen entsteht eine direkt lösbare „Bestimmungsgleichung" für eine der Variablen (die x- bzw. y-Koordinate des Schnittpunktes). Die andere Variable (Koordinate) lässt sich durch Einsetzen dieses Wertes in eine der Gleichungen ermitteln. Da die Lösung nunmehr durch Rechnung ermittelt worden ist, erübrigt sich eine Probe; doch kann es sinnvoll sein, sich mithilfe einer Probe zu vergewissern, dass keine Rechenfehler aufgetreten sind.

Die Schnittpunktberechnung der Geraden zu zwei linearen Funktionen dient zwar der Begründung; bei der Durchführung der beiden Lösungsverfahren treten jedoch in der Regel die zugehörigen Funktionsgleichungen nicht auf. Damit wird es erforderlich zu klären, wie unerfüllbare Gleichungssysteme bzw. solche mit einer Lösungsmenge unendlicher Mächtigkeit bei der Anwendung der Verfahren zu erkennen sind (Aufgabe 11).

Die Schülerinnen und Schüler sollen die Technik des rechnerischen Lösens linearer Gleichungssysteme einüben und festigen. Die Aufgaben enthalten eine direkte Anweisung, eines der Verfahren anzuwenden. Der Einsatz eines grafikfähigen Taschenrechners ist daher nicht angebracht. Zudem lassen sich auf einem üblichen GTR (ohne umfangreiches Computeralgebrasystem) die Verfahren nicht geeignet nachvollziehen.

Das Additionsverfahren

Lösungen der Aufgaben auf den Seiten 205 bis 207

1. H: Masse eines Hasen in kg; M: Masse eines Meerschweinchens in kg
   $H + 2M = 2{,}1$ kg; $2H + M = 3{,}3$ kg $\Rightarrow$ $3H + 3M = 2{,}1$ kg $+ 3{,}3$ kg $= 5{,}4$ kg
   Im 3. Bild müssen 5,4 kg in die rechte Waagschale.
   (Ein Hase wiegt 1,5 kg, ein Meerschweinchen 0,3 kg.)
2. a) Beide Verfahren sind möglich. Lösung: $x = 2{,}4$; $y = 0{,}45$
   b) $3x + 2x + 4y - 4y = 9 + 3 \Rightarrow 5x = 12 \Rightarrow x = 2{,}4$; $y = 0{,}45$
3. Zwei Gleichungen werden addiert, indem zur linken Seite der ersten Gleichung die linke Seite der zweiten Gleichung und zur rechten Seite der ersten Gleichung die rechte Seite der zweiten Gleichung addiert wird.
   a) $9x = 27$; $x = 3$; $y = -0{,}4$
   b) $4x = 10$; $x = \frac{5}{2}$; $y = \frac{13}{8}$
   c) $-4y = 32$; $x = -9{,}5$; $y = -8$
4. a) $x = 3$; $y = -1$
   b) $x = 2$; $y = \frac{5}{3}$
   c) $x = \frac{1}{3}$; $y = 2$
   d) $x = 6{,}5$; $y = 8$
   e) $x = 1{,}3$; $y = 0{,}1$
   f) $x = 0$; $y = -1$
6. a) erste Gleichung mit 2 multiplizieren; $L = \{(2 \mid 1)\}$
   b) zweite Gleichung mit -1 multiplizieren; $L = \{(8{,}5 \mid -4)\}$
   c) zweite Gleichung mit $-2{,}5$ multiplizieren; $L = \{(0 \mid -2)\}$
   d) erste Gleichung mit 2 multiplizieren; $L = \{(-9 \mid -3{,}5)\}$
   e) erste Gleichung mit $-1{,}6$ multiplizieren; $L = \{(-6 \mid 8)\}$
   f) zweite Gleichung mit 1,5 multiplizieren; $L = \{(3 \mid 2)\}$
7. a) Zueinander äquivalente Gleichungen besitzen stets dieselbe Lösungsmenge.
   b) Teil 1 des Beweises (Richtung $\rightarrow$):
   Voraussetzung: $ax_0 + by_0 = c$; $dx_0 + ey_0 = f$
   Behauptung: $(a + d)x_0 + (b + e)y_0 = c + f$
   Beweis: $(a + d)x_0 + (b + e)y_0 = ax_0 + dx_0 + by_0 + ey_0$
   $= ax_0 + by_0 + dx_0 + ey_0 = c + f$
   Teil 2 des Beweises (Richtung $\leftarrow$):
   Voraussetzung: $ax_0 + by_0 = c$; $(a + d)x_0 + (b + e)y_0 = c + f$
   Behauptung: $dx_0 + ey_0 = f$
   Beweis: Die zweite Gleichung der Voraussetzung lässt sich umformen zu:
   $ax_0 + dx_0 + by_0 + ey_0 = c + f$
   $ax_0 + by_0 + dx_0 + ey_0 = c + f$

Einsetzen der ersten Gleichung der Voraussetzung ergibt:

$c + dx_0 + ey_0 = c + f \qquad | -c$

$dx_0 + ey_0 = f$

c) Die Gleichung (II′) ergibt sich durch Addition der Gleichungen (I) und (II). Um ein Gleichungssystem mit zwei Gleichungen und zwei Variablen zu lösen, formt man die gegebenen Gleichungen (ggf. durch Multiplikation mit geeigneten von 0 verschiedenen Faktoren) so um, dass man ein Gleichungssystem der Form (I); (II) mit $a = -d$ oder $b = -e$ erhält. Nach a) ändert sich dadurch die Lösungsmenge des Systems nicht. Anschließend ersetzt man wie in b) die Gleichung (II) durch die Gleichung (II′), die man durch Addition der Gleichungen (I) und (II) erhält. Im Fall $a = -d$ lautet die Gleichung (II′) $(b + e)\,y = c + f$; im Fall $b = -e$ lautet sie $(a + d)\,x = c + f$, d. h. man erhält in beiden Fällen eine leicht lösbare lineare Gleichung mit nur einer Variablen.

8. a) Die zweite Gleichung wurde mit 2 multipliziert. $L = \{(\frac{2}{3} \mid 2)\}$

b) Die zweite Gleichung wurde mit –3 multipliziert. $L = \{(-\frac{3}{8} \mid \frac{3}{2})\}$

c) (I′): Die zweite Gleichung wurde durch 11 dividiert.
(II′): Die zweite Gleichung wurde durch 3 dividiert. $L = \{(\frac{2}{3} \mid -\frac{2}{3})\}$

11. a) $x = 17;\ y = -20$ b) $x = -0{,}4;\ y = -3$ c) $x = \frac{17}{3};\ y = \frac{3}{2}$

d) $x = \frac{101}{48};\ y = \frac{39}{20}$ e) $x = 44;\ y = \frac{77}{4}$ f) $x = 4;\ y = 8{,}5$

g) $x = 8{,}5;\ y = 0{,}3$ h) $x = \frac{41}{14};\ y = \frac{25}{14}$ i) $x = 2;\ y = -3$

j) $x = \frac{12}{7};\ y = -\frac{3}{7}$ k) $L = \emptyset$ l) $x = \frac{10851}{3359};\ y = \frac{98}{3359}$

m) $x = -\frac{89}{111};\ y = -\frac{89}{111}$ n) $x = 11{,}2;\ y = -20{,}52$ o) $x = 2{,}13;\ y = 2{,}29$

12. a) $x = 0;\ y = -\frac{5}{3}$ b) $x = 2{,}5;\ y = 0$ c) $L = \emptyset$

d) $x = 0;\ y = -\frac{5}{3}$ e) $x = \frac{50}{321};\ y = -\frac{500}{321}$ f) $x = -\frac{1}{10};\ y = -\frac{521}{300}$

13. a) (1) $x = 7;\ y = 4$ (2) $x = 35;\ y = 21{,}5$ (3) $x = -\frac{690}{11};\ y = -\frac{430}{11}$

c) Bei den Gleichungssystemen (1) und (2) liegen die Lösungen im I. Quadranten, bei System (3) im III. Quadranten.

d) $x = -115;\ y = -71{,}5$

e) z. B. $1{,}6x - 5y = 1;\ 5x - 8y = 3$ mit der Lösung $x = \frac{35}{61};\ y = -\frac{1}{61}$

14. Berechnung von x: (I) mit e und (II) mit $-b$ multiplizieren. Es ergibt sich:

$(ae - bd)x = ce - bf \Rightarrow x = \frac{ce - bf}{ae - bd}$

Berechnung von y: (I) mit $-d$ und (II) mit a multiplizieren. Es ergibt sich:

$(ae - bd)y = af - cd \Rightarrow y = \frac{af - cd}{ae - bd}$

Notwendige Voraussetzung: $ae - bd \neq 0$

AUFGABE (Randspalte S. 207): $4a + 7b = 13;\ 6a + b = 10 \Rightarrow a = 1{,}5;\ b = 1$

Erläuterungen und Anregungen

Die Lerneinheit behält die Argumentation der vorausgehenden Abschnitte bei: Auch durch „Addition der Gleichungen“ lässt sich eine direkt lösbare Gleichung mit nur einer Variablen herstellen. Damit erscheint das Additionsverfahren als eine verallgemeinerte Fassung der zuvor behandelten Verfahren, die nun auf die grafische Deutung ganz verzichten kann.

Einen anderen Begründungszugang bieten die Aufgaben 5 und 6 an: Das lineare Gleichungssystem wird durch äquivalente Umformungen so verändert, dass (im Falle eindeutiger Lösbarkeit) ein System mit einer oder sogar zwei direkt lösbaren Gleichungen für die beiden Variablen entsteht. Auch diese Umformungen lassen sich geometrisch nachvollziehen: Sie führen auf neue Geraden, deren Schnittpunkt derselbe bleibt wie der der Ausgangsgeraden; die Lösung ist erreicht, wenn die beiden Geraden jeweils achsenparallel verlaufen.

Die Aufgabenbeispiele, die das Verfahren sichern sollen, zeigen zugleich ein breiteres Anwendungsfeld: Bei großen oder in der Größe sehr ähnlichen Parametern bietet das Additionsverfahren gute Umformungsmöglichkeiten. Im Falle rationaler Parameter ist häufig der Übergang zu ganzzahligen Parametern (Multiplikation mit dem Hauptnenner) angebracht. Trotz des Formalismus des Verfahrens lohnt sich meistens eine Beurteilung, wie im Einzelfall sinnvoll vorgegangen werden könnte.

Das Additionsverfahren ermöglicht es, für lineare Gleichungssysteme mit zwei Variablen eine allgemeine Lösung zu berechnen (Aufgabe 14). Die Herleitung der Cramerschen Regel kann als kleines Projekt gestaltet werden, das sich insbesondere zur Klärung der Frage, wie nicht lösbare Gleichungssysteme oder solche mit unendlicher Lösungsmenge erkannt werden können, leistungsdifferenzierend organisieren lässt. Schülerinnen und Schüler, die Erfahrungen im Programmieren haben, können die allgemeine Lösung in ein Computerprogramm umsetzen. Historische Aspekte können hinzutreten: Bereits 1678 findet Gottfried Wilhelm Leibniz die allgemeine Lösung (sein „theorema pulcherrimum“), verwendet sie aber nur in seinen Briefen. Gabriel Cramer veröffentlicht nach eingehender Untersuchung von Determinanten die nach ihm benannte Regel im Jahre 1750.

Lineare Gleichungssysteme mit mehr als zwei Variablen

Lösungen der Aufgaben auf den Seiten 208 bis 210

1. Die Kreise enthalten die Zahlen 5 (links unten), 9 (oben) und 17 (rechts unten).
2. Es sind 8 Bleistifte, 4 Filzstifte und 4 Kugelschreiber.
3. $L = \{(-\frac{5}{6} \mid -2 \mid 3)\}$
4. a) $L = \{(-4 \mid -2 \mid 5)\}$ b) $L = \{(6 \mid 4 \mid 1)\}$ c) $L = \{(-1 \mid 4 \mid 3)\}$
6. a) $L = \{(12{,}5 \mid 7{,}5 \mid -6)\}$ b) $L = \{(3{,}5 \mid 0 \mid -1)\}$ c) $L = \left\{\left(\frac{67}{19} \middle| \frac{163}{19} \middle| \frac{90}{19}\right)\right\}$
   d) $L = \{(8 \mid -0{,}5 \mid 0)\}$ e) $L = \{(6{,}5 \mid -3 \mid -0{,}5)\}$ f) $L = \left\{\left(\frac{43}{3} \middle| \frac{26}{3} \middle| \frac{1}{3}\right)\right\}$
7. Jörg hat 4 Hauptgewinne, 34 Trostpreise und 86 Nieten.
9. a) Eine Garbe entspricht bei guter Ernte 0,36 Tou, bei mittlerer Ernte 0,28 Tou, bei schlechter Ernte 0,16 Tou.
   b) Ein Schaf kostet 177, ein Hund 121, ein Huhn 23 und ein Hase 29 Geldstücke.

AUFGABEN ZUR WIEDERHOLUNG

1. (1) 90° (2) 60° (3) 30° (4) 60° (5) 150° (6) 30°
   (7) 150° (8) 30° (9) 60° (10) 90° (11) 30° (12) 60°
   (13) 150° (14) 30° (15) 150° (16) 30°
4. Fünfeck: $540° = (5-2) \cdot 180°$ Sechseck: $720° = (6-2) \cdot 180°$
   Siebeneck: $900° = (7-2) \cdot 180°$ Zehneck: $1440° = (10-2) \cdot 180°$
   Verallgemeinerung: Die Innenwinkelsumme eines n-Ecks beträgt $(n-2) \cdot 180°$.

Erläuterungen und Anregungen

Nach der allgemeinen Lösung für lineare Gleichungssysteme mit zwei Variablen weitet dieser Lernabschnitt die Untersuchung aus auf lineare Gleichungssysteme mit mehr als zwei Gleichungen in mehr als zwei Variablen. Die Anzahlen der Gleichungen und der auftretenden Variablen stimmen dabei überein. Wie zuvor bleibt der Lösungsgedanke erhalten, durch geeignete Umformungen (insbesondere nach dem Additionsverfahren) eine direkt lösbare Gleichung zu bilden. Damit durch Einsetzen der Wert einer weiteren Variablen gewonnen werden kann, bedarf es einer Gleichung, in welcher nur zwei Variable auftreten. Aus diesen beiden Variablenwerten ermittelt man durch Einsetzen in die dritte Gleichung (die alle Variablen enthält) die Lösung auch für die dritte Variable. Entsprechend lässt sich das Verfahren auch für mehr als drei Variable und Gleichungen fortsetzen.

Die Schreibweise in Dreiecksform zeigt die Lösungsstrategie in einprägsamer Form. Bei den Umformungen werden auch der Übersichtlichkeit wegen alle Gleichungen angegeben. Zugleich wird daraus deutlich, dass es sich um äquivalente Fassungen desselben Gleichungssystems handelt. Die Argumentation kann daher problemlos auch über Äquivalenzumformungen aufgebaut werden.

Im Unterschied zu der Lösungsformel der Cramerschen Regel handelt es sich hier erkennbar um einen zielgerichteten formalen Prozess, einen Algorithmus. Die Schülerinnen und Schüler können das Vorgehen in präzise Worte fassen und nachvollziehen, dass sich ein solcher Prozess in ein Computerprogramm übertragen lässt. Erweiternde Betrachtungen können zu einer Verallgemeinerung der Cramerschen Regel auf mehr als zwei Gleichungen mit mehr als zwei Variablen führen, die sich ebenfalls zur Programmierung eignet. Die Realisierung dieser Programme in einer Computersprache überschreitet jedoch die Ziele des Mathematikunterrichts.

Die Lerneinheit verfolgt die Absicht, den Schülerinnen und Schülern den Grundgedanken des Gaußschen Lösungsalgorithmus vertraut zu machen. Dabei wird der Umgang mit dem Additionsverfahren vertiefend wiederholt. Im Anschluss an die Einsicht in den Lösungsgang bietet sich für Anwendungen der Einsatz des algebrafähigen GTR an, der die konkrete, fehleranfällige Rechenarbeit übernehmen kann. Im GTR wird ein Gleichungssystem in der Regel als Matrix seiner Parameter dargestellt, die Lösung als Zeilen- oder Spaltenvektor. Rechner ohne aufwändiges Computeralgebrasystem geben für nicht eindeutig lösbare Gleichungssysteme Fehlermeldungen aus, während Rechner mit CAS auch die Dreiecksform der Matrix herstellen können. Für beide Fälle behält der Mathematikunterricht die wesentliche Aufgabe, die Schülerinnen und Schüler zur Beurteilung des Ergebnisses zu befähigen.

Anwendungsaufgaben

Lösungen der Aufgaben auf den Seiten 211 bis 213

1. b) Den Angaben zufolge müsste Martins Vater den Bus nach etwa 1 h 47 min eigener Fahrzeit treffen. Dass er dafür etwas länger braucht, könnte daran liegen, dass er in der Praxis nicht immer konstant die Geschwindigkeit 110 km/h einhalten kann.
2. Die Züge begegnen sich nach etwa 14 min.
3. a) Die Geschwindigkeit des Schiffes beträgt etwa 9,57 km/h, die Strömungsgeschwindigkeit des Flusses etwa 2,05 km/h.
   b) Das Schiff fährt flussabwärts, da es sich bei ausgeschaltetem Motor ($v_S = 0$) immer noch vorwärts bewegt ($v_{res} > 0$).
4. Das heiße Wasser hat 59,7°C, das kalte Wasser 20,1°C.

5. a) Tarif B ist ab einem Gasverbrauch von 14 407 kWh im Jahr günstiger.
   b) Die Grundgebühr beträgt etwa 9,6 Cent je Tag (35 € im Jahr). Die Annahme zum Verbrauch kann sinnvoll sein, wenn elektrische Heizgeräte vorhanden sind.
6. Der Grundpreis beträgt 3,50 €, die Hinfahrt hat rund 8 Minuten gedauert.
7. Es müssen mindestens 187 Zeitungen verkauft werden.
8. Vater und Sohn sind zusammen 40 Jahre alt. 5 Jahre später wird der Vater das vierfache Alter des Sohnes haben. Welches Alter hat der Vater jetzt?
   Der Vater ist jetzt 35 Jahre alt, der Sohn 5 Jahre.
9. Es waren 13 Räuber und 83 Tuchballen.
10. Die Lösung ist $(8 \mid 1 \mid 14 \mid 19)$. Der Knabe heißt Hans.
11. a) Den Umfragen zufolge können jeden Tag 60 bis 70 Mehrkornbrötchen und 180 bis 210 Käsebrötchen verkauft werden.
    b) Im ungünstigsten Fall werden beim Einkauf von 60 Mehrkorn- und 180 Käsebrötchen 12 Käsebrötchen nicht verkauft. Die Kosten für den Einkauf betragen dann 82,80 €, der Verkaufserlös 88,20 €; es bleibt also ein Gewinn von 5,40 €.
12. $\alpha = 60°$; $\beta = 65°$; $\gamma = 80°$; $\delta = 155°$
13. a) $f(x) = 0{,}4x + 1{,}6$
    b) Man erhält die Lösungsmenge $L = \{(a \mid b \mid c) \mid b \in \mathbb{Q};\ a = -0{,}4b;\ c = 1{,}6b\}$.
    Alle diese Lösungen außer $(0 \mid 0 \mid 0)$ sind richtig. Die entsprechenden Geradengleichungen $-0{,}4bx + by = 1{,}6b$ mit $b \neq 0$ sind äquivalent.
14. Sei A die Anzahl der Arbeitstage, F die Anzahl der freien Tage. Dann erhält man:
    $10A - 12F = 0;\ A + F = 40 \Rightarrow A = 21\frac{9}{11};\ F = 18\frac{2}{11}$
    Der Arbeiter hat 21 Tage und 9 Stunden gearbeitet, 18 Tage und 2 Stunden gefeiert.

Erläuterungen und Anregungen

Der Abschnitt macht deutlich, dass die Lösungsverfahren für lineare Gleichungssysteme nicht Selbstzweck sind, sondern in realen Situationen Anwendung finden. Insbesondere historische Beispiele zeigen die Ursachen auf, die erst zur Entwicklung der behandelten Theorie geführt haben. Beispiele in Form von Rätseln üben wie in früherer Zeit nach wie vor einen besonderen Reiz aus.

Teste dich!

Lösungen der Aufgaben auf den Seiten 214 bis 215

1. a) $S(3 \mid 4)$ b) $S(-1{,}5 \mid -0{,}5)$ c) $S(12 \mid 19)$
2. a) $x = -2;\ y = -3$ b) $x = 2;\ y = -1$ c) $x = 1;\ y = 2$

3. a) $x = 1;\ y = 3$ b) $x = 3;\ y = 8$
   c) $x = -2;\ y = 4$ d) $L = \{(x \mid -0{,}5x + 4{,}5) \mid x \in \mathbb{Q}\}$
   e) $x = 9;\ y = -6$ f) $x = -4;\ y = 2$
4. Robert Schumann lebte vom 8. 6. 1810 bis zum 29. 7. 1856, er wurde also 46 Jahre alt. Sei G das Alter von Grit, M das Alter von Maren und T das Alter von Tilman. Dann ergibt sich folgendes Gleichungssystem:
   (1) $G + M = 75$; (2) $G + T + 2 = 2{,}5M$; (3) $M + T - 30 = 46$. Man erhält als Lösung: $G = 41$; $M = 34$; $T = 42$. Grit ist 41 Jahre alt, Maren 34 Jahre und Tilman 42 Jahre.
5. a) Der Stausee verliert stündlich 1200 m^3 Wasser.
   b) $y = 2\,000\,000 - 28\,800x$
   (x: Zahlenwert der Zeit in Tagen; y: Zahlenwert der Wassermenge in m^3)
   c) 333 h 20 min oder knapp 14 Tage
6. a) Aus $(a \cdot 10^2 + b \cdot 10 + c) - (c \cdot 10^2 + b \cdot 10 + a) = 99 \cdot (a - c) = 99$ folgt $a - c = 1$, also $a = c + 1$. Zusammen mit der Gleichung $a + b + c = 7$ (Quersumme) folgt daraus $2c + b = 6$. Wegen $a, b, c \in \mathbb{N}$ $(a \neq 0)$ ergeben sich daraus als einzige dreistellige Zahlen mit der geforderten Eigenschaft: 160 (die durch Vertauschen der Hunderter- mit der Einerziffer erhaltene Zahl 061 ist natürlich eigentlich keine dreistellige Zahl), 241 (bzw. 142), 322 (bzw. 223), 403 (bzw. 304).
   b) Der Ansatz $(a \cdot 10^3 + b \cdot 10^2 + c \cdot 10 + d) - (d \cdot 10^3 + c \cdot 10^2 + b \cdot 10 + a) = 1089 \Rightarrow 999(a - d) + 90(b - c) = 1089$ führt auf die Gleichungen $a - d = 1$ und $b - c = 1$. Die Bedingung für die Quersumme liefert dazu noch die Gleichung $2d + 2c + 2 = 8$, also $d + c = 3$. Systematisches Probieren (Tabelle anlegen) liefert die folgenden vierstelligen Zahlen als Lösungen: 4103 (bzw. 3014), 3212 (bzw. 2123), 2321 (bzw. 1232) und 1430 (bzw. „0341").
   c) Wäre die Quersumme eine ungerade Zahl n, so würde aus $2d + 2c + 2 = n$ (s. Teil b)) folgen, dass auch $2(d + c)$ eine ungerade Zahl wäre. Dann wäre aber $d + c \notin \mathbb{Z}$ im Widerspruch zu $d, c \in \mathbb{N}$.
7. a) Aus dem ersten Satz und der Angabe von Summe bzw. Differenz allein lassen sich die Zahlen nicht bestimmen, wohl aber aus der Angabe von Summe und Differenz: $a + b = 88;\ a - b = 18 \Rightarrow a = 53;\ b = 35$. Die gesuchten Zahlen sind 53 und 35.
   b) $x + y = a;\ x - y = b \Rightarrow x = \frac{a+b}{2};\ y = \frac{a-b}{2}$
8. a) Jan und Moni können 260 g Bananen und 376 g Vollmilch mischen.
   Für 4 kg Bananen sind 5,79 kg Vollmilch erforderlich.
   b) Für die Birnenmilch werden 884 g Birnen und 1247 g Milch benötigt. Damit enthält ein Glas 23,5 g Kohlehydrate. Die Mischung ergibt etwa 8,5 Gläser.

Übungen und Anwendungen

Umwelt und Verkehr

Lösungen der Aufgaben auf den Seiten 218 bis 219

1. Treibstoffverbrauch je Person auf 100 km (Beispiele):
   a) Reisebus mit 40 Personen: 0,75 l
   b) Flugzeug mit 150 Personen: 20,5 l
   c) PKW mit 4 Personen und einem Treibstoffverbrauch von 8 l auf 100 km: 2 l

AUFGABE (Randspalte S. 218):
Wenn ein Kleinwagen auf 100 km 6,7 l Benzin verbraucht, kann man mit 37 l voraussichtlich noch 552 km fahren.

2. b)

Strecke	Pkw *A*	Pkw *B*	Pkw *C*	Pkw *D*
50 km	4,26 l	4,51 l	4,02 l	5,5 l
100 km	8,53 l	9,02 l	8,03 l	11,0 l
270 km	23,02 l	24,34 l	21,69 l	29,7 l
350 km	29,85 l	31,56 l	28,11 l	38,5 l

   c) Testauto *C* ist am sparsamsten.

3. Beispiel: Bei einem Verbrauch von 8 l Benzin auf 100 km und einer Fahrstrecke von 20 000 km im Jahr beträgt der jährliche Benzinverbrauch 1600 l. Dann entstehen in einem Jahr 3840 kg CO_2. An einem Tag entstehen durchschnittlich 10,5 kg CO_2.
4. CO_2: 50 %; FCKW: 22,5 %; Methan: 15 %; Ozon: 7,5 %; Distickstoffoxid: 5 %
5. In 16 Stunden werden von den Pflanzen des Kartoffelackers 765,6 kg CO_2 gebunden.
6. a) An einem Tag werden 759,2 kg Kohlenstoffdioxid freigesetzt.
   b) 6,4 kg Kohlenstoffdioxid werden tatsächlich aufgearbeitet.
7. 382,8 kg CO_2 werden gebunden, 379,6 kg CO_2 werden freigesetzt. Damit beträgt die tatsächlich aufgearbeitete Menge CO_2 durch den 1 ha großen Kartoffelacker 3,2 kg.
8. Die CO_2-Freisetzung des Autos aus Aufgabe 3 könnte von den Pflanzen eines 1 ha großen Kartoffelackers nicht aufgearbeitet werden.

Alkohol – Die Alltagsdroge

Lösungen der Aufgaben auf den Seiten 220 bis 221

1./2. Getränk	Vol. %	Alkoholgehalt in ml	Alkoholmenge in g	Anzahl Gläser für 60 g	Blutalkoholkonzentration (60 kg, männl.)	Blutalkoholkonzentration (40 kg, weibl.)
Biere (250 ml)						
Pils	5	12,5	10	6	0,24 ‰	0,42 ‰
Bockbier	8,5	21,25	17	3,5	0,40 ‰	0,71 ‰
Malzbier	1	2,5	2	30	0,05 ‰	0,08 ‰
Weine (120 ml)						
Tischwein	8	9,6	7,68	7,8	0,18 ‰	0,32 ‰
Sekt	11	13,2	10,56	5,7	0,25 ‰	0,44 ‰
Wermut	22	26,4	21,12	2,8	0,50 ‰	0,88 ‰
Spirituosen (20 ml)						
Eierlikör	20	4,0	3,2	18,8	0,08 ‰	0,13 ‰
Doppelkorn	42	8,4	6,72	8,9	0,16 ‰	0,28 ‰
Magenbitter	49	9,8	7,84	7,7	0,19 ‰	0,33 ‰

3. a) Getränk 1 ist Wermut, Getränk 2 ist Eierlikör.
   c) Die Grenze von 0,5 ‰ ist etwa erreicht bei 1 Glas Wermut, 1,25 Glas Bockbier, 2 Glas Pils oder Sekt, 2,5 Glas Magenbitter oder 6,25 Glas Eierlikör.
4. a) Die Abnahme der Alkoholkonzentration je Stunde beträgt $\frac{6\,\text{g}}{0{,}7 \cdot 60\,\text{kg}} \approx 0{,}15$ ‰.
   b) 3 Glas Sekt bedeuten einen Alkoholspiegel von 0,75 ‰. Nach 2 Stunden hätte er einen Spiegel von 0,45 ‰, erst nach 5 Stunden ist der Alkohol ganz abgebaut.
   c) In 7 Stunden wird der Alkoholspiegel um 1,05 ‰ abgebaut, demnach hat er noch 0,75 ‰, also viel zu viel. Erst nach 8 h 40 min ist der Spiegel auf 0,5 ‰ abgesunken. Ganz abgebaut ist der Alkohol nach 12 Stunden, also erst mittags um 12 Uhr.

Erläuterungen und Anregungen

Die Behandlung des sensiblen Themas „Drogenkonsum" im Mathematikunterricht scheint vor allem im Bereich Alkohol möglich. Dabei werden die physikalischen Größen Volumen, Dichte und Masse sowie die Abkürzungen % und ‰ und deren Bedeutung benutzt.

Die Blutalkoholkonzentration in Promille ist streng genommen nicht nur von den berücksichtigten Faktoren abhängig, sondern häufig auch von der psychischen Situation (Stress, hohe geistige Anstrengung) und der allgemeinen Konstitution (Veranlagung, Nahrungsaufnahme).

Insofern sind die berechneten Werte zu relativieren. In Verbindung mit Tabletten kann Alkohol weitere negative Auswirkungen haben.

Neuere Geräte bestimmen den Blutalkoholspiegel über die Atemluft. Es ist dann ggf. nicht nötig, eine Blutprobe zu nehmen. Diese Instrumente sind aber sehr empfindlich und deshalb auch nicht ohne Probleme. Fehlerquellen können das Ergebnis verfälschen.

Literatur:

1. Materialien zu Drogenproblemen für den Biologie-Unterricht der gymnasialen Oberstufe. Ernst Klett Schulbuchverlag, Stuttgart 1990
2. Feuerlein, W.: Alkoholismus – Missbrauch und Abhängigkeit. Stuttgart, Thieme 1979

Zahlenspielereien

Lösungen der Aufgaben auf Seite 222

1. Sei x die gedachte Zahl und y das genannte Ergebnis.
   Dann ist $y = (x-1)\cdot 2 + x = 3x - 2$, also $x = (y+2) : 3$. Man muss also zum genannten Ergebnis 2 addieren und die erhaltene Zahl durch 3 dividieren.
2. a) $48 - \frac{x}{2} = 10 \Rightarrow x = 76$ b) $\frac{x}{2} + \frac{x}{5} = 7 \Rightarrow x = 10$
   c) $\frac{x}{3} + \frac{x}{6} + \frac{x}{9} = 11 \Rightarrow x = 18$ d) $(2x)^2 + x^2 = 3125 \Rightarrow x = 25;\ 2x = 50$
   e) $x\cdot(x+1) + 10 = 40 \Rightarrow x_1 = 5;\ x_2 = -6$ (2 Lösungen)
3. Waagerecht:
   $A = 2y - x = 11$
   $C = 5y - 2x = 30$
   $E = 2x^2 + 2y = 66$
   $F = 2xy + 17x - 7y = 109$
   $H = 2y^2 + y = 136$
   $J = 4x^3 + 16x^2 - 14xy = 340$
   $L = 2x^2 = 50$
   Senkrecht: Die Terme lassen sich nicht weiter vereinfachen.
   B = 16 D = 9
   F = 121 G = 137
   I = 620 K = 8

A 1	B 1			C 3	D 0
E 6	6		F 1	0	9
			2		
G 1			H 1	3	I 6
J 3	4	K 0			2
7		8		L 5	0

4. Summe:
   M+O+N+S+T+E+R+P+O+S+T+E+R = M+2O+N+2S+2T+2E+2R+P = 197

G+U+M+M+I+S+C+H+N+U+L+L+E+R
= G+2U+2M+I+S+C+H+N+2L+E+R = 175

R+O+C+K+E+R+H+O+C+K+E+R = 3R + 2O + 2C + 2K + 2E + H = 130

K+U+D+D+E+L+M+U+D+D+E+L = K + 2U + 4D + 2E + 2L + M = 116

G+A+M+M+E+L+B+A+M+M+E+L = G + 2A + 4M + 2E + 2L + B = 97

Produkt:

MONSTERPOSTER	$= E^2 O^2 R^2 S^2 T^2 MNP$	=	766 348 128 000 000
GUMMISCHNULLER	$= L^2 M^2 U^2 CEGHINRS$	=	388 475 579 681 280
ROCKERHOCKER	$= R^3 C^2 E^2 K^2 O^2 H$	=	285 797 160 000
KUDDELMUDDEL	$= D^4 E^2 L^2 U^2 KM$	=	58 118 860 800
GAMMELBAMMEL	$= M^4 A^2 E^2 L^2 BG$	=	1 439 474 400

ZUM KNOBELN (Randspalte S. 222): Beispiel einer möglichen Lösungsstrategie:

a) M+O+N+S+T+E+R+P+O+S+T+E+R soll kleinste Summe werden. Man wählt z. B. M = O = N = S = T = E = R = P = 0, G > 0, U > 0, alle anderen nicht in MONSTERPOSTER vorkommenden Buchstaben werden ebenfalls mit Zahlenwerten größer als 0 belegt. Für die Worte GUMMISCHNULLER, ROCKERHOCKER und KUDDELMUDDEL lässt sich diese Aufgabe in ähnlicher Weise lösen; für GAMMELBAMMEL wurde eine Lösung bereits gefunden.

b) G+U+M+M+I+S+C+H+N+U+L+L+E+R soll größte Summe werden. Man wählt z. B. G = U = M = I = S = C = H = N = L = E = R = 10 und erhält die Summe 140; die restlichen Buchstaben werden gleich 0 gesetzt. Auf diese Weise erhält man bei den anderen Wörtern die kleineren Summen 60; 60; 70; 90.

c) MONSTERPOSTER soll kleinstes Produkt werden. Man setzt P = 0 und belegt alle anderen Buchstaben mit Zahlenwerten größer als 0. Da P in den anderen Wörtern nicht vorkommt, wird MONSTERPOSTER = 0 kleinstes Produkt.
Lösungen für die anderen Wörter: GUMMISCHNULLER: I = 0; KUDDELMUDDEL: D = 0; GAMMELBAMMEL: B = 0 (bzw. Lösung vom Anfang übernehmen). Bei ROCKERHOCKER versagt dieses Verfahren.

d) ROCKERHOCKER soll kleinstes Produkt werden. Man setzt alle Buchstaben von ROCKERHOCKER gleich 1 und alle nicht in ROCKERHOCKER vorkommenden Buchstaben gleich 100. Auf diese Weise wird ROCKERHOCKER = 1 kleinstes Produkt; alle anderen Produkte sind größer als 99.

e) GAMMELBAMMEL soll größtes Produkt werden. Man belegt alle Buchstaben von GAMMELBAMMEL mit Zahlenwerten > 0 und alle nicht darin vorkommenden Buchstaben mit 0. Dann wird GAMMELBAMMEL > 0 größtes Produkt, da alle anderen Produkte 0 sind. Analog lässt sich die Aufgabe für die anderen 4 Wörter lösen.

Ganz schön knifflig

Lösungen der Aufgaben auf Seite 223

1. Damit die Aufgabe lösbar ist, müssen 6 Rosen in gleichem Abstand voneinander am Rand angeordnet und eine Rose in der Mitte der Torte platziert werden. Die Schnitte sind so zu legen, dass jeweils auf einer Seite drei Rosen liegen und die Rose im Zentrum sich auf der anderen Seite befindet.
2. Hannes und Ulrike treffen sich nach 20 Minuten, und zwar 8 km von der Schule entfernt.
3. Die Grundstücksfläche beträgt 1200 m^2. Familie Weiß erhält hiervon 400 m^2, Familie Meier 450 m^2.
4. Die nicht gegebene zweite Rechteckseite ist 5,39 cm lang. Bei der Rotation entsteht ein Zylinder mit folgenden Maßen:
   $r = 14$ cm; $h \approx 5{,}39$ cm;
   $A_O \approx 1705$ cm^2; $V \approx 3316$ cm^3.
5. a) siehe nebenstehende Abbildung
   b) $d \approx 1{,}91$ cm; $V \approx 11{,}5$ cm^3
   c) siehe nebenstehende Abbildung
   d) Der Weg der Fliege ist 5 cm lang.

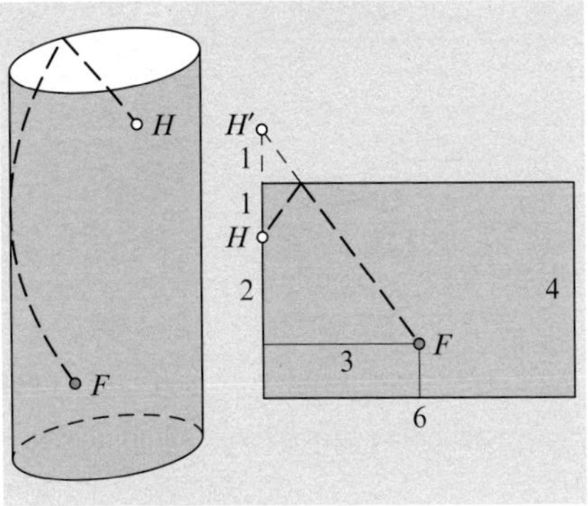

Rund um den Satz des Pythagoras

Lösungen der Aufgaben auf den Seiten 224 bis 230

1. Gegeben sei ein Quadrat $ABCD$ mit der Seitenlänge a und der Diagonale $\overline{BD} = f$. Man spiegelt $\triangle BCD$ an $\overline{BC}$ und an $\overline{CD}$ und erhält so die zu $\triangle BCD$ kongruenten Bilddreiecke BEC und DCF. Durch Verbinden der Punkte E und F entsteht ein weiteres Dreieck CEF, das ebenfalls zum Ausgangsdreieck BCD kongruent ist (nach Kongruenzsatz sws: $\overline{CE} = \overline{CD} = a$; $\overline{CF} = \overline{CB} = a$; $\sphericalangle ECF = 360° - 3 \cdot 90° = 90° = \sphericalangle DCB$).
   Die vier Dreiecke BCD, BEC, CEF und DCF bilden zusammen ein Viereck $BEFD$.

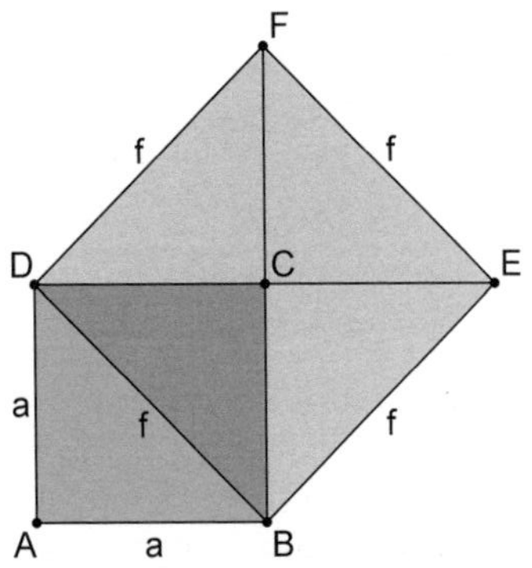

Dieses ist ein Quadrat mit der Seitenlänge f, denn aufgrund der Kongruenz der vier Dreiecke haben alle seine Seiten die Länge f und alle Innenwinkel die Größe $2 \cdot 45° = 90°$. Jedes der vier Teildreiecke hat den Flächeninhalt $0{,}5a^2$. Das gesamte Quadrat $BEFD$ hat somit den Flächeninhalt $4 \cdot 0{,}5a^2 = 2a^2$, also den doppelten Flächeninhalt des Ausgangsquadrats $ABCD$: $f^2 = 2a^2$.

2. $A_{\square ACGE} = \sqrt{2}\,a \cdot a = \sqrt{2}\,a^2 = \sqrt{2} \cdot (5{,}5\text{ cm})^2 = 30{,}25\sqrt{2}\text{ cm}^2 \approx 42{,}78\text{ cm}^2$
   $h_{\triangle ACF} = \sqrt{(\sqrt{2}\,a)^2 - (\frac{1}{2}\sqrt{2}\,a)^2} = \sqrt{2a^2 - \frac{1}{2}a^2} = \sqrt{\frac{3}{2}a^2} = \sqrt{\frac{3}{2}}\,a$
   $A_{\triangle ACF} = \frac{1}{2} \cdot \sqrt{2}\,a \cdot h_{\triangle ACF} = \frac{1}{2} \cdot \sqrt{2}\,a \cdot \sqrt{\frac{3}{2}}\,a = \frac{1}{2}\sqrt{3}\,a^2 = \frac{1}{2}\sqrt{3} \cdot (5{,}5\text{ cm})^2 \approx 26{,}20\text{ cm}^2$
3. 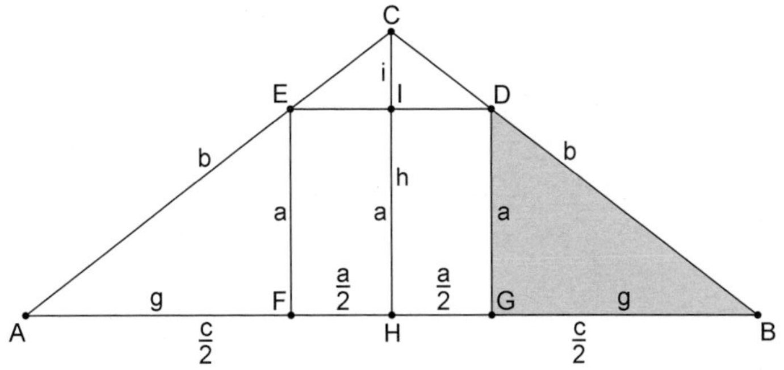

Bezeichnungen: $a = \overline{FG} = \overline{GD}$; $b = \overline{AC} = \overline{BC}$; $c = \overline{AB}$; $g = \overline{GB}$; $h = \overline{CH}$; $i = \overline{CI}$.

Gegeben: $b = 55$ cm; $c = 88$ cm Gesucht: $A_{\triangle GBD}$

$h = \sqrt{b^2 - (\frac{c}{2})^2} = \sqrt{(55\text{ cm})^2 - (44\text{ cm})^2} = 33$ cm

Aus der Ähnlichkeit der Dreiecke GBD und HBC folgt:

$\frac{g}{\frac{c}{2}} = \frac{a}{h} \Rightarrow \frac{\frac{c}{2} - \frac{a}{2}}{\frac{c}{2}} = \frac{a}{h} \Rightarrow \frac{c-a}{c} = \frac{a}{h} \Rightarrow ch - ah = ac \Rightarrow ch = a(c+h) \Rightarrow a = \frac{c \cdot h}{c+h}$

Anderer Lösungsweg:

Aus der Ähnlichkeit der Dreiecke EDC und ABC folgt:

$\frac{i}{h} = \frac{a}{c} \Rightarrow \frac{h-a}{h} = \frac{a}{c} \Rightarrow ch - ac = ah \Rightarrow ch = a(c+h) \Rightarrow a = \frac{c \cdot h}{c+h}$

$a = \frac{88\text{ cm} \cdot 33\text{ cm}}{121\text{ cm}} = 24\text{ cm}$; $g = \frac{c}{2} - \frac{a}{2} = 44\text{ cm} - 12\text{ cm} = 32\text{ cm}$

$A_{\triangle GBD} = \frac{1}{2} \cdot a \cdot g = \frac{1}{2} \cdot 24\text{ cm} \cdot 32\text{ cm} = 384\text{ cm}^2$

Der Flächeninhalt des hellblauen Dreiecks beträgt 384 cm^2.

4. Nach dem Absenken befindet sich die Spitze des Balkens in 1,40 m Höhe. Für die Entfernung x des Fußpunkts von der Wand gilt also nach dem Satz des Pythagoras:
$x = \sqrt{(2\text{ m})^2 - (1{,}40\text{ m})^2} = \sqrt{2{,}04}\text{ m} \approx 1{,}43\text{ m}.$

5. Berechnung für ein Quadrat der Seitenlänge $a = \sqrt{2}$:
Flächeninhalt des Inkreises: $A_i = \frac{\pi}{4} \cdot (\sqrt{2})^2 = \frac{\pi}{2}$
Flächeninhalt des Umkreises: $A_u = \frac{\pi}{4} \cdot (\sqrt{2} \cdot \sqrt{2})^2 = \pi = 2\,A_i$
Vermutung: Für Quadrate beliebiger Seitenlänge a gilt $A_u = 2\,A_i$.
Beweis: Sei f die Diagonalenlänge des Quadrats. Dann gilt $A_i = \frac{\pi}{4}a^2$ und $A_u = \frac{\pi}{4}f^2$.
In Aufgabe 1 wurde gezeigt, dass das Quadrat über der Diagonale eines Quadrats einen doppelt so großen Flächeninhalt hat wie das Quadrat selbst: $f^2 = 2a^2$.
Hieraus folgt: $A_u = \frac{\pi}{4}f^2 = \frac{\pi}{4} \cdot 2a^2 = \frac{\pi}{2}a^2 = 2\,A_i$.

6. Der Skilift überwindet eine horizontale Luftlinie von
$25\,000 \cdot 12\text{ mm} = 300\,000\text{ mm} = 300\text{ m}$.
Mit dem Satz des Pythagoras lässt sich nun die Gesamtlänge l des Skilifts berechnen:
$l = \sqrt{(300\text{ m})^2 + (120\text{ m})^2} = \sqrt{104\,400}\text{ m} \approx 323\text{ m}.$

7. a) $s = \sqrt{(3{,}50\text{ m})^2 + (0{,}70\text{ m})^2} = \sqrt{12{,}74}\text{ m} \approx 3{,}57\text{ m}$
b) $A_D = s \cdot 15\text{ m} \approx 53{,}54\text{ m}^2$

8. Der Mittelpunkt M des zu konstruierenden Kreises muss liegen:
(1) auf der Senkrechten s zu $\overline{AB}$ in P;
(2) auf der Mittelsenkrechten m der Strecke $\overline{CP}$, da C und P von M gleich weit entfernt sein müssen.

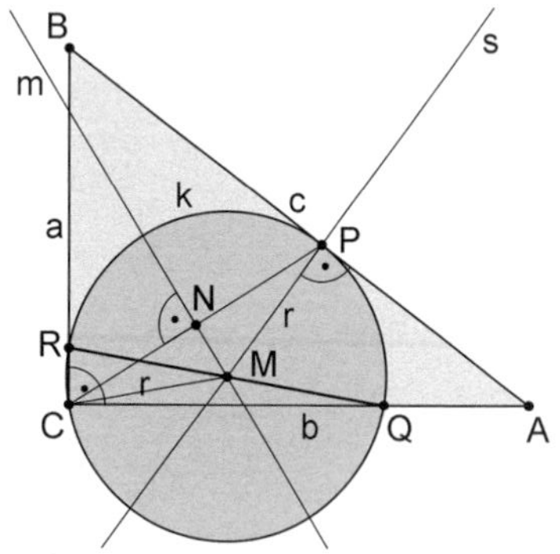

Man erhält M folglich als Schnittpunkt von s und m. Die Sehne $\overline{QR}$ ist nach der Umkehrung des Thalessatzes immer ein Durchmesser des Kreises k, da der Peripheriewinkel $\sphericalangle QCR$ über $\overline{QR}$ ein rechter Winkel ist. Für $\overline{QR}$ gilt also stets:
$\overline{QR} = d = 2r \geq \overline{CP}$ (d: Durchmesser von k).

Die Strecke $\overline{CP}$ ist am kürzesten, wenn P der Fußpunkt des Lotes von C auf $\overline{AB}$, also $\overline{CP}$ die Hypotenusenhöhe im Dreieck ABC ist. In diesem Falle gilt auch $\overline{QR} = d = 2r = \overline{CP}$, es ist also d jetzt ebenfalls am kürzesten und man erhält die Länge von $\overline{QR}$ nach dem Höhensatz als Produkt der Hypotenusenabschnitte $p = \overline{BP}$ und $q = \overline{PA}$:

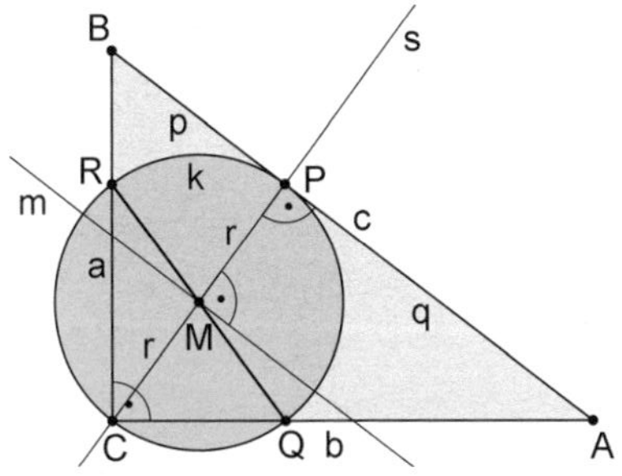

$\overline{QR} = d = \sqrt{p \cdot q} = \sqrt{\frac{a^2}{c} \cdot \frac{b^2}{c}} = \frac{a \cdot b}{c} = \frac{a \cdot b}{\sqrt{a^2 + b^2}} = \frac{6\text{ cm} \cdot 8\text{ cm}}{\sqrt{(6\text{ cm})^2 + (8\text{ cm})^2}} = 4{,}8\text{ cm}$

9. Der gesuchte Flächeninhalt A ergibt sich als Differenz des Flächeninhalts des gleichseitigen Dreiecks ABC und der Summe der Flächeninhalte der drei hellgrauen Kreissektoren. Sei h die Höhe des Dreiecks ABC. Dann gilt:

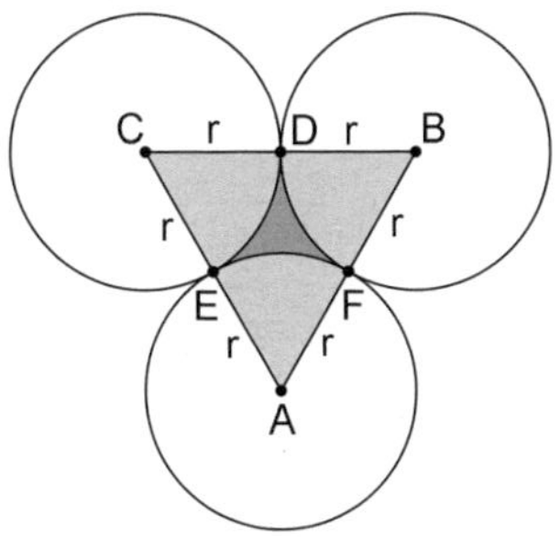

$h = \sqrt{(2r)^2 - r^2} = \sqrt{3r^2} = \sqrt{3} \cdot r$
$A = \frac{1}{2} \cdot 2r \cdot h - 3 \cdot \frac{1}{6} \cdot \pi r^2 = (\sqrt{3} - \frac{\pi}{2}) \cdot r^2$
$A = (\sqrt{3} - \frac{\pi}{2}) \cdot (8\text{ cm})^2 \approx 10{,}32\text{ cm}^2$

10. Sei a die kürzere Kathete, b die längere Kathete, c die Hypotenuse, A der Flächeninhalt des Dreiecks und $x = b - a$. Dann gilt: $c = b + x$; $2A = (b - x) \cdot b \Rightarrow bx = b^2 - 2A$;
$(b - x)^2 + b^2 = (b + x)^2 \Rightarrow b^2 - 2bx + x^2 + b^2 = b^2 + 2bx + x^2 \Rightarrow b^2 = 4bx \Rightarrow$
$b^2 = 4(b^2 - 2A) \Rightarrow 8A = 3b^2 \Rightarrow b = \sqrt{\frac{8}{3}A} = \sqrt{\frac{8}{3} \cdot 294\text{ cm}^2} = 28\text{ cm};$
$x = b - \frac{2A}{b} = 7\text{ cm};\ a = b - x = 21\text{ cm};\ c = b + x = 35\text{ cm}.$
Die Längen der Dreiecksseiten betragen 21 cm, 28 cm und 35 cm.

11. Gegeben: $r = 6370$ km (Erdradius)
$h = 4$ km (Flughöhe)
Gesucht: s (Sichtweite)
Nach dem Satz des Pythagoras gilt:
$s^2 + r^2 = (r + h)^2 \Rightarrow s^2 = (r + h)^2 - r^2$
$s = \sqrt{(r + h)^2 - r^2} \approx 226\text{ km}$
Die Sichtweite des Flugzeugs beträgt ca. 226 km.

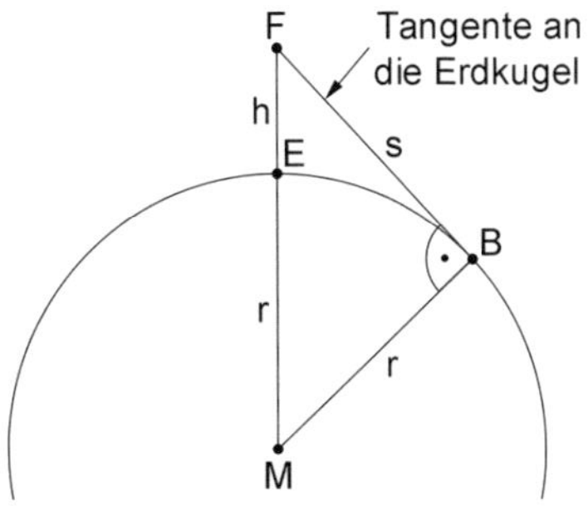

12. Vermutung: $\overline{DE} + \overline{DF} = h$ für beliebige Lagen von D auf $\overline{AB}$.

Beweis: Die Dreiecke DBE, ADF und ABG sind nach dem Hauptähnlichkeitssatz ähnlich, denn sie stimmen jeweils in einem 60°- und einem 90°-Winkel überein. Hieraus folgt:

$$\frac{\overline{DE}}{\overline{DB}} = \frac{\overline{DF}}{\overline{AD}} = \frac{h}{c} \Rightarrow \overline{DE} + \overline{DF} = \overline{DB} \cdot \frac{h}{c} + \overline{AD} \cdot \frac{h}{c}$$

$$\overline{DE} + \overline{DF} = (\overline{AD} + \overline{DB}) \cdot \frac{h}{c} = c \cdot \frac{h}{c} = h$$

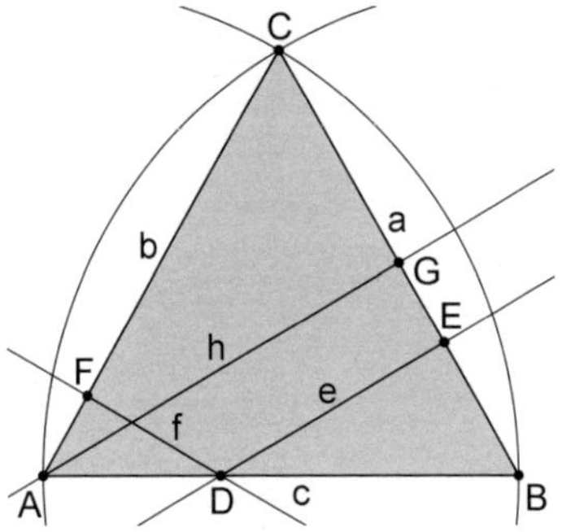

13. Die beiden gegebenen Sehnen seien mit $\overline{AC}$ und $\overline{BD}$ bezeichnet, wobei $\overline{AS} = \overline{BS} = 10$ mm gelten soll. Sei E der Mittelpunkt von $\overline{AC}$, F der Mittelpunkt von $\overline{BD}$ und M der Mittelpunkt des Kreises – diesen erhält man als Schnittpunkt der Mittelsenkrechten von $\overline{AC}$ und $\overline{BD}$. Der Radius $r = \overline{MC}$ ist Hypotenuse des rechtwinkligen Dreiecks ECM mit den Katheten $\overline{EC} = \frac{1}{2}\overline{AC} = 13$ mm und $\overline{EM} = \overline{SF} = \frac{1}{2}\overline{BD} - \overline{BS} = 3$ mm.

Nach dem Satz des Pythagoras erhält man also: $r = \sqrt{(13 \text{ mm})^2 + (3 \text{ mm})^2} = \sqrt{178}$ mm $\approx 13{,}34$ mm.

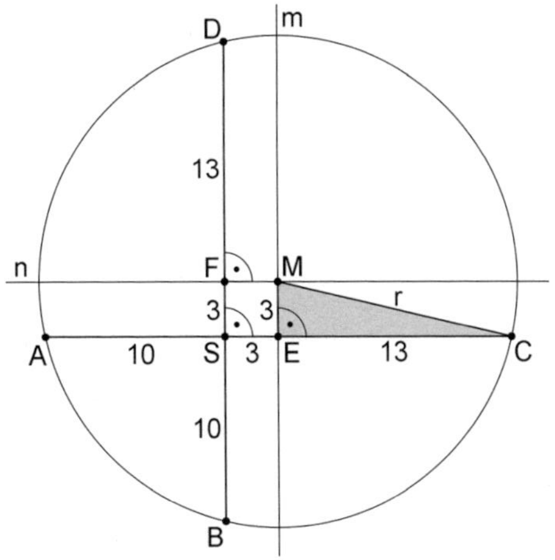

Lösungen der Aufgaben auf Seite 231

1. z. B. (6; 8; 10); (9; 12; 15); (12; 16; 20); … Allgemein: $(3n; 4n; 5n)$ mit $n \in \mathbb{N}$, $n \geq 2$
2. $x^2 + y^2 = (p^2 - q^2)^2 + (2pq)^2 = p^4 - 2p^2q^2 + q^4 + 4p^2q^2 = p^4 + 2p^2q^2 + q^4 = (p^2 + q^2)^2 = z^2$
3. a) p und q ungerade mit $p > q \Rightarrow p = 2m + 1,\ q = 2n + 1$ mit $m, n \in \mathbb{N},\ m > n \geq 1$.
   $x = p^2 - q^2 = (2m + 1)^2 - (2n + 1)^2 = 4m^2 + 4m + 1 - 4n^2 - 4n - 1$
   $x = 2 \cdot 2 \cdot (m^2 - n^2 + m - n)$; $m^2 - n^2 + m - n \in \mathrm{N}$ wegen $m > n$
   $y = 2 \cdot p \cdot q = 2 \cdot (2m + 1) \cdot (2n + 1)$
   $z = p^2 + q^2 = (2m + 1)^2 + (2n + 1)^2 = 2 \cdot (2m^2 + 2m + 2n^2 + 2n + 1)$

Die Zahlen x, y und z besitzen also, wenn p und q ungerade sind, immer den gemeinsamen Teiler 2. Das Tripel $(x; y; z)$ muss also ein Folgetripel sein.

b) Sind p und q beide gerade, so können sie nicht teilerfremd sein, denn sie haben dann den gemeinsamen Teiler 2. Es sind also nur folgende 2 Fälle zu betrachten:

Fall 1: p ungerade, q gerade $\Rightarrow p = 2m + 1,\ q = 2n$ mit $m, n \in \mathbb{N},\ m \geq n \geq 1$.
$x = p^2 - q^2 = (2m + 1)^2 - (2n)^2 = (2m + 1 + 2n) \cdot (2m + 1 - 2n)$
$y = 2 \cdot p \cdot q = 2 \cdot (2m + 1) \cdot 2n$

x und y sind also genau dann teilerfremd, wenn die beiden Faktoren $(2m + 1 + 2n)$ und $(2m + 1 - 2n)$ der Zerlegung von x keinen Primfaktor 2, keinen Primfaktor aus $(2m + 1)$ und keinen Primfaktor aus $2n$ enthalten.

Da die beiden Faktoren der Zerlegung von x ungerade sind, können sie keinen Primfaktor 2 enthalten. Da $2m + 1$ und $2n$ teilerfremd sind, kann kein Primfaktor aus $2m + 1$ in $(2m + 1 + 2n)$ oder $(2m + 1 - 2n)$ enthalten sein, denn andernfalls wäre der betreffende Primfaktor auch in $2n$ enthalten, d. h. er wäre gemeinsamer Teiler von $2m + 1$ und $2n$. Analog lässt sich schlussfolgern, dass kein Primfaktor aus $2n$ in $(2m + 1 + 2n)$ oder $(2m + 1 - 2n)$ enthalten sein kann. Folglich sind x und y teilerfremd und damit auch x, y und z, d. h. $(x; y; z)$ ist ein Grundtripel.

Fall 2: p gerade, q ungerade $\Rightarrow p = 2m,\ q = 2n + 1$ mit $m, n \in \mathbb{N},\ m > n \geq 1$.
$x = p^2 - q^2 = (2m)^2 - (2n + 1)^2 = (2m + 2n + 1) \cdot (2m - (2n + 1))$
$y = 2 \cdot p \cdot q = 2 \cdot 2m \cdot (2n + 1)$

x und y sind also genau dann teilerfremd, wenn die beiden Faktoren $(2m + 2n + 1)$ und $(2m - (2n + 1))$ der Zerlegung von x keinen Primfaktor 2, keinen Primfaktor aus $(2m + 1)$ und keinen Primfaktor aus $2n$ enthalten. Da die beiden Faktoren der Zerlegung von x ungerade sind, können sie keinen Primfaktor 2 enthalten.

Da $2m$ und $2n + 1$ teilerfremd sind, kann kein Primfaktor aus $2m$ in $(2m + 2n + 1)$ oder $(2m - (2n + 1))$ enthalten sein, denn andernfalls wäre der betreffende Primfaktor auch in $2n + 1$ enthalten, d. h. er wäre gemeinsamer Teiler von $2m$ und $2n + 1$.

Analog lässt sich schlussfolgern, dass kein Primfaktor aus $2n + 1$ in $(2m + 2n + 1)$ oder $(2m - (2n + 1))$ enthalten sein kann. Folglich sind x und y teilerfremd und damit auch x, y und z, d. h. $(x; y; z)$ ist ein Grundtripel.

4. a) (1) Es soll gezeigt werden, dass ein Dreieck mit Seitenlängen $n^2 + 1$, $n^2 - 1$ und $2n$ $(n \in \mathbb{N}, n > 1)$ rechtwinklig ist. Für $n > 1$ gilt stets $n^2 + 1 > 2n$, offensichtlich ist auch $n^2 + 1 > n^2 - 1$. Als Hypotenuse des Dreiecks kommt also nur die Seite mit der Länge $n^2 + 1$ in Frage. Zu zeigen ist also, dass $(n^2 - 1)^2 + (2n)^2 = (n^2 + 1)^2$ gilt: $(n^2 - 1)^2 + (2n)^2 = n^4 - 2n^2 + 1 + 4n^2 = n^4 + 2n^2 + 1 = (n^2 + 1)^2$.
Nach der Umkehrung des Satzes des Pythagoras ist das Dreieck rechtwinklig.

(2) Es ist zu zeigen, dass sich die Seitenlängen eines rechtwinkligen Dreiecks nicht immer in der Form $n^2 + 1$, $n^2 - 1$ und $2n$ mit $n \in \mathbb{N}$, $n > 1$ darstellen lassen. Beispielsweise trifft dies für die rechtwinkligen Dreiecke mit den Seitenlängen $1, 2, \sqrt{5}$ oder 5, 12, 13 zu.

Rund ums Bauen

Lösungen der Aufgaben auf den Seiten 232 bis 233

1. Seien $1{,}5a$ und a die Seitenlängen des ursprünglichen Rechtecks. Dann gilt: $1{,}5a^2 + 8\text{ m} = (1{,}5a + 5\text{ m})(a - 2\text{ m}) \Rightarrow a = 9\text{ m}$.
Ursprünglicher Flächeninhalt: $121{,}5\text{ m}^2$; neuer Flächeninhalt: 129 m^2.
2. a) $(245\text{ m} + x)(163\text{ m} - x) = 0{,}933 \cdot 245\text{ m} \cdot 163\text{ m}$
$x^2 + 82\text{ m} \cdot x - 2675{,}645\text{ m}^2 = 0 \Rightarrow x_1 \approx 25\text{ m}$ ($x_2 \approx -107$ m entfällt.)
Nach den Änderungen ist das Grundstück 270 m lang und 138 m breit.
b) Der Flächenverlust beträgt rund 2675 m^2, die Entschädigung 200 625 €.
3. a) Grundstück X: Länge a, Breite b; Grundstück Y: Länge c, Breite d
$ab = cd$; $a = c + 20$ m; $d = b + 10$ m $\Rightarrow c = 2b$; $a = 2b + 20$ m; $d = b + 10$ m
Die Bedingungen sind erfüllbar: z. B. $a = 40$ m; $b = 10$ m; $c = 20$ m; $d = 20$ m.
b) Der Flächeninhalt der beiden Grundstücke ist nicht eindeutig bestimmt.
c) $2(a + b) = 2(c + d) \Rightarrow a + b = c + d \Rightarrow c + 20\text{ m} + b = c + b + 10\text{ m} \Rightarrow$
$20\text{ m} = 10\text{ m}$ (Widerspruch). Die Bedingung ist also nicht erfüllbar.
4. Die Autobahn wird als Spiegelachse betrachtet und A' abgetragen. A' wird mit B verbunden. Der Schnittpunkt mit der Autobahn ist der gesuchte Punkt C.
5. a) 79,48 € b) 34,32 €
c) 13,20 €, wenn beide Scheiben aus einem Rechteck mit den Seitenlängen 30 cm und 40 cm geschnitten werden.
6. a) siehe Abbildung
b) $C(5 \mid 8)$
c) 2400 m^2
7. a) Zu streichende Fläche: $\approx 102{,}25\text{ m}^2$; benötigte gemischte Farbe: $\approx 25{,}6$ l. Bei einer Mischung von 1 : 5 setzen sich diese zusammen aus 4,26 l gelber Farbe und 21,3 l weißer Farbe.

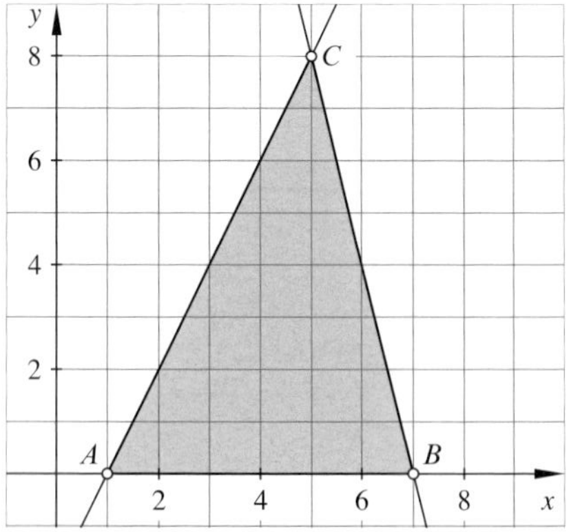

Es werden 5 Büchsen gelbe Farbe und 3 Eimer weiße Farbe benötigt.
b) gelbe Farbe: 20,50 €; weiße Farbe: 69,00 €; Gesamtkosten: 89,50 €
8. a) 30 Stunden b) 27 Stunden
9. b) Turminnenraum: $904{,}8\text{ m}^3$; Mauerwerk: $703{,}7\text{ m}^3$
c) $603{,}2\text{ m}^2$ d) um 201 m^2 bzw. um 33,3 %

Ratenkauf

Lösungen der Aufgaben auf den Seiten 234 bis 235

1. c) Berechtigte Gründe für die unterschiedliche prozentuale Verteuerung bei Finanzierung über einen Kredit liegen vor allem in der unterschiedlichen Laufzeit der Kredite.
d) In der prozentualen Verteuerung durch einen Kredit bleibt der Zeitfaktor völlig unberücksichtigt. So kann sich z. B. bei einem höheren effektiven Jahreszins eine geringere prozentuale Verteuerung ergeben als bei einem niedrigeren effektiven Jahreszins, wenn die Laufzeit des Kredits im ersten Fall kürzer ist als im zweiten.
2. a) In den ersten Jahren dient die Ratenzahlung zum deutlich größeren Teil der Zahlung der Zinsen und nur zum kleineren Teil der Tilgung des Kredits. Im Beispiel ist erst nach 7 Jahren die Tilgung höher als die Zinszahlung.

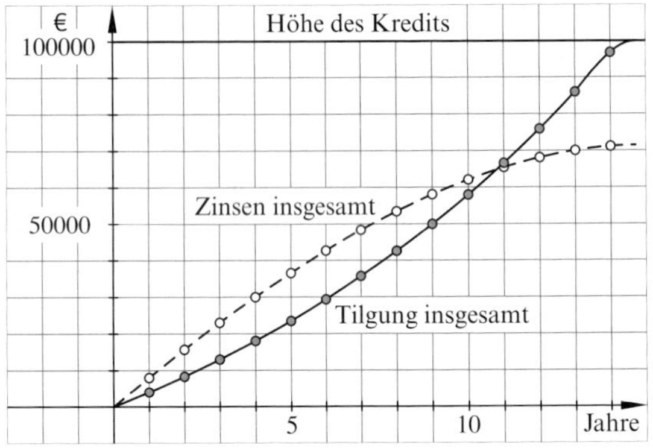

b) Zum Anfang des Jahres 15 betragen die Schulden noch 3140,32 €.
Dafür sind am Jahresende 251,23 € Zinsen zu zahlen. Damit beträgt die letzte Rate 3391,55 €. Insgesamt wurden 71 140,32 € + 251,23 € = 71 391,55 € Zinsen gezahlt.

Erläuterungen und Anregungen

Während ein Ratenkauf für viele Familien etwas Selbstverständliches ist, werden die damit verbundenen Probleme oft nicht erkannt oder verdrängt. So erscheinen viele Kreditangebote mit akzeptablem Jahreszins, ohne oder nur mit geringer Anzahlung und mit kleinen Raten als „gutes“ Angebot.Die vorgeschlagenen Aufgaben können helfen, die Probleme bei Ratenkäufen bzw. bei der Aufnahme von Krediten zu veranschaulichen und damit das Problembewusstsein zu schärfen. Darin sollte auch das Hauptanliegen bei der Behandlung dieses Themas bestehen. Insbesondere sollten die Schülerinnen und Schüler erkennen, dass es bei entsprechenden Kreditbedingungen dazu kommen kann, dass der Kredit kaum getilgt wird und fortlaufend Zinsen zu zahlen sind, die in ihrer Summe in die Größenordnung des Kredits gelangen oder ihn gar überschreiten können.

Wenn reale Kreditangebote gesammelt werden, dann stoßen die Schülerinnen und Schüler zwangsläufig auf den Begriff „effektiver Jahreszins“. Dieser kann und sollte deshalb nicht umgangen werden. Die Berechnung des effektiven Jahreszinses kann in Klasse 7 allerdings nicht erklärt werden; eine Erklärung wie auf Schulbuchseite 234 sollte aber ausreichen.

Hinweis: Interessierte finden die Formel zur Berechnung des effektiven Jahreszinses und Beispiele zu seiner Berechnung im Bundesgesetzblatt Jahrgang 2000, Teil I, Nr. 37, Seiten 1240 ff. (kann unter www.bundesanzeiger.de/bgbl1f/index00.htm aus dem Internet als PDF-Datei heruntergeladen werden).

Aus der Welt des Sports

Lösungen der Aufgaben auf Seite 236

1. Natürlich überholt Achill die Schildkröte, beide laufen mit unterschiedlicher Geschwindigkeit. Der Trugschluss kommt dadurch zustande, dass der Überholzeitpunkt und alle nachfolgenden Zeitpunkte aus der Betrachtung ausgeklammert werden; es wird nur analysiert, was vor dem Zeitpunkt des Überholens geschieht.
2. Die Teststrecke war 24 km lang. Für 100 km würde Jörg bei gleicher Geschwindigkeit eine Zeit von 3 h 7 min 30 s benötigen.
3. 24er Fahrrad: 1,536 km; 28er Fahrrad: 1,784 km (also 248 m mehr)
4. bis 10 Jahre: 29 Mitglieder → 13,7 %; 11 bis 20 Jahre: 64 Mitglieder → 30,3 %;
   21 bis 30 Jahre: 59 Mitglieder → 28,0 %; 31 bis 40 Jahre: 31 Mitglieder → 14,7 %;
   über 40 Jahre: 28 Mitglieder → 13,3 %

Zum Nachdenken

Lösungen der Aufgaben auf Seite 237

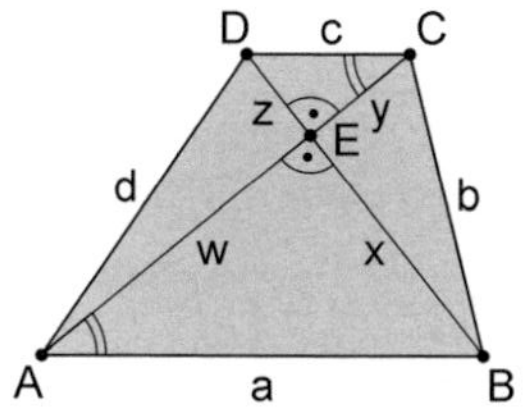

1. Voraussetzung: Trapez $ABCD$ mit $\overline{AB} \parallel \overline{CD}$ und $\overline{AC} \perp \overline{BD}$;
   Bezeichnungen wie in der Abbildung.
   Behauptung:
   $(w+y)^2 + (x+z)^2 = (a+c)^2$
   1. Lösungsweg:
   Die Dreiecke ABE und CDE sind zueinander ähnlich nach dem Hauptähnlichkeitssatz, denn sie stimmen in zwei Innenwinkeln überein: $\sphericalangle AEB = \sphericalangle CED$ (Scheitelwinkel); $\sphericalangle BAE = \sphericalangle DCE$ (Stufenwinkel an geschnittenen Parallelen).
   Hieraus folgt: $\frac{w}{y} = \frac{x}{z} = \frac{a}{c}$.
   Nach dem Satz des Pythagoras gilt außerdem $w^2 + x^2 = a^2$ und $y^2 + z^2 = c^2$.
   Aus diesen Gleichungen lässt sich die Behauptung herleiten:
   $y^2 + z^2 = c^2 \Rightarrow \frac{a}{c} \cdot y^2 + \frac{a}{c} \cdot z^2 = \frac{a}{c} \cdot c^2 \Rightarrow \frac{w}{y} \cdot y^2 + \frac{x}{z} \cdot z^2 = \frac{a}{c} \cdot c^2 \Rightarrow$
   $wy + xz = ac \Rightarrow 2wy + 2xz = 2ac \Rightarrow a^2 + c^2 + 2wy + 2xz = a^2 + c^2 + 2ac \Rightarrow$
   $w^2 + 2wy + y^2 + x^2 + 2xz + z^2 = a^2 + 2ac + c^2 \Rightarrow (w+y)^2 + (x+z)^2 = (a+c)^2$.
   2. Lösungsweg:

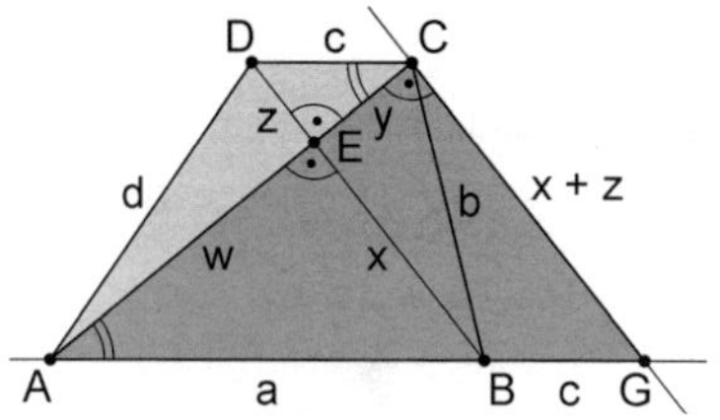

   Man konstruiert die Parallele zu $\overline{BD}$ durch C. Diese schneidet die Verlängerung von $\overline{AB}$ in einem Punkt G. Das Viereck $BGCD$ ist ein Parallelogramm, deshalb ist $\overline{GC} = x + z$ und $\overline{BG} = c$. Außerdem ist $\sphericalangle ACG = \sphericalangle AEB = 90°$ (Stufenwinkel an geschnittenen Parallelen). Das Dreieck AGC ist also rechtwinklig.
   Durch Anwendung des Satzes des Pythagoras in diesem Dreieck erhält man nun unmittelbar die Behauptung: $(w+y)^2 + (x+z)^2 = (a+c)^2$.
2. a) Der Flächeninhalt eines regelmäßigen Sechsecks errechnet sich nach der Formel: $A = 6 \cdot \frac{1}{4}\sqrt{3} \cdot a^2 = \frac{3}{2}\sqrt{3} \cdot a^2$ (a: Seitenlänge des Sechsecks). Für jedes rechtwinklige Dreieck mit den Katheten a und b und der Hypotenuse c gilt $a^2 + b^2 = c^2$ (Satz des Pythagoras). Hieraus folgt: $\frac{3}{2}\sqrt{3} \cdot a^2 + \frac{3}{2}\sqrt{3} \cdot b^2 = \frac{3}{2}\sqrt{3} \cdot c^2$, also $A_2 + A_1 = A_3$.

b) Der Flächeninhalt eines Halbkreises errechnet sich nach der Formel $A = \frac{\pi}{8}d^2$ (d: Durchmesser des Halbkreises). Für jedes rechtwinklige Dreieck mit den Katheten a und b und der Hypotenuse c gilt $a^2 + b^2 = c^2$ (Satz des Pythagoras).
Hieraus folgt: $\frac{\pi}{8}a^2 + \frac{\pi}{8}b^2 = \frac{\pi}{8}c^2$, also $A_2 + A_1 = A_3$.

3.

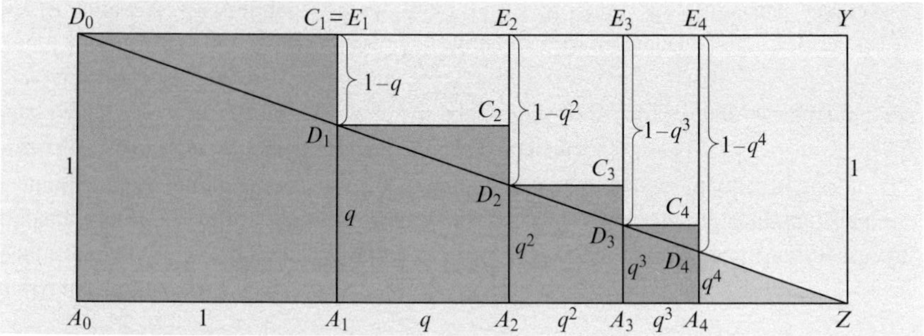

Es wird zunächst folgende Konstruktion ausgeführt:

[1] Man zeichnet ein Quadrat $A_0A_1C_1D_0$ mit der Seitenlänge 1, trägt auf der Seite $\overline{A_1C_1}$ von A_1 aus die Länge q ab und erhält den Punkt D_1.

[2] Man verbindet D_0 und D_1 durch eine Gerade.
Der Schnittpunkt dieser Geraden mit der Geraden A_0A_1 sei Z.

[3] Man konstruiert die Parallele zu A_0D_0 durch Z.
Der Schnittpunkt dieser Parallelen mit der Geraden D_0C_1 sei Y.

[4] Man wendet auf das Quadrat $A_0A_1C_1D_0$ und den Punkt D_1 die zentrische Streckung $(Z; q)$ an. Hierbei sei A_2 der Bildpunkt von A_1, C_2 der Bildpunkt von C_1 und D_2 der Bildpunkt von D_1. Die Seiten des Bildquadrats müssen die Länge $q \cdot 1 = q$ haben, deshalb muss der Bildpunkt von D_0 gleich dem Schnittpunkt der Geraden D_0D_1 und der Parallelen zu A_0A_1 im Abstand q (auf der Seite der Geraden A_0A_1, auf der D_0 liegt) sein, dies ist der Punkt D_1. Wegen $A_0D_0 \parallel A_1D_1$ muss folglich auch der Bildpunkt von A_0 gleich A_1 sein.

[5] Man wendet auf das Quadrat $A_1A_2C_2D_1$ und den Punkt D_2 erneut die zentrische Streckung $(Z; q)$ an. Hierbei ist A_2 der Bildpunkt von A_1 und D_2 der Bildpunkt von D_1 (vgl. [4]). Außerdem sei A_3 der Bildpunkt von A_2, C_3 das Bild von C_2 und D_3 das Bild von D_2. Die Seiten des Bildquadrats haben die Länge $q \cdot q = q^2$.

[6] Man wendet auf das Quadrat $A_2A_3C_3D_2$ und den Punkt D_3 wieder die zentrische Streckung $(Z; q)$ an. Hierbei ist A_3 der Bildpunkt von A_2 und D_3 der Bildpunkt von D_2 (vgl. [5]). Außerdem sei A_4 der Bildpunkt von A_3, C_4 das Bild von C_3 und D_4 das Bild von D_3. Die Seiten des Bildquadrats haben die Länge $q \cdot q^2 = q^3$.

Diese Konstruktion kann theoretisch unendlich oft fortgesetzt werden, denn die zentrische Streckung $(Z; q)$ ist immer ausführbar. Auf diese Weise erhält man auf der Geraden A_0A_1 eine Punktfolge $A_0, A_1, A_2, A_3, \ldots$, die sich dem Punkt Z immer mehr nähert, diesen aber nicht erreichen oder überspringen kann. Geklärt werden muss noch, ob diese Punkte dem Punkt Z beliebig nahe kommen können oder ob es vor dem Punkt Z evtl. einen anderen Punkt gibt, der nicht übersprungen werden kann. Denn nur im ersteren Falle ist $S = \overline{A_0Z}$, im zweiten Fall wäre $S < \overline{A_0Z}$.

Da stets $\overline{A_iD_i} = q^i$ gilt, können die Punkte $A_0, A_1, A_2, \ldots$ genau dann dem Punkt Z beliebig nahe kommen, wenn q^i für große i der Zahl 0 beliebig nahe kommen kann, d. h. wenn es zu jedem noch so kleinen rationalen Vorgabewert v mit $0 < v < 1$ eine natürliche Zahl n gibt, so dass $q^i < v$ für alle $i > n$ ist. Eine solche Zahl n lässt sich folgendermaßen finden:

Wir setzen $p = \frac{1}{q}$ und $u = \frac{1}{v}$. Dann gilt $1 < p < p^2 < p^3 < \ldots$ und $u > 1$. Außerdem ist $q^i < v$ genau dann, wenn $p^i > u$. Durch Multiplikation der Terme in $1 < p < p^2 < p^3 < \ldots$ mit der positiven Zahl $(p - 1)$ erhält man $p - 1 < p^2 - p < p^3 - p^2 < \ldots$, d. h. die Differenz aufeinanderfolgender Potenzen von p wächst mit steigendem Exponenten.

Es sei nun n gleich der kleinsten natürlichen Zahl, die größer ist als $\frac{u-1}{p-1}$. Dann gilt:

$$1 + n \cdot (p-1) > u \Rightarrow 1 + (p-1) + (p^2 - p) + (p^3 - p^2) + \ldots + (p^n - p^{n-1}) > u \Rightarrow p^n > u.$$

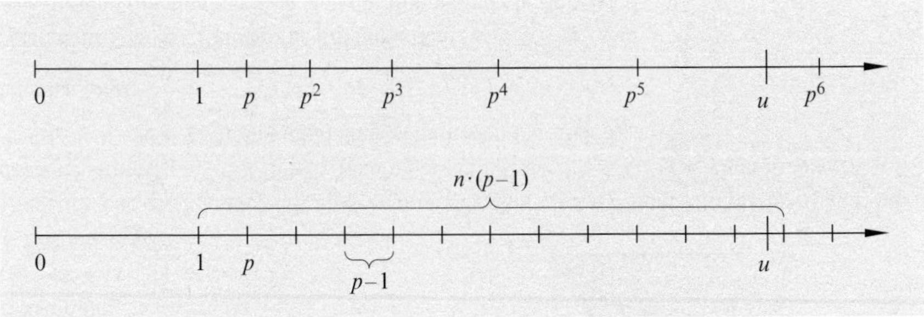

Es ist $p^i > p^n > u$ und damit auch $q^i < q^n < v$ für alle natürlichen Zahlen i mit $i > n$. Folglich können die Potenzen von q der Zahl 0 beliebig nahe kommen, also auch die Punkte A_i dem Punkt Z. Es gilt also $S = \overline{A_0Z} = \overline{D_0Y}$.

Nach dem Hauptähnlichkeitssatz sind die Dreiecke D_0ZY und $D_0D_1C_1$ einander ähnlich.
Hieraus folgt: $\overline{D_0Y} : \overline{D_0C_1} = \overline{YZ} : \overline{C_1D_1} \Rightarrow S = \frac{S}{1} = \frac{1}{1-q}$.